农民财产权利研究丛书

北京市城市化中
农民财产权利研究

A STUDY ON FARMERS' PROPERTY RIGHTS
IN URBANIZATION OF BEIJING

张英洪 等 著

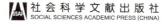

社会科学文献出版社
SOCIAL SCIENCES ACADEMIC PRESS (CHINA)

前　言

俗话说，人为财死，鸟为食亡。可见财产对人类的重要性。尊重和保障人们对财产的占有、使用、收益和处分的权利，就形成了人类文明中的产权观念、法治意识和政治文明。无论是 2000 多年前中国圣人孟子所说的"有恒产者有恒心"，还是 200 多年前英国老首相威廉·皮特所说的"风能进，雨能进，国王不能进"，虽然所处的时代不同、所在的地域不同、所有的文化不同，但都揭示了一个最基本的真理：尊重和保障财产权利，无论是对于个人的自由、尊严和幸福，还是对于国家的长治久安、繁荣兴盛与和谐安定都极为重要。无论古今中外，对每个人来说，最基本最重要最核心的权利就是拥有基本的人身权利和财产权利；对国家和政府来说，最基本最重要最核心的职责就是尊重和保障公民基本的人身权利和财产权利。尊重和保障公民基本的人身权利和财产权利，不仅是一个国家和民族迈向文明、维护秩序、捍卫正义的基本道德底线和善治目标，而且是一个国家和民族走向世界、赢得尊重、怀柔天下的道德基石和文明标杆。

十多年前，我在研究农民权利问题时，就将农民的财产权利作为研究的重要内容，在 2007 年出版的《农民权利论》一书中，专门撰写了"农民的土地财产权利"一章内容。但我自感对农民财产权利的研究还不够深入系统。为此，我在完成农民权利研究系列作品后，就着手对农民的财产权利进行系统的调查研究。2013 年，我制订了农民财产权利的系列研究计划，重点关注城市化中的农民财产权利、农民的土地承包经营权利、农民的宅基地权利、农民的集体收益分配权利等内容，并断断续续地进行了一些调查和研究工作。但自 2010 年起，我因工作需要，集中开展了新型城市化和城乡一体化的系列调查研究工作，这项研究工作直到 2017 年底才告一段落。之后，我在繁忙的事务性工作之余，着力挤出时间进行农民财产权利的调查研究工作。现在，经过多年努力，我们终于完成了农民财产权利研究的第一部研究成果——《北京市城市化中农民财产权利研究》。今后，我将继续围绕既定的农民财产权利研究计划开展调查研究工作。

需要说明的是，我原想个人独立完成农民财产权利研究的系列成果，但因有许多其他工作要做，这种个人愿望已很难实现了。好在我在调查研究的过程中，遇到了一个有效合作的研究团队。没有这个研究团队每个人的积极参与和无私奉献，我们这个农民财产权利研究成果可能还要无限期地推迟下去。在此，我要向长期以来积极参与农民财产权利研究的所有同仁、朋友表示最衷心的感谢！向从各个方面支持我们调查研究工作的有关领导、基层干部和农民朋友表示由衷的谢意！

尊重和保障农民的财产权利，不仅对解决"三农"问题，而且对推进国家治理体系和治理能力现代化、对实现中华民族的伟大复兴，具有重要的意义。经过四十年的改革开放，中国已经站在一个新的历史起点上，希望我们伟大的国家和民族能够在尊重和保障农民的财产权利进而在维护和发展公民的基本权利上实现新的跨越，在继承和弘扬中华优秀传统文化的基础上创造出新的中华文明。

由于水平有限，书中错误之处在所难免，恳请广大读者批评指正。

张英洪

2018 年 9 月 12 日

目　录

总报告

北京市城市化中农民财产权利研究 ………………………………… /3

专题报告

北京市农村集体产权制度改革实践与创新研究 ………………… /33

城市化进程中土地政策创新比较研究 …………………………… /50

北京市土地出让金问题研究 ……………………………………… /65

北京市"二道绿隔"规划实施方案探索

　　——以朝阳区金盏乡为例 ……………………………… /78

新型城镇化背景下农民权益保障的规划策略研究

　　——以北京市通州区宋庄镇为例 ……………………… /90

以集体产业用地流转促进农民土地权益保障的规划探讨

　　——基于北京市若干乡镇的调研分析 ………………… /101

北京市农村集体资产测算及政策建议 …………………………… /117

北京上海农民财产性收入比较研究 ……………………………… /126

国外私有财产权保护经验 ………………………………………… /148

调研报告

北京市昌平区海鹃落村集体产权改革调查报告 ………………… /167

北京市海淀区加强农村"三资"监管调研报告 ………………… /176

北京市平谷区农村产权流转交易调查报告 ………………… /182

集体建设用地发展公租房值得探索

　　——北京市的调查与启示 ………………………… /190

北京市昌平区海鹃落村利用集体建设用地发展租赁房试点再调查 … /197

征地拆迁、整建制转居与农民财产权

　　——北京市大兴区北程庄村调查 ……………………… /204

撤村建居、农民财产权与新型集体经济

　　——北京市丰台区卢沟桥乡三路居村调查 ……………… /222

上海市利用农村集体建设用地建设租赁房试点考察报告 …………… /255

总 报 告

北京市城市化中农民财产权利研究

财产权事关农民的自由尊严、家庭幸福与社会的和谐稳定。随着市场化改革的不断推进，农民的财产权利观念和意识日益增强，特别是在城市化进程中，农民的财产权利观念和意识被空前激活。在城市化进程中尊重、保障和实现农民的财产权利，既是推进新型城镇化、城乡一体化和全面深化农村改革、实现乡村振兴的战略任务，也是加强法治中国建设、实现国家治理体系和治理能力现代化的必然要求。本报告以北京为例，回顾农民财产权的变迁历程，梳理城市化进程中农民财产权利面临的挑战及其应对措施，提出维护和发展农民财产权利的思考与建议。

一 农民财产权的时代变迁

财产权是人们拥有财产的权利。农民财产权是农民拥有财产的权利。财产权的保护程度与社会的文明程度呈正相关关系。人类社会发展史表明，任何一个国家和社会的文明进步，都建立在对人身权和财产权这两种最基本权利的尊重和保障的基础之上。

在传统中国历史上，虽然不受制约的皇权与地方公权力的滥用对农民的私有财产权构成了巨大的现实威胁，但在和平时期，农民私有财产界定比较清晰，财产保护观念和制度也比较有力。1949年以后，农民的财产权从历史上的私有制转变成了集体所有制。20世纪70年代末实行市场化改革以来，农村的集体所有制发生了很大的变化，农民的财产权在集体所有制的结构中得到了成长和发展，但也面临许多新的挑战。

（一）土改时期的农民财产权

1949年1月31日，北平和平解放。9月21～30日，中国人民政治协商会议在北平召开，会议决定将北平改名为北京。当时的北京郊区辖有现在的朝阳区、海淀区、丰台区的大部分，石景山区全部，门头沟区、大兴区的小部分，分为8个区264个行政村10个关厢6个镇，共有64万人，其中农业人口35.5万人，耕地7.4万公顷。

1949年4月底，北平市委向中央上报《关于北平市辖区农业土地问题的决定》。1949年5月31日，北平市军事管制委员会颁布了《关于北平市辖区农业土地问题的决定》。该决定认为："在城市郊区，虽需要和一般农村一样废除封建半封建的土地制度，即没收地主的土地和富农出租的土地，却不能和乡村一样实行土地平分和土地平分后的一般私有制。"为此，该决定提出郊区土改的十二条政策，主要内容有：一是所有自耕农民之土地，包括富农自耕部分之土地在内，其耕作权与所有权一律照旧保持不变；二是没收所有地主之土地，并征收富农出租之土地，统一由本市人民政府管理并酌量出租；三是农民耕种的地主和富农之土地，在没收归公之后，一律不现交地租，只向政府交纳统一的农业累进税；四是没收地主土地时，耕种该地主土地之佃户使用的地主的耕畜、农具应转为佃户所有；等等。

北京郊区土地改革从1949年6月中旬开始试点，1949年10月17日正式布置土改工作，共分三批进行，到1950年3月结束。经过土改，共没收地主和征收富农土地394796亩，占当时郊区土地面积的36%，大小农具66804件、水车和大车2279辆、耕畜1743头、粮食130万斤、房屋22278间。在土改中得到土地和农具等生产资料的农民共计52009户，217091人。北京郊区土改中一共斗争了恶霸地主130名，其中40名大恶霸地主交法院处理。北京郊区富农人口为16701人，占有土地88700亩，其中出租土地20500亩。①

北京郊区的土改与一般农村地区的土改有所不同：一是不实行土地平分，没收和征收的土地分配给无地和少地的农民使用；二是没收和征收的土地实行国有，农民只有使用权，无权买卖；三是只征收富农出租的土

---

① 参见《北京志·农业卷·农村经济综合志》，北京出版社，2008，第78～84页；王振业、张一帆、廖沛编著《北京农村经济史稿》（下册），中国农业出版社，2016，第280～298页。

地，不动富农的自耕土地；四是不动地主的底财及其浮财，对地主的工商业也不侵犯；等等。

1949年10月至1950年4月，北京郊区在没收地主庄园的基础上创建了8个国营农场，加上接管的国民党和官僚资本的4个农场，共12个国营农场，拥有耕地1.6万多亩。

土改后划入北京市的远郊区县，分别属于山区、半山区老解放区和平原地区新解放区两种类型，其土改由当时所属的省委、地委领导进行。

土改后，北京郊区土地存在土地私有制、土地国有制两种形式。地主的土地被没收，失去了对土地的所有权，但对需依靠土地为生的地主，在没收其土地时给其大体与普通中农相等之一块土地，如有其他收入者，可酌量少留或不留土地。富农失去出租的土地后仍拥有自耕土地的所有权、使用权。自耕农拥有土地的所有权、使用权。土改后分得土地的农民只拥有土地的使用权，没有土地的所有权。土改后，京郊农村土地产权的主要特征是农民所有或国家所有、农民使用。

（二）集体化时期的农民财产权

1953年，毛泽东提出了党在过渡时期的总路线，即从中华人民共和国成立，到社会主义改造基本完成，这是一个过渡时期。党在这个过渡时期的总路线和总任务是要在一个相当长的时期内，逐步实现国家的社会主义工业化，并逐步实现国家对农业、对手工业和对资本主义工商业的社会主义改造。所谓社会主义改造，就是将个体农业改造为集体农业，将私有手工业改造为集体化的手工业，将资本主义工商业改造为国家资本主义企业进而转变为社会主义的国有企业。总之，一句话，就是将生产资料的私有制改变为生产资料的公有制。公有制又分为集体所有制和全民所有制即国有制。

从个体农业到集体农业的转变，经过了农业互助合作、初级农业合作社、高级农业合作社、人民公社四大步。这四大步，实质上就是消灭农民的私有产权，建立集体产权或公有产权的过程。

第一步，农业互助合作。1949年春，北京郊区南苑村农民霍凤岐组织了京郊农村最早的互助组。1950年春，京郊农村出现了第一批农业互助组，开展劳动互助和生产合作。1951年9月，中共中央召开第一次全国农业互助合作会议，通过《关于农业生产互助合作的决议（草案）》，提出土改后农民中存在发展个体经济和实行互助合作两种积极性，党一方面不能挫伤农民发展个体经济的积极性，另一方面要帮助农民组织起来，调动农民互助合作的积极性。1951 年，北京农村共发展互助组 2432 个，参加农户 2.2 万户，占农户总数的 23.3%。1952 年，北京农村互助组发展到 1.2 万个，参加农户 7.38 万户，占农户总数的 59.1%。① 农业互助合作时期，京郊农民还是以一家一户为生产单位，土地属于农户私有。农业互助合作时期，京郊农村土地产权的主要特征是农民所有或国家所有、农民使用、互助合作。

第二步，初级农业合作社。从 1953 年 12 月到 1955 年 7 月是发展初级农业合作社阶段和第一次农业合作化高潮时期。由于互助组不能统一安排生产和实行统一分配，党在鼓励农民发展生产互助合作的同时，提出开展农业合作化运动。1951 年 12 月，中共中央以草案的形式将《关于农业生产互助合作的决议》发给各级党委试行，提出要启发农民从个体经济逐步过渡到集体经济。1952 年 4 月，北京市委郊区工作委员会印发《关于 1952 年开展互助合作运动的指示》，提出在 1952 年每个区可试办农业生产合作社。1952 年春，京郊农村试办了第一批 10 个农业生产合作社。1954 年春，京郊农业生产合作社发展到 412 个，入社农户 9860 户，占农户总数的 8%。② 到 1955 年春，京郊农业生产合作社增加到 701 个，入社农户占农户总数的 47%。在第一次农业合作化高潮中，就出现了一些领导干部违背农民意愿强迫农民入社的问题，一些地方取消土地分红。据统计，1955 年京郊农村土地分红比例只占 10.6%，而按劳动力报酬分配占 89.4%。1955 年春，京郊就有 3600 多户农户退社。③ 初级农业合作社具有半社会主义的性质，其特点是农民以土地入股，实行土地统一经营、劳动成果统一分配，入股土地实行分红。初级社仍然是在私有财产基础上坚持农民土地私有权和其他生产手段的私有权，同时又坚持了共同劳动，实行计工取酬、按劳分红，具有部分社会主义因素，因而被中央认为是走向社会主义的过渡形式。④ 初级农业合作社时期，京郊农村土地产权的主要特征是农民所

---

① 参见《北京志·农业卷·农村经济综合志》，北京出版社，2008，第 85～86 页。
② 参见《北京志·农业卷·农村经济综合志》，北京出版社，2008，第 88 页。
③ 参见王振业、张一帆、廖沛编著《北京农村经济史稿》（下册），中国农业出版社，2016，第 307 页。
④ 参见中共中央党史研究室著《中国共产党历史》第 2 卷（1949—1978）上册，中共党史出版社，2011，第 221 页。

有或国家所有、农民使用、共同劳动。

第三步，高级农业合作社。从 1955 年 7 月到 1956 年 1 月是发展高级农业合作社阶段和第二次农业合作化运动高潮时期。从半社会主义的初级社转变为完全社会主义的高级农业生产合作社，是第二次农业合作化运动高潮的主要结果。高级社的特点是土地、耕畜、大型农具等生产资料归集体所有，取消了土地报酬，实行按劳分配的原则。1956 年 1 月 11 日，北京市郊区全部完成初级社转高级社的任务。1 月 15 日，北京市在天安门广场举行 20 多万人参加的群众大会，庆祝首都社会主义改造的全面胜利。1956 年 6 月 30 日公布的《高级农业生产合作社示范章程》规定，高级农业生产合作社实行主要生产资料完全集体所有制，社员的土地必须转为合作社集体所有，取消土地报酬，耕畜和大型家具作价入社。农业合作化的完成，在农村确立了社会主义集体所有制。① 高级农业生产合作社时期，京郊农村土地产权的主要特征是集体所有、集体使用、集体劳动。

第四步，人民公社。从 1958 年到 1983 年是人民公社化时期。建立高级社后，由于农田水利建设的需要，推动了高级农业生产合作社由小社并大社，从而引发了人民公社化运动。1958 年 4 月 8 日，中央政治局批准《中共中央关于把小型的农业合作社适当地合并为大社的意见》，北京开始进行小社并大社的工作。8 月 29 日，中共中央做出《关于在农村建立人民公社问题的决议》，提出把规模较小的农业生产合作社合并和改变成为规模较大的、工农商学兵的、政社合一的、集体化程度更高的人民公社。此后，全国掀起了建立人民公社的浪潮。1959 年 9 月，北京郊区已基本实现了人民公社化，原来的 2647 个农业合作社合并成 73 个人民公社，平均每个社 10550 户，5 万多人口，6600 多公顷耕地，规模最大的红星人民公社有 26562 户，最小的也有 1300 多户。② 1961 年 3 月，中共中央将《农村人民公社工作条例草案》印发全国农村支部和农村人民公社全体社员讨论。该条例草案规定农村人民公社一般分为公社、生产大队、生产队三级，以生产大队所有制为基础的三级所有制是现阶段人民公社的根本制度。1961 年 6 月，中共中央将《农村人民公社工作条例修正草案》印发全国农村支

---

① 参见中共中央党史研究室《中国共产党历史》第 2 卷（1949—1978）上册，中共党史出版社，2011，第 344、364 页。

② 参见《北京志·农业卷·农村经济综合志》，北京出版社，2008，第 95 页。

部和农村人民公社讨论和试行。该条例修正草案规定社员的房屋永远归社员所有。1962 年 2 月，中共中央发出《关于改变农村人民公社基本核算单位的指示》，确定以生产队为人民公社的基本核算单位。1962 年 9 月 27 日，中共八届十中全会通过《农村人民公社工作条例修正草案》，该条例修正草案规定：人民公社的基本核算单位是生产队；生产队所有的土地都归生产队所有，生产队所有的土地包括社员的自留地、自留山、宅基地等，一律不准出租和买卖；社员的房屋永远归社员所有，社员有买卖或者租赁房屋的权利。人民公社时期，京郊农村土地产权的主要特征是土地集体所有、集体使用、统一劳动、统一分配，宅基地集体所有、农民使用。

（三）改革以来的农民财产权

1978 年 12 月，中共十一届三中全会明确提出从 1979 年起将党的工作重点转移到社会主义现代化建设上来。全会原则通过的《中共中央关于加快农业发展若干问题的决定（草案）》，虽然肯定了"包工到作业组，联系产量计算劳动报酬"的责任制，但仍规定"不许包产到户，不许分田单干"。1979 年 9 月，中共十一届四中全会修改并正式通过《中共中央关于加快农业发展若干问题的决定》，将草案中"不许包产到户，不许分田单干"修改为"不许分田单干"，初步肯定了"包产到户"的办法。1982 年 1 月，中共中央批转的《全国农村工作会议纪要》即改革以来第一个中央一号文件第一次明确地肯定了包产到户的社会主义性质。1982 年 9 月 17 日，时任中共中央总书记对《北京日报》内参刊发的《一个"冰棍队"的上与下》一文批示："据我看，北京郊区还有一些干部对责任制想不通，甚至以各种借口来抵制，这一定要教育过来。"此后，北京市委开始转变观念，对包产到户责任制进行部署安排和推动落实。1983 年，以包产到户为主要形式的农业生产责任制在京郊迅速展开。到 1983 年底，北京郊区实行包产到户或联产到劳的生产队占总数的 93%，有 6% 的生产队继续实行专业承包，有 1% 的生产队仍实行农场式集体统一经营。①

1982 年 12 月 4 日，第五届全国人大第五次会议通过的《中华人民共和国宪法》第 10 条规定：城市的土地属于国家所有；农村和城市郊区的

---

① 参见王振业、张一帆、廖沛编著《北京农村经济史稿》（下册），中国农业出版社，2016，第 377～378 页。

土地，除由法律规定属于国家所有的以外，属于集体所有；宅基地和自留地、自留山，也属于集体所有。1983 年 10 月 12 日，中共中央、国务院发布《关于实行政社分开　建立乡政府的通知》，标志着存在了 20 多年的人民公社走向解体。

到 1984 年底，北京郊区原有的 263 个人民公社实行政社分开，建立了 350 个乡政府（其中民族乡 6 个）、4 个区公所、1 个新设镇，4423 个村民委员会。在实行政社分设、建立乡政府的同时，原来 269 个公社级集体经济组织有 226 个改名为农工商联合总公司，43 个公社仍沿用人民公社管委会名称。在村一级的 4171 个集体经济组织中，有 80% 仍沿用大队管委会名称，10% 改称农工商联合公司，2% 改为经济合作社，还有 8% 改用其他名称。大部分村实行村合作社与村委会一套班子、两块牌子。①

1991 年 1 月 22 日，北京市委、市政府颁布《关于加强乡村合作社建设　巩固发展农村集体经济的决定》，将乡镇集体经济组织改称乡镇经济联合社（简称乡联社），将村集体经济组织改称村经济合作社（简称村合作社）或者分社。当时，全市有乡镇经济联合社 293 个（同时保留农工商联合总公司的牌子）、村经济合作社 4159 个（同时保留农工商联合公司的牌子），村合作社内部以原生产队为基础组建分社（分公司）3080 个。②

改革以来的 40 年，农民的财产权有了很大的发展，但也面临许多问题和挑战。改革以来京郊农村土地产权的主要特征是土地集体所有、农民使用。

二　城市化对农民财产权的冲击及应对措施

改革以来，特别是 20 世纪 90 年代以来，随着市场化改革的推进和发展，我国也进入城市化发展的快车道。北京作为首都和经济发达地区，城市化的发展更是走在前列。北京市常住人口城镇化率从 1978 年的 55% 提

---

① 参见王振业、张一帆、廖沛编著《北京农村经济史稿》（下册），中国农业出版社，2016，第 385～386 页。

② 参见陈水乡主编，黄中廷主笔《北京市农村集体经济产权制度改革历程（1992 - 2013）》，中国农业出版社，2015，第 3 页。

高到 2017 年的 86.5%，城市建成区面积从 1990 年的 339.4 平方公里扩大到 2016 年的 1419.7 平方公里。快速的城市化，既激活了广大农民的财产权意识，又对农民财产权的维护和发展提出了前所未有的重大挑战，集中体现在农民的"一产三地"上，即对农民的集体资产、承包地、宅基地、集体建设用地等权利的挑战。广大农民群众和各级党委、政府为应对城市化的冲击和挑战，也积极探索推进有关改革工作，在一定程度上维护和发展了农民的财产权利。

（一）撤制乡村集体资产的处置

城市化的发展，使农村地区不断转变为城市社区，原来的乡镇和行政村建制也纷纷被撤销。例如，1985 年到 2017 年，北京市乡镇个数从 365 个减少到 181 个，减少了 184 个；村委会个数从 4394 个减少到 3920 个，减少了 474 个；城市社区居委会从 2888 个增加到 3140 个，增加了 252 个。乡镇和行政村建制撤销后，怎么合理地处置集体资产，是维护农村集体和农民财产权利的重大问题，事关社会的公平正义和治理现代化。

自 20 世纪 50 年代建立集体所有制、形成集体资产以来，北京市对农村集体资产的处置大体经历了三个阶段。

一是 1956 年至 1985 年，实行"撤队交村、撤村交乡"的自行处理政策。这个阶段没有制定明确统一的集体资产处置政策，一般情况是各地将撤制村队的财产交上级集体经济组织统一使用，也有部分村队将集体资产分光了事。总体上执行"撤队交村、撤村交乡"政策，实质上平调了集体资产，损害了农村集体和农民的财产权利。

二是 1985 年至 1999 年，实行"主要资产上交、部分资产分配"的政策。1985 年 9 月 30 日，北京市委农工委、北京市政府农办转发北京市农村合作经济经营管理站《关于征地撤队后集体资产的处置意见》（京农〔1985〕69 号），该意见规定土地全部被征用的地方，社员转为居民，大队、生产队建制即相应撤销。征地撤队的集体资产处理政策主要内容是：集体的固定资产（包括变价、折价款）和历年的公积金余额，以及占地补偿费，全部上交给所属村或乡合作经济组织，作为公共基金，不准分给社员；集体的生产费基金、公益金、生活基金和低值易耗品、库存物资和畜禽折款，以及国库券等，归原队社员合理分配；青苗补偿费，本队种植的树木补偿费，以及不属于固定资产的土地附着物的补偿费，可以纳入社员分配；社员自留地和承包地的青苗补偿费，自有树木补偿费，自有房屋折价补偿费，全部归所有者所得；社员入社股金如数退还；一个队部分土地被征用、部分社员转为居民的，可参照上述可分配资金的分配原则处理，一次了结。这种将主要资产上交的政策，也是一种平调集体资产的做法，严重损害了被撤村队集体资产权益和农民的财产权利。

三是1999年至今，实行股份合作制改革及相关处置等政策。1999年12月27日，北京市政府办公厅颁布《北京市撤制村队集体资产处置办法》（京政办〔1999〕92号），对撤制村队集体资产的处置分两种情况进行。第一种情况是集体资产数额较大的撤制村队，要进行股份合作制改造，发展股份合作经济。在集体经济组织改制中，将集体净资产划分为集体股和个人股，集体股一般不低于30%，其他作为个人股量化到个人。第二种情况是集体资产数额较小，或者没有条件发展股份合作制经济的村队，其集体资产的处置办法主要是：固定资产（包括变价、折价款）和历年的公积金（发展基金）余额，以及占地补偿费，全部交由所属村或乡镇合作经济组织管理，待村或乡镇合作经济组织撤制时再处置；公益金、福利基金和低值易耗品、库存物资、畜禽的折款以及国库券等，兑现给集体经济组织成员；青苗补偿费，村队种植的树木补偿费和不属于固定资产的土地等附着物的补偿费，可以兑现给集体经济组织成员；撤制村队集体经济组织成员最初的入社股金，可按15倍左右的比例返还。

目前仍然实行的《北京市撤制村队集体资产处置办法》，避免了以前撤制村队集体资产处置中存在的突出问题，在一定程度上维护和发展了农民的财产权利，具有积极的现实意义。当然，现行撤制村队集体资产处置政策也存在需要进一步完善的地方。需要指出的是，在城市化进程中北京市虽然有不少乡镇的建制被撤销，但目前全市并没有制定专门的撤销乡镇建制集体资产处置的政策规定。

以因举办亚运会而撤销的北京市朝阳区大屯乡为例。为建设第11届亚运会场馆以及其他项目，从1990年起，北京市朝阳区大屯乡所属的行政村相继撤销，农民转为城市居民，集体土地全部征为国有。1986年至1997年，共征收了大屯乡12357亩土地。1999年5月至2000年5月，依据《北京市撤制村队集体资产处置办法》，大屯乡对所属的大屯、关庄、辛店、曹八里、北项5个村12436名社员的2.25亿元集体资产采取现金兑现的方式进行处置。在处置村级集体资产的基础上，大屯乡党委政府研究制定《大屯乡体制改革和集体资产界定处置的实施方案》，在全市率先启动乡镇级集体组织产权制度改革。截至 2001 年底，经资产评估，大屯乡集体资产 20.13 亿元，负债 12.5 亿元，净资产 7.65 亿元，可以进行处置的集体净资产 7.42 亿元。经认定，全乡有 15428 人具备参与集体资产处置的资格。对于在乡属企事业单位、机关和其他部门工作的 1972 人，以股份形式将资产量化到个人；对于在乡域以外单位或部门工作、自谋职业或已死亡的 13456 人，可由当事人或继承人自主选择持有股份或兑现等额现金。为合理分配集体资产，大屯乡以劳动年限即农龄作为分配的依据。农龄计算起自 1958 年人民公社成立，截至 1997 年 12 月 31 日。经过统计核实，确定分配对象的农龄共计 21.61 万年，人均农龄 14 年，每个农龄折合净资产 3435.75 元，人均 48118.22 元。2003 年 4 月 2 ~ 30 日，大屯乡对全乡集体资产进行了处置兑现。这次现金兑现涉及全乡原 7 个村集体经济组织 30 个生产队的 13397 人，兑现总金额 6.3 亿元。与此同时，大屯乡农工商总公司改制为股份制企业即北京华汇亚辰投资有限公司，注册资本 12141 万元，包括原乡属单位和部门人员享有的 10502.69 万元净资产出资以及吸收的 1638.31 万元现金出资，共有出资人 2252 名。[①]

（二）农村集体经济产权制度改革

城市化进程不仅使部分整建制撤销乡村的集体资产处置令人关注，而且使所有其他并未整建制撤销乡村的集体资产让人关注。20 世纪 90 年代以来，随着城市化进程的加快，北京市开展试点和推行农村集体经济组织产权制度改革，维护和发展农民的集体财产权利。20 多年来，北京市农村集体经济产权制度改革主要经过了四个阶段。[②]

一是 1993 年至 2002 年的改革试点探索阶段。1992 年 11 月，北京市农工委、北京市政府农办发布了《关于进行农村股份合作制试点的意见》（京农发〔1992〕16 号）等文件，对开展农村股份合作制改革试点工作提

[①] 黄中廷：《新型农村集体经济组织设立与经营管理》，中国发展出版社，2018，第 15 ~ 16 页。

[②] 参见陈水乡主编，黄中廷主笔《北京市农村集体经济产权制度改革历程（1992 - 2013）》，中国农业出版社，2015；刘福志《关于农村集体经济产权制度改革情况的报告——2013 年 5 月 30 日在北京市第十四届人民代表大会常务委员会第四次会议上》，北京市人大常委会网站，http://www.bjrd.gov.cn/zdgz/zyfb/bg/201306/t20130604_117112.html。

出明确的意见。1993 年，丰台区南苑乡东罗园村在全市率先开展村级股份合作制改革试点工作，将少部分集体净资产量化给本村成年劳动力，股东对股份只享有收益权，没有所有权，不允许继承转让。之后又相继在一些村开展试点工作，并借鉴了上海、广东和浙江等地开展农村集体经济产权制度改革的做法。经过试点探索，提出了"撤村不撤社，转居不转工，资产变股权，农民当股东"的改革思路，将集体净资产划分为集体股和个人股，集体股占 30% 以上，个人股占 70% 以内。经过 10 年的改革试点探索，到 2002 年底，北京市共完成 24 个村的集体经济产权制度改革。

二是 2003 年至 2007 年的扩大改革试点阶段。经过 10 年的改革试点探索，北京市积累了农村集体经济产权制度改革的基本经验，自 2003 年起，开始扩大改革试点范围。在试点范围上，提出"近郊全面推开、远郊扩大试点"的方针。在股权设置上，将人员范围扩大到 16 周岁以下的未成年人，并对改革试点相关工作做了进一步的规范。到 2007 年底，北京市完成303 个乡村集体经济产权制度改革任务（其中村级 299 个，乡级 4 个），全市有 30 多万农民成为新型集体经济组织的股东。

三是 2008 年至 2013 年的全面推广阶段。从 2008 年起，北京市在前期十多年改革试点的基础上，结合集体林权改革，全面铺开了农村集体经济产权制度改革工作，使农村集体产权改革全面提速。到 2013 年底，全市累计完成集体经济产权制度改革的单位达到 3873 个（其中村级 3854 个，乡级 19 个），324 万农民当上了新型集体经济组织的股东。

四是 2014 年以来的深化改革阶段。2014 年以来，北京市主要在深化农村集体产权制度改革上做文章，具体体现在加大对尚未完成的少数情况比较复杂的村级集体经济产权制度改革的力度，有序推进乡镇级集体产权制度改革，解决早期改革时集体股占比过高的问题，加强和规范新型集体经济组织的经营管理等。到 2017 年底，全市累计完成集体经济产权制度改革的单位 3920 个（其中村级 3899 个，乡镇级 21 个），331 万农民当上了新型农村集体经济组织的股东。目前，深化农村集体经济产权制度改革尚在进行之中。

北京市农村集体经济产权制度改革的基本形式有存量资产量化型、资源 + 资本型、农民投资入股型等。

存量资产量化型是北京市农村集体经济产权制度改革最主要的形式，

其基本做法是通过清产核资、成员界定等方式，将集体净资产划分为集体股和个人股，集体股一般占30%，个人股一般占70%，个人股包括按人口量化的基本股和按劳龄量化的劳动贡献股，按要求成立新型集体经济组织，股东实行按股分红。

资源＋资本型是北京山区集体账内资产较少而可开发利用的山场等自然资源较多的村采取的改革方式，其基本做法是将承包地、林地等山场资源按股份量化给集体经济组织成员，集体经济组织成员以户为单位自愿以现金入股，组成股份制或股份合作制企业。

农民投资入股型是北京一些集体企业市场发展前景较好而缺乏资金扩大生产规模经营的村，通过发动集体经济组织成员用现金投资入股组成社区型新型集体经济组织或企业，发展壮大集体经济，实现农民增收的一种有效方式。

我们以北京市大兴区黄村镇北程庄村为例，了解其集体经济产权制度改革的基本情况。北程庄村于2009年开始实行集体经济产权制度改革，2010年完成集体经济产权改革任务，开始实行按股分红。其基本做法如下。

一是确定改革基准日，开展清产核资工作。北程庄村将2009年4月30日确定为改革基准日，2009年4月30日至2010年3月30日，开展清产核资工作。截止到2010年3月30日，北程庄村集体资产总额80734366.04元，其中村集体固定资产总额50083951.5元，货币资金30355989.54元，其他资产294425元。村集体负债总额2367797.48元，村集体净资产总额为78366568.56元。

二是确定集体经济组织成员身份和股东人数。根据有关规定，北程庄村确定集体经济组织成员即村股份经济合作社股民共265人。其中1956年1月1日至1983年12月31日（1983年后实行家庭联产承包责任制不再有集体劳动），全村参加集体劳动的人员106人，劳龄总年数1458年。

三是兑现原集体经济组织成员劳龄款。1956年1月1日至1983年12月31日，参加集体生产劳动但在改革基准日前，户口已经迁出本村的原集体经济组织成员共81人，对这些原集体经济组织成员计算劳龄款，实行现金一次性兑现的办法支付。原集体经济组织成员劳龄总年数582年，按每年365元计算，共支付原集体经济组织成员劳龄款212430元。

四是明确股权设置和股权权能。该村集体净资产总额 78366568.56 元减去原集体经济组织成员劳龄款 212430 元后，剩余的净资产额 78154138.56 元作为股权设置的份额。在股权设置中，北程庄村基本上按照集体股占 30%、个人股占 70% 的比例原则设置股权。具体情况是，在 78154.14 股中，集体股为 22357.84 股，占 28.61%；个人股 55796.3 股，占 71.39%。集体股由村股份经济合作社股东共同拥有，其股份分红用于股份经济合作社事务管理和公益福利等支出。个人股是村股份经济合作社股民所持有的股份。个人股包括基本股和历史劳动贡献股（简称劳龄股）。基本股是在本村征地转居安置前有正式农业户口的集体经济组织成员按人头享有的股份，基本股占 97.13%，折合 54192.5 股，享受基本股的人员共 265 人，平均每人 204.5 股；劳龄股是 1956 年 1 月 1 日至 1983 年 12 月 31 日年满 16 周岁并曾在村集体参加生产劳动的村民应享有的股份。劳龄股所占的比例为 2.87%，折合 1603.8 股。享受老龄股的人员 106 人，总劳龄年限为 1458 年，平均每年 1.1 股。基本股和劳龄股同股同利。如某人，1950 年生，2010 年 3 月 30 日时年龄为 60 周岁，16 周岁（1966 年）开始参加集体劳动，截至 1983 年 12 月 31 日，参加集体劳动 18 年，按照 1 年 1 个劳龄股计算，该成员有 18 股劳龄股和 204.5 股基本股，共拥有个人股份 222.5 股。北程庄村股份经济合作社股民持有的集体资产股份，可以继承、内部赠与或内部有偿转让，股民去世后如无人继承，则由村集体收回其股份。

五是实行按股分红。北程庄村集体每年主要收入有四大块。一是 2009 年北程庄村集体购买的 4000 平方米底商，买入价为 1 万元/平方米，每年租金收入 300 万元。二是 2007 年征地拆迁时，大兴区新城建设征地 5.75 平方公里中规划有 3.2 万平方米底商，北程庄村分得 2600 平方米底商，每年租金收入 108 万元。三是村委会办公楼用于出租，每年租金收入 100 多万元。四是剩余征地补偿款的年利息收入约 200 万元。2010 年，北程庄村完成集体经济组织产权制度改革后，就实行了按股分红。2010 年至 2014 年，北程庄村集体经济组织成员每年的基本股分红金额分别是 10204 元、12270 元、18405 元、20450 元、20859 元，2015 年至 2017 年每年分红均为 22495 元。

（三）征地制度与集体建设用地入市试点

改革以来，北京的城市化发展开始加速，常住人口城镇化率从 1978 年的 55% 提高到 2017 年的 86.5%，常住人口从 1978 年的 871.5 万人增加到 2017 年的 2170.7 万人，农业户籍人口从 1978 年的 382.6 万人减少到 2017 年的 227.5 万人，乡镇政府个数从 1985 年的 365 个减少到 2017 年的 181 个，村委会个数从 1985 年的 4394 个减少到 2017 年的 3920 个，城市建成区面积从 2002 年的 1043.5 平方公里扩大到 2016 年的 1419.66 平方公里。北京城市空间摊大饼式的急剧扩张，主要是通过政府征用和征收农村集体土地这种征地拆迁模式完成的。征地制度直接关系农村集体和农民土地财产权利的实现和维护。

20 世纪 80 年代以来，北京的征地补偿安置政策经过了三次较大的调整。

第一次是 1983 年 8 月 29 日北京市政府发布实行的《北京市建设征地农转工劳动工资暂行处理办法》。该办法根据 1982 年 5 月施行的《国家建设征用土地条例》第一条和第十二条制定。根据《国家建设征用土地条例》，征用耕地（包括菜地）的补偿标准，为该耕地年产值的三至六倍；征用园地、鱼塘、藕塘、苇塘、宅基地、林地、牧场、草原等的补偿标准，由省、自治区、直辖市人民政府制定。征用无收益的土地，不予补偿。征用宅基地的，不付给安置补助费。《北京市建设征地农转工劳动工资暂行处理办法》规定被征地单位符合条件的农转工人员，由用地单位负责安排工作。农转工人员不论安置到集体所有制还是全民所有制单位工作，都应执行所在单位同类人员的工资标准、奖励、劳保、福利待遇等制度。

第二次是 1993 年 10 月 6 日北京市政府发布实行的《北京市建设征地农转工人员安置办法》。该办法进一步明确了在建设征地中安置农转工人员的相关办法，强化了征地单位的权利义务以及农转工人员的权利义务，对于自谋职业者给予一次性安置补助费。

第三次是 2004 年 4 月 29 日北京市政府常务会议通过、自 2004 年 7 月 1 日起施行的《北京市建设征地补偿安置办法》（北京市人民政府令第 148 号，俗称 148 号令），该办法有几个明显的特点。一是与前两个办法只规定征地农转工人员安置不同，148 号令既规定了征地补偿，也规定了人员安置和社会保险。二是明确征地补偿费实行最低保护标准制度。三是实行逢征必转原则，规定征用农民集体所有土地的，相应的农村村民应当同时转为非农业户口，应当转为非农业户口的农村村民数量，按照被征用的土地数量除以征地前被征地农村集体经济组织或者该村人均土地数量计算。四是逢转必保，建立社会保险制度，将转非劳动力纳入城镇社会保险体系。五是明确农村村民转为非农业户口后，不丧失对农村集体经济组织积累应当享有的财产权利。

以北京市大兴区黄村镇北程庄村为例，该村集体土地先后四次被征用或征收。到2007年，该村土地已被全部征收。发生在1999年前后和2004年的两次征地，分别是修建铁路和修建公路的需要，属于小规模征收耕地，且只征地不转居。该村土地大规模被征收发生在2007年。一次是京沪铁路建设，征收该村320亩土地，根据《北京市建设征地补偿安置办法》，征地补偿标准统一打包，征地单位按照20万元/亩的标准支付给村集体征地补偿款；另一次是大兴区新城北区5.75平方公里规划开发建设征地，这次征地共涉及7个村庄，北程庄村属于其中的一个，该村被征收剩余的所有土地即460亩，征地单位按照16万元/亩的标准支付给集体征地补偿款，同时给村集体2600平方米底商的所有权。2007年北程庄村两次征地补偿款13700多万元。

我们在北京市丰台区卢沟桥乡三路居村调研时了解到，从1998年到2016年，三路居村土地的98.2%陆续被征收。从征地补偿标准来看，1998年征地时为每亩9万元，2016年每亩278万元。2003年以前，三路居村被乡政府和开发商征用了集体土地236.9255亩，其中有93.444亩没有给予任何补偿，1998年丽泽道路建设征用三路居村集体土地132.68亩，补偿标准仅为678.32元/亩。2007年，三路居村通过集体经济产权制度改革组建的北京金鹏公司通过自挂、自拍、自筹、自建的方式开发建设金唐国际金融大厦9405.56平方米（14.1亩），缴纳土地出让金1157.25万元，平均每亩82万元。2012年，北京金鹏公司与丰台区其他集体经济组织合作，通过土地招拍挂取得丽泽商务区C9项目二级开发建设权，涉及土地面积5397.65平方米（8.1亩），土地出让金为3.9亿元，平均每亩481.5万元。2015年，北京金鹏公司通过土地招拍挂取得丽泽商务区D10项目二级开发建设权，涉及土地面积199794.86平方米（约30亩），土地出让金为25.1亿元，平均每亩836.7万元。

征地制度是与国家严格禁止集体建设用地进入市场的政策紧密联系在

一起的。改革以来，在经济发达地区和特大城市的城乡结合部地区，农村集体建设用地使用权流转的隐形市场不断出现。1999年11月，国土资源部批准安徽芜湖市为全国第一个农村集体建设用地使用权流转试点城市。2005年5月，广东省政府通过《广东省集体建设用地使用权流转管理办法》，广东成为全国第一个允许集体建设用地使用权合法进入市场流转的省级行政区。2003年7月30日，北京市国土资源和房屋管理局印发《北京市农民集体建设用地使用权流转试点办法》，选择在怀柔区庙堂镇和延庆县大榆树镇开展试点，规定除村民建设住宅用地、乡（镇）村公共设施和公益事业用地以外的集体建设用地使用权，可以转让、租赁、入股等方式流转。因上位法限制等多种因素，北京市农村集体建设用地入市流转试点并未取得实质性突破，没有形成可复制、可推广的经验和制度性成果。

2015年2月27日，第十二届全国人民代表大会常务委员会第十三次会议通过《关于授权国务院在北京市大兴区等三十三个试点县（市、区）行政区域暂时调整实施有关法律规定的决定》。根据决定，北京市大兴区等33个试点县（市、区）暂停实施《土地管理法》《城市房地产管理法》的6项条款，按照重大改革于法有据的原则，推进农村土地征收、集体经营性建设用地入市、宅基地制度改革试点，试点期限截至2017年12月31日。2017年11月4日，第十二届全国人大常委会第三十次会议表决通过《关于延长授权国务院在北京市大兴区等33个试点县（市、区）行政区域暂时调整实施有关法律规定期限的决定》，根据决定，北京市大兴区等33个试点县（市、区），试点期延长一年至2018年12月31日。

大兴区是北京城市化进程较快的地区，集体建设用地进入市场具有现实的市场需求和条件。据国土资源部2014年土地变更的调查，大兴区14个镇共有7.96万亩集体经营性建设用地存量。其中镇联社占3%，计115宗2454亩；村经济合作社占97%，计4100宗74106亩；还有少量土地归镇级之间、村级之间共有。大兴区根据《北京市农村集体经营性建设用地入市试点办法》，编制了《北京市大兴区农村集体经营性建设用地入市试点实施方案》，对集体经营性建设用地入市试点进行了具体安排和部署。大兴区农村集体经营性建设用地入市试点有几个方面的特点。

一是采取镇级统筹的模式。由于集体经营性建设用地碎片化问题突出，大兴区在全国率先提出集体经营性建设用地入市"镇级统筹"模式，即以镇为基本实施单元，通过统一规划调整实现全镇土地统筹，通过统一"拆建招绿"实现全镇工作统筹，通过统一决算分配实现全镇农民利益统筹。

二是组建镇联营公司作为入市主体。例如，大兴区西红门镇成立北京市盛世宏祥资产管理有限公司作为全镇集体经营性建设用地入市的主体。该公司作为新型集体经济组织，由西红门镇政府负责组建，其股东为大兴区西红门镇、各村民委员会和经济合作社，代表集体行使集体土地所有权。

三是参照国有建设用地使用权出让入市等形式。以大兴区农村集体经营性建设用地入市试点后首宗入市地块为例，2015 年 12 月 15 日，大兴区西红门镇"2 号地小 B 地块"被北京市赞比西房地产开发有限公司以 8.05 亿元竞得为期 40 年的土地使用权。这是北京市大兴区农村集体经营性建设用地入市试点后第一宗通过招拍挂形式出让的集体经营性建设用地，实现了与国有建设用地"同权同价"。此外，大兴区农村集体经营性建设用地入市还探索了转让、租赁、作价入股、自主开发等方式。

四是建立了国家、集体和农民之间的土地增值收益分配机制。大兴区建立入市收益调节金制度，确定调节金征收比例为土地成交总价款的 8%～30%。西红门镇 B 地块入市收益调节金征收比例为 12%，上缴大兴区财政。大兴区根据各地发展情况的不同，实行差别化的调节金征收比例，通过竞争方式入市的，北部镇调节金征收比例为 12%，南部镇征收比例为 8%；通过协议出让、自主开发方式入市的，北部镇调节金征收比例为 15%，南部镇为 10%。分配到各村的土地增值收益，村集体留存30%～35%，其余 65%～70% 按照全区 2010 年产权制度改革确定的办法在成员之间按股分配。西红门镇 B 地块出让收入 8 亿元的分配大体为1:1:3:3，即 1 亿元交土地增值收益调节金，1 亿元支付农民既得收入，3 亿元偿还贷款，3 亿元用于一级开发。

2017 年 8 月 21 日，国土资源部、住房和城乡建设部印发《利用集体建设用地建设租赁住房试点方案》（国土资发〔2017〕100 号），确定第一批在北京、上海、沈阳、南京、杭州、合肥、厦门、郑州、武汉、广州、佛山、肇庆、成都等 13 个城市开展利用集体建设用地建设租赁住房试点，要求在 2020 年底前，省级国土资源主管部门和住房城乡建设主管部门总结试点工作，总结报告报国土资源部、住房和城乡建设部。利用集体建设用地建设租赁住房试点正在进行之中。早在 2014 年 10 月 28 日，北京市国土局等 7 部门就联合发布了《北京市利用农村集体土地建设租赁住房试点实施意见》（京国土耕〔2014〕467 号），探索利用农村集体土地建设租赁住房的试点工作。2017 年 11 月，北京市规划国土委、市住建委联合印发《关于进一步加强利用集体土地建设租赁住房工作的有关意见》（市规划国土发〔2017〕376 号），北京市计划于 2017～2021 年的五年内供应 1000 公顷集体土地，用于建设集体租赁住房，平均每年供地任务量约 200 公顷。北京已确定海淀区唐家岭项目、海淀区温泉镇 351 地块项目、朝阳区泓鑫家园小区三个集体建设用地建设租赁住房项目。2017 年底，北京市供应了 204 公顷集体建设用地用于集体租赁住房，2018 年将增加 200 公顷集体建设用地用于集体租赁住房。

三 维护和发展农民财产权利的思考和建议

在城市化进程中，各级党委政府以及广大基层干部和农村群众为维护和发展农民的财产权利进行了许多探索和努力，也取得了不少成效。但是侵害农民财产权利的现象仍然比较普遍，主要体现在：一是征收或征用集体土地并给予不公正的补偿安置，二是行政区划调整以及撤并乡镇和村庄造成集体资产流失或稀释，三是强制流转农民土地，四是圈占村庄、驱赶村民搞乡村旅游开发，五是强拆农民住宅，六是内部人控制以及外部力量卷入造成集体资产流失，七是集体经济组织民主管理滞后导致农民财产权益损失，等等。

农民财产权利保障不力和受损的根本原因如下：一是在思想观念上，各级领导干部财产权利意识欠缺、现代法治观念淡薄；二是在体制安排上，传统的计划经济体制没有得到根本的改革，现代市场经济体制不健全；三是在制度建设上，有关财产权利的制度建设严重滞后；四是在产权保护上，各级党委和政府对农民财产权利保护不力，特别是国家对侵害农民财产权利的各种违法犯罪现象遏制不力。

经过 40 年改革开放的中国，已经走到了一个新的历史关头，进入了一个新时代。在新时代，实施乡村振兴战略，最关键的是要在全面依法治国、建设法治中国的背景下，在推进国家治理体系和治理能力现代化的轨道上，在实现中华民族伟大复兴的进程中，加强对农民财产权利的维护和保障，真正使中国特色社会主义新时代成为全面依法治国的时代、成为尊重和保障公民基本权利的时代，成为大力弘扬中华优秀传统文化并大胆吸收人类现代政治文明的时代。

（一）提高现代文明素养，把切实增强各级领导干部的财产权利观念和法治意识作为首要任务

作为关键少数，各级领导干部的产权观念和法治意识的高低，直接影响整个社会产权观念和法治意识的水平。要提高全民族的现代文明素养，实现中华民族的伟大复兴，最急迫最关键最突出的任务是切实增强各级领导干部的财产权利观念和现代法治意识，全面提高各级领导干部的现代文明素养。通过提高各级领导干部的现代文明素养从而提升全社会的文明程度，加快建成有效保护产权的现代法治国家、法治政府、法治社会，这不仅是我国实现长治久安和繁荣兴盛的迫切需要，也是走向世界从而对人类文明做出更大贡献并得到世界普遍尊重和认同的战略需要。

一是重点对各级领导干部和公务人员进行现代公民教育和法治培训。要在国家和北京市级层面，将公民教育全面纳入国民教育体系，真心实意地培养现代公民，建设现代政治文明。各级党校和行政学院在加强对各级领导干部进行全面从严治党教育培训的同时，要将全面依法治国列入培训的重要内容，将各级领导干部和全体公职人员作为普法的优先对象和重中之重，切实增强各级领导干部和全体公职人员的产权观念和法治意识，使他们懂得尊崇宪法、尊重公民基本权利等基本的现代文明常识。不具备现代产权观念和法治意识的领导干部，就是不合格的领导干部。缺乏现代产权观念和法治意识的领导干部，就可能成为侵害公民财产权利的违法犯罪主体，这是对国家长治久安和社会和谐安定的重大破坏。

二是坚持"一反思二借鉴"。要深刻反思照搬苏联模式侵害财产权利的惨痛教训以及市场化改革以来破坏财产权利的典型案例，认真吸收和借鉴中华优秀传统文化中尊重和保障财产权利的历史资源，吸收和借鉴现代法治国家尊重和保障财产权利的有益做法，提升全社会尊重和保障财产权利的思想意识，拓展财产权利保护的历史视野和世界视野。

三是确立以保护产权为重点的新发展观。产权制度是社会主义市场经

济的基石，保护产权是坚持社会主义基本经济制度的必然要求。要改变长期以来单纯追求经济增长而忽视产权保护甚至破坏产权的发展观念和方式。任性的权力与放纵的资本是对财产权利的严重破坏与现实威胁，要重点加强对权力的制约监督和对资本的节制规范，从根本上扭转片面追求经济增长而漠视基本权利、破坏生态环境的发展模式，确立依法有效保护基本权利、保护生态环境的新发展观。新发展观就是在树立创新、协调、绿色、开放、共享发展理念的基础上，更加突出和体现保障产权等公民及法人基本权利的发展观，更加突出和体现维护社会公平正义的发展观，更加突出和体现促进人的自由而全面发展的发展观。

（二）构建现代产权制度，把全面深化农村集体产权制度改革作为头等大事

建立归属清晰、权责明确、保护严格、流转顺畅的现代产权制度，是市场经济存在和发展的基础，也是维护和发展农民财产权利的基础工程，是实现国家治理体系和治理能力现代化的重要产权支撑。自 20 世纪 50 年代我国照搬苏联模式建立集体所有制以来，虽然经过 40 年的改革，但我国农村集体产权仍然存在归属不清晰、权责不明确、保护不严格、流转不顺畅的问题。维护和发展农民财产权利，迫切需要深化农村集体产权制度改革，构建归属清晰、权责明确、保护严格、流转顺畅的现代产权制度。本文所说的农村集体产权是涵盖全部集体所有制的产权。2016 年 12 月 26 日中共中央、国务院印发的《关于稳步推进农村集体产权制度改革的意见》是深化农村集体产权制度改革、维护和发展财产权利的重要文件，需要进一步得到贯彻落实。在此基础上，我们还需要进一步解放思想，深化对集体所有制的认识和改革。通过强制农业集体化运动建立起来的集体所有制，具有社区性、封闭性、模糊性、不平等性等诸多特点，是一种十分独特的产权制度安排。几十年来，为了改革集体所有制，耗费了众多专家学者的心血和当政者的精力，但至今仍未能建立起现代产权制度。愚以为，如果我们立足于切实维护和发展农民的财产权利，就可以按照现有政策制度框架与跳出现有政策制度框架两种思路去认识和改革集体所有制。

一是关于改革集体所有制。按照现有政策制度框架，改革集体所有制的重点内容如下。第一，改变重国有、轻集体以及重城市、轻农村的二元思维和政策体系，实现土地的集体所有制与国有制的法律平等地位，在符合规范和用途管制的前提下，集体土地可以依法与国有土地同等入市。城乡建设需要使用土地，根本不需要实行城乡建设用地增减挂钩政策。城乡建设用地增减挂钩政策是典型的轻农村、重城市的思维方式，是对乡村土地发展权利的制度性剥夺，必须尽快废止城乡建设用地增减挂钩政策。第二，对承包地实行"三权分置"，依法且平等保护土地的集体所有权、农户承包权、土地经营权。明确并界定"三权"的权利内容和权利边界，赋予农民对承包地的占有、使用、收益、处分的完整权能，保障农户对承包土地长久不变的权利，第二轮承包期到期后自动延长30年，乡村干部不得打乱重分土地。要尊重农户自愿流转土地的权利，特别是要制止和惩治强迫农民流转承包土地的行为。依法获得土地经营权的权利人的各项权利应当得到有效的平等保护。第三，探索宅基地实行"三权分置"，落实宅基地集体所有权，保障宅基地农户资格权和农民房屋财产所有权，适度放活宅基地和农民房屋使用权。宅基地所有权归集体，并不意味着村集体或集体经济组织可以随意收回农民的宅基地，也不意味村集体或集体经济组织可以擅自处置宅基地。保障宅基地农户资格权，就是保障农户作为集体经济组织成员享有分配和占有宅基地的权利，任何组织和个人都不得非法剥夺。应当实行房宅一体政策，农户依法有偿转让住房时，宅基地使用权一同转让。农户对宅基地的资格权，是指作为集体经济组织成员的农户，在该集体经济组织内享有申请获得并依法分配使用宅基地的身份资格的权利。农户对宅基地的资格权，既有初始分配资格权，也有继受占有资格权。农户初始分配资格权就是农户在集体经济组织内初次申请获得宅基地分配资格的权利，农户继受占有资格权就是农民在集体经济组织内部通过依法继承或转让住宅而获得的宅基地占有的权利。现行的宅基地有关政策限制农户将住宅（住房和宅基地）转让给本集体经济组织成员以外的人，因而非本集体经济组织成员不拥有宅基地的资格权、占有权。但从长远看，这种限制宅基地自由流转的政策制度需要改革和废除。第四，继续推进集体经营性资产股份合作制改革，将农村集体经营性资产以股份或者份额形式量化到本集体成员，作为其参加集体收益分配的基本依据，依法赋予农民对集体资产股份的占有、收益、有偿退出及抵押、担保、继承权。对已经完成集体经营性资产产权制度改革的乡村，要继续深化改革，降低或取消集体股，健全民主管理，规范收益分配，赋予股权完整的权能。对尚未开展集体经营性资产产权制度改革的乡村，要有序推进产权制度改革，保障和实现农民享有集体资产的各项权益。

如果跳出现有政策制度框架，我们还能够打开更加广阔的改革发展思路。解放思想天地宽，保护产权日月长。我们应当立足于实现中华民族伟大复兴、着眼于国家持续繁荣和人民自由幸福的战略目标，重新认识土地所有制的价值。古今中外，向来是得民心者得天下，而不是得所有制者得天下。所有制从来都只是国家实现治理目标的手段而不是长治久安的保障。应当突破苏联模式对土地所有制的观念束缚，实行土地所有制多元化，建立公有制为主体、其他所有制为补充的土地制度。我们要纠正一个习以为常的错误观念，就是以为世界上实行土地私有制的国家都是百分之百的私有制，其实实行所谓土地私有制的国家也有大量的公有土地。世界上根本不存在纯而又纯的土地私有制国家，而是普遍实行土地的多元所有制。在现行土地集体所有制条件下，农民是集体所有制的所有者，集体经济组织或村民委员会只是集体所有制所有权的代表，而不是集体所有权的拥有者和垄断者，作为集体经济组织成员的农民才享有全部集体土地的所有权。无论从集体所有制的形成历史还是现实占有状况来看，都应当将农民的承包土地和宅基地视为民法意义上的准所有权予以保护。

二是关于改革征地制度。按照现有政策制度框架和改革试点方向，改革征地制度的重点内容如下。第一，明确公共利益的范围。根据宪法，国家因公共利益的需要可以征收或征用集体土地并给予补偿。但国家立法至今没有明确公共利益的范围，在实际工作中，不管是国家公共利益的需要还是非公共利益的需要，政府一律启动征地权强制征收集体土地。这是贯彻落实宪法不到位不尽责的重要表现，是国家立法缺位的重要体现。要加快有关征地制度的立法工作，明确公共利益的范围。只有国家公共利益的需要，政府才能启动征地权并给予公正合理补偿。对于非公共利益需要使用集体土地的，只能实行土地租赁或土地入股等形式。第二，对合法征用集体土地的给予公正补偿。现行《土地管理法》规定按被征土地原用途补偿给被征地的农民，补偿标准明显偏低。地方政府通过低价征地、高价拍卖，从而获取巨额土地出让收入，实质上是以政府强制力为后盾从农村集体和农民手中攫取巨额的土地财产权益。这种由政府垄断经营土地的现象和制度安排亟须改变。政府应当放弃经营土地的商人角色，回归公共利益的代表角色。对依法征收或征用农民土地的，必须给予公正合理的补偿。同时，要合理确定政府、集体、农民在土地增值收益中的分配比例，保障农民应当享有的土地补偿费用。在征地补偿中，应当明确区分对土地所有权的补偿，对承包经营权的补偿，对宅基地的补偿，等等。凡是征用农民承包地和宅基地的，农民应当享有90%以上的土地补偿费。第三，允许和规范集体经营性建设用地平等入市，赋予农村集体土地发展权。国家已经在开展这方面的试点工作。应当明确，除了国家依法征收农民集体土地外，农村集体可以在符合规划和用途管制的前提下，自主开发利用集体土地。除了公共需要征地外，其他非公共利益需要征集集体土地的，一律按照市场契约原则实行土地租赁或土地入股。国家应当建立健全土地税制，依法从土地交易中获取税收。第四，对于非法强征农民土地、强拆老百姓住宅的行为，应当依据刑法，追究强征强拆者侵犯集体和公民财产权利罪。不但要追究个人侵犯财产权利罪，还要追究单位侵犯财产权利罪。

如果跳出现有政策制度框架，可以对现行的征地思想观念和政策制度安排做出重大调整与改变。第一，取消城市的土地属于国家所有、农村和城市郊区的土地属于集体所有的规定。这是因为，城市与农村的边界是动态变化的，而法律的规定则是静态的。静态的规定根本不适合城市化发展的动态变化。事实上，在农村也有国有土地，在城市也存在集体土地。在国家主权上，规定国家的全部土地属于全民所有；在民法上，则明确土地的各种所有权主体或占有权主体。农村的集体土地可以建设城镇，城镇的国有土地也可以发展农业或三产融合产业。在城市化进程中，土地的所有权可以保持不变。就像农村中的国有农场等国有土地没有必要变为集体土地一样，城市化发展需要集体土地的也可以不征地，没有必要改变城市规划区和建成区内的集体土地所有权。第二，取消土地征收的规定。土地征收涉及土地所有权的改变，即由集体土地转变为国有土地；土地征用只涉及土地使用权的改变。事实上，土地征收也只存在集体土地转变为国有土地这一种情况。土地集体所有制和土地国有制都是公有制，没有必要将一种公有制转变为另一种公有制。习近平总书记以及中央有关政策文件明确强调，不管怎么改，不能把农村土地集体所有制改垮了。现行的征地模式，就是将农村的集体土地征收后改变为国有土地，这实质上不仅是将农村土地集体所有制改垮了，而且是将农村土地集体所有制改没了，这与坚持集体所有制的宪法原则和政治原则相冲突，因而必须从根本上改变这种吞噬农村土地集体所有制的征地模式。凡是因公共利益需要集体土地的，只能实行征用，即不改变土地的集体所有制，土地的集体所有权并没有消失，而只是集体土地的占有权和使用权的依法转移。征用集体土地，应当明确征用期，包括长期征用和限期征用，并给予公正合理的征用补偿。非公共利益需要集体土地的，应由现行的征收或征用土地改为租赁土地。农村集体经济组织发展产业需要可以依法出租土地或以土地入股的方式参与开发建设。要从根本上改变政府通过低价征收征用农民土地然后高价拍卖土地从而获取巨额土地出让收入的做法，政府应当从建立健全土地税制中获取合法收入。

（三）强化现代产权保护，把严格依法惩治一些地方领导干部侵犯财产权利的行为作为关键举措

2016年11月27日，中共中央、国务院发布《关于完善产权保护制度依法保护产权的意见》。这是我国首次以中央名义出台产权保护的顶层设计政策，文件对完善产权保护制度、推进产权保护法治化进行了部署，对于加强产权保护具有积极意义。但是该意见主要侧重于对民营企业的产权保护，而对农村集体财产以及农民财产权利的保护显得不够，现实中侵害农村集体和农民财产权利的现象比较普遍和严重，特别是城市化进程中一些地方政府领导干部以统筹城乡发展之名掀起的强征强拆、撤村并居等运动，以及一些地方政府领导干部以改革之名滥用权力的行为，严重侵害了农民财产权利。一些地方政府领导干部以侵害老百姓财产权利以及人身权利为手段推动当地的经济发展，完全背离以人民为中心的发展思想，是对国家长治久安与社会和谐稳定的严重破坏。公权力的滥用是最大的不稳定因素。以侵害老百姓财产权利为手段谋求经济发展的发展模式，严重侵蚀了国家有效治理的根基，必须下决心予以制止和根除。

一是要像反对腐败一样反对侵权。一些地方发生的非法暴力强征强拆等现象，实质上是严重侵犯农民财产权利的违法犯罪行为，不符合为人民服务的根本宗旨，违背了执政为民的根本要求，与全面依法治国相背离，应当严格追究侵权者的法律责任。要像推进全面从严治党一样推进全面依法治国，以党建引领法治，以党建促进法治，以党建保障法治。要借鉴强

力反腐败的有效方式开展强力反侵权行动，依法打击一些地方政府公然以侵害老百姓财产权利的方式谋求当地所谓经济发展的歪风邪气和旁门左道，坚决遏制和平建设年代一些地方政府大规模侵害农民财产权利的不正常现象，还老百姓一个安宁的生产生活环境，夯实国家长治久安的人心基础。

二是修改《刑法》，进一步落实侵犯财产权的罪名。根据城市化中的普遍性问题以及一些地方政府以改革之名恣意滥用权力的现象，通过修改《刑法》进一步落实侵犯财产权的罪名，强化财产权的保护力度。可以单独设立强征土地罪、强拆住宅罪、破坏坟墓罪、毁坏棺材罪等侵犯财产权的罪名，为农民财产权利提供法律保障。

三是加大《刑法》的实施力度，依法追究侵犯财产权利的犯罪行为。对侵害农民财产权利的地方政府及领导干部，既要依据《中国共产党纪律处分条例》给予党纪处分，也要依据《刑法》追究其侵犯公民财产权的罪行；既要追究侵犯农民财产权利的领导干部个人的刑事责任，也要追究地方政府及其相关部门的单位犯罪责任。通过及时公开惩治一些地方政府领导干部侵犯农民财产权利行为的典型案例，达到以个案的公正处理推动地方政府依法行政的不断深入和全社会的法治进步的目的。

在城市化进程中，要有效保护财产权利，除了上面提出的增强财产权利观念、构建财产权利制度、惩治侵犯财产权利的行为外，还需大力培育现代产权文化，要把营造尊重和保护财产权利的社会政治环境作为根本选择。只有既加强保护产权的硬制度建设，又加强保护产权软的环境培育，才能更有效地实现对财产权利的尊重和保护。尊重和保护财产权，既要有效保护公有财产权，落实宪法规定的"公共财产神圣不可侵犯"的原则，又要有效保护私有财产权，落实宪法规定的"公民的合法的私有财产不受侵犯"的原则。在社会主义市场化改革中，尤其要突出加强对私有财产权利的法律保护，实现公有财产权和私有财产权的平等保护。要依据"国家依照法律规定保护公民的私有财产权和继承权"的宪法规定，全面加强财产权利保护的立法工作，加快完成"民法典"的编撰工作以及通过后的实施工作，真正将保护财产权利的法治建设提升到一个崭新的水平。在新时代营造尊重和保护财产权利的社会政治环境，既要继承和弘扬有利于保护财产权利的中华优秀传统文化，实现"有恒产者有恒心"的财产权保护与社会安定的目标，又要大胆吸收和借鉴有助于保护财产权利的人类文明的优秀成果，恪守"风能进，雨能进，国王不能进"的财产权利保护与公权制约原则。

加强财产权利保护，根本之策是全面推进依法治国。要实现中华民族伟大复兴，必须把有效保护财产权利以及其他各项基本权利和自由作为再造中华文明的基石。北京提出要建设法治中国首善之区，就必须更加真心实意、认认真真地加强法治建设，让人们以看得见、感受得到的方式有效保护财产权利，特别是在推进城市化建设的进程中，要真正坚持法治原则、树立法治理念、彰显法治精神，养成在尊重和保护财产权利的基本底线上开展工作的作风，而不是习惯于在侵害老百姓财产权利的大拆大建中谋求发展。

参考文献

《中国农业全书·北京卷》，中国农业出版社，1999。

《北京志·农业卷·农村经济综合志》，北京出版社，2008。

王振业、张一帆、廖沛编著《北京农村经济史稿》（上、下册），中国农业出版
　　社，2016。

北京市农村合作经济经营管理站编《北京市农村合作经济经营管理志（1952－2002
　　年）》，中国农业出版社，2008。

中共中央党史研究室：《中国共产党历史》第2卷（1949—1978）上册，中共党史出版
　　社，2011。

中华人民共和国国家农业委员会办公厅编《农业集体化重要文件汇编》（上、下），中
　　共中央党校出版社，1981。

周其仁：《产权与制度变迁：中国改革的经验研究》（增订版），北京大学出版
　　社，2004。

周其仁：《城乡中国》（上），中信出版社，2013。

周其仁：《城乡中国》（下），中信出版社，2014。

〔英〕洛克：《政府论》（下篇），叶启芳等译，商务印书馆，1996。

〔印度〕阿马蒂亚·森：《以自由看待发展》，任赜、于真译，中国人民大学出版
　　社，2002。

〔秘鲁〕赫尔南多·德·索托：《资本的秘密》，于海生译，华夏出版社，2012。

〔美〕R.科斯、A.阿尔钦、D.诺斯等：《财产权利与制度变迁——产权学派与新制度
　　学派译文集》，刘守英等译，上海三联书店、上海人民出版社，1994。

洪德：《产权的秘密》，成都时代出版社，2009。

国务院发展研究中心农村经济研究部：《集体所有制下的产权重构》，中国发展出版

社，2015。

叶兴庆：《农村集体产权权利分割问题研究》，中国金融出版社，2016。

黄中廷、陈涛主编《从共同共有到按份共有的变革》，中国农业出版社，2004。

黄中廷：《农村集体经济产权制度改革研究》，新华出版社，2007。

黄中廷：《新型农村集体经济组织设立与经营管理》，中国发展出版社，2018。

陈水乡主编，黄中廷主笔《北京市农村集体经济产权制度改革历程（1992 – 2013）》，
    中国农业出版社，2015。

宁文忠：《消失的村庄——北京 60 年的城乡变迁》，北京工业大学出版社，2009。

郭光磊主编《北京市农村集体产权制度改革研究》，中国言实出版社，2016。

郭光磊主编《北京农村研究报告（2015）》，社会科学文献出版社，2016。

中国战略与管理研究会主编《战略与管理 6：产权保护》，台海出版社，2016。

常修泽：《广义产权论》，中国经济出版社，2009。

刘丕峰：《中国古代私有财产权的法律文化研究》，山东人民出版社，2011。

张英洪等：《北京市法治城市化研究》，社会科学文献出版社，2017。

张英洪：《城镇化进程中的地方政府违法行为》，载赵秀玲主编《中国基层治理发展报
    告（2017）》，广东人民出版社，2017。

张英洪：《北京农村承包地流转：启示与建议》，《中国经济时报》2018 年 4 月 10 日。

张英洪：《深化农村产权制度改革赋权与护权须并重》，《农村工作通讯》2017 年第
    6 期。

韩俊、张云华、张要杰：《农民不需要"以土地换市民身份"——北京市朝阳区农村
    集体经济产权制度改革调查》，《中国发展观察》2008 年第 6 期。

刘守英：《集体土地资本化与农村城市化——北京市郑各庄村调查》，《北京大学学报》
    （哲学社会科学版）2008 年第 6 期。

魏书华：《城乡结合部城市化与农村集体资产处置》，《城市问题》2002 年第 4 期。

焦守田：《京郊农村集体经济产权制度改革历程》，《北京农村经济》2017 年第 11 期。

焦守田：《京郊农村集体经济产权制度改革的伟大成就》，《北京农村经济》2018 年第
    2 期。

黄中廷：《还权于民的重大变革——北京市农村集体经济产权制度改革的回顾与思考》，
    《北京农村经济》2018 年第 5 期。

方志权：《揭秘上海农村集体产权制度改革顺畅之路》，《北京农村经济》2018 年第
    6 期。

方志权：《农村集体经济组织特别法人：理论研究和实践探索》（上、下），《农村经营
    管理》2018 年第 6、7 期。

魏后凯、陈雪原：《中国特大城市农转居成本测算及推进策略——以北京为例》，《区
    域经济评论》2014 年第 4 期。

张汝立：《从农转工到农转居——征地安置方式的变化与成效》，《城市发展研究》
    2004 年第 4 期。

张汝立：《"农转居"安置政策的问题与成因》，《新视野》2008 年第 3 期。

郑风田、赵淑芳：《"农转居"过程中农村集体资产处置：问题与对策》，《甘肃社会科
    学》2005 年第 6 期。

肖文燕：《丰台区走出整建制撤村建居城市化新路》，《北京农村经济》2011 年第 7 期。

中共北京市丰台区委农村工作委员会、丰台区农业委员会：《推进城乡二元管理体制改
　　革 加快农村城市化步伐》，http://www.zgxxb.com.cn/jjsn/201002251060.shtml。

张华义、李尧：《大兴区西红门乡镇统筹利用集体建设用地的实践研究》，《京郊调研》
　　2017 年第 4 期。

赵强社：《"乡村振兴战略"需要振兴新集体经济——陕西袁家村以新集体经济助力乡
　　村振兴的启示》，中国农业新闻网，http://www.farmer.com.cn/xwpd.../snwp/
　　201711/t20171122_1338627.htm。

杜雪君、吴次芳、黄忠华：《台湾土地税制及其对大陆的借鉴》，《台湾研究》2008 年
　　第 5 期。

陈锡文：《从农村改革 40 年看乡村振兴战略的提出》，《中国党政干部论坛》2018 年第
　　4 期。

刘福志：《关于农村集体经济产权制度改革情况的报告——2013 年 5 月 30 日在北京市
　　第十四届人民代表大会常务委员会第四次会议上》，北京市人大常委会网站，ht-
　　tp://www.bjrd.gov.cn/zdgz/zyfb/bg/201306/t20130604_117112.html。

课 题 组 组 长：张英洪
课题组主要成员：刘　伟　童　伟　张云华　伍振军
　　　　　　　　　高　强　刘志昌　石晓冬　徐勤政
　　　　　　　　　尹慧君　曹　娜　刘　雯　王丽红
执笔人：张英洪
2018 年 9 月 9 日

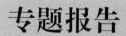

专题报告

北京市农村集体产权制度
改革实践与创新研究

一 北京市农村集体产权制度改革的背景与进展

（一）北京市农村集体产权制度改革势在必行

1. 集体资产庞大，经营效率很低

经过几十年的发展，北京市农村集体积累了大量资产。据北京市农经站统计，截至 2013 年底，北京市乡村集体资产总额 5049 亿元，集体成员人均集体资产 15.9 万元。其中，村级集体资产 3014.8 亿元，占乡村集体总资产的 59.7%。在村级集体资产中，村组织 2330.7 亿元，占 77.3%；村企业 684.1 亿元，占 22.7%。2013 年全市郊区农村集体净资产为 1751.5 亿元，同比增长 10.3%；人均净资产为 5.5 万元，同比增长 10.8%。

尽管北京市村级集体经济组织积累了大量的资产，但从总体上看，集体经济的经营效率很低。数据显示，北京市农村集体资产负债率呈上升趋势，偿还债务能力越来越差。2012 年资产负债率为 64.9%，其中村级资产负债率为 57.1%。① 2013 年总资产负债率 65.3%，同比提高 0.4 个百分点。2010~2013 年，北京市农村集体资产收益率分别为 2%、1.5%、1.4%、1.5%，净资产收益率分别为 5%、3.9%、3.9%、4.4%，而 2010

---

① 郭光磊主编《北京农村研究报告（2013）》，社会科学文献出版社，2014，第 51 页。

~2013 年一年期银行存款利率分别为 2.75% 、3.5% 、3% 、3% 。北京市集体资产收益率普遍低于同期银行存款利率，即使净资产收益率也仅仅相当于银行三年期存款利率水平。①

2. 集体资产监管、运行问题突出

改制之前，农村集体资产的 75% 左右处于"人人所有、人人无份"的困境。一方面，集体资产"所有者缺位"问题突出。大多数村的集体资产由村干部经营管理，多数村在不同程度上存在决策不民主、资产管理不透明等问题，有的村集体资产控制权甚至集中在村干部等少数人手中，致使集体资产面临流失的危险，农民权益受到侵害。2002 年，昌平区信访量最大的问题就是举报村干部侵害农民的权益，占信访总量的 50% ，其中 70% ~ 80% 是关于村干部侵吞集体资产的。

另一方面，经营机制落后，管理运作不规范。目前北京市集体资产经营普遍以对外租赁为主，经济合同管理不规范、用地手续不健全、承包期过长、管理粗放、不按规定履行合同等问题时有发生。2013 年北京市农经办在全市范围内组织开展了农村集体经济合同清理工作，发现存在问题的经济合同 20510 份，占清理合同总数的 17.2% ，涉及合同总金额 175.5 亿元。②

3. 成员身份异质多元

随着农村集体经济组织成员转为城镇居民的数量增多、较富裕地区城镇的农村流动人口增加，部分地区村集体经济组织成员的构成日趋复杂，居民、村民互相交错，成员、社员互相重叠，成员产权模糊、权利虚置的弊端更加突出，导致成员的权利边界模糊、分配标准缺乏，成员合法权益极易受到侵犯。近些年来，围绕土地承包方式、征占地补偿使用分配、股权配置等产生的纠纷越来越多。如果处理不好，这些问题极易引发社会矛盾，造成社会动荡。

4. 集体产权权能残缺

改革开放以来，我国经济社会得到快速发展，但城乡二元体制没有得

---

① 朱长江：《北京市农村集体资产负债现状分析》，中国农业信息网，http://www.agri.gov.cn/V20/ZX/qgxxlb_1/bj/201405/t20140523_3913351.htm。

② 北京市农村经济研究中心：《北京市农村经济发展报告（2013）》，中国农业出版社，2014。

到根本性转变，突出表现为农村集体产权权能残缺。在北京主要表现为农村集体建设用地及集体资产股份权能残缺。一是农村集体建设用地权能残缺。《土地管理法》第四十三条规定："任何单位和个人进行建设，需要使用土地的，必须依法申请使用国有土地；但是，兴办乡镇企业和村民建设住宅经依法批准使用本集体经济组织农民集体所有的土地的，或者乡（镇）村公共设施和公益事业建设经依法批准使用农民集体所有的土地的除外。"农村集体建设用地用途被严格限定在兴办乡镇企业、乡村公共设施、公益事业和建设农民住宅上，范围有限，而其他建设项目占用土地，包括公租房建设用地，都应该是国有用地。现行《土地管理法》对农村集体建设用地四种用途的限制，实际上是限制了农民集体土地财产权的实现。二是成员只拥有农村集体资产股权的有限处置权，往往缺少继承权、转让权和赠与权三个重要处置权。集体产权权能残缺必然损害集体经济组织以及村民的利益。

（二）北京市农村集体产权制度改革实践与进展

1993 年，丰台区开始改革农村集体产权制度，试行农村社区股份合作制。2003 年北京市委、市政府发出《关于进一步深化乡村集体经济体制改革，加强集体资产管理的通知》，肯定了农村社区股份合作制改革的方向。同年，昌平区在北七家镇白坊、狮子营两个城市化进程较快的村开展集体经济产权制度改革试点，之后在其他区县逐渐推开。经过 20 多年的努力，农村集体产权制度改革在北京市郊区已经广泛推开。近几年，北京市坚持"资产变股权，农民当股东"的改革方向，按照"近郊区全面推开、远郊区扩大试点"的工作思路，逐步建立起与市场经济接轨的产权清晰、权责明确、政企分开、管理科学的新型农村集体经济体制。

目前，北京市新型集体经济制度基本框架已全面建立。截至 2013 年底，全市乡、村两级集体资产总额已经达到 5049 亿元，其中，乡级集体资产 2034.2 亿元，村级集体资产 3014.8 亿元；乡、村两级集体净资产总额 1751.5 亿元，其中，乡级集体净资产 499.2 亿元，村级集体净资产 1252.3 亿元。全市累计完成产权制度改革的乡村集体经济组织达到 3859 个，村级完成改革的比例已经达到 97%，有 320 万农民当上了农村新型集体经济组织的股东。在分配方面，按股分红分配方式逐渐取代福利分配成为主要的分配方式。2013 年北京市有 1267 个村集体经济组织实现股份分红，分红村数量比上年增加 194 个，增长 18.1%。分红村已占改制村的 32.9%，比上年提高 4.7 个百分点。股份分红总额 34.8 亿元，比上年增加 11.2 亿元，增长 47.5%。2013 年在改制村中有 133 万名农民股东获得红利，人均分红 2611 元。据初步统计，农民从新型集体经济组织得到的分红，已占到财产性收入的 45% 左右。[①]

二 北京市推进农村集体产权制度改革的主要做法

（一）明确农村集体产权的所有权主体与行使主体

推进农村集体产权制度改革，首先要确定"集体"的边界，明确农村集体产权的所有权主体与行使主体。20 世纪 90 年代初，北京市对乡、村两级集体经济组织的性质与名称、职能与任务、运行与管理以及社员权利与义务进行了规定，要求以行政村为单位设立村经济合作社，以乡为单位设立乡合作经济联合社，在行政主管部门登记后，取得法人资格。1993 年颁布的《北京市农村集体资产管理条例》明确规定，"乡联社、村合作社的集体资产属于该合作社劳动群众集体所有。社员大会或者社员代表大会选举产生的乡联社、村合作社管理委员会依法行使集体资产所有权"。赋予乡联社和村合作社集体资产所有者主体代表资格及经营管理职能，北京市乡、村农村集体土地所有权证分别发放给相应的乡联社和村合作社。

至此，北京市明确农村集体产权所有权主体为合作社劳动群众集体，行使主体为社员大会或者社员代表大会选举产生的乡联社、村合作社管理委员会，所有权主体与行使主体基本明确。2002 年，海淀区发布的《关于我区城乡结合部地区乡村集体资产处置及集体经济体制改革试点工作的意见》中也明确指出："经济合作社是农村集体资产所有者代表，在改革中履行所有者代表职能。"

（二）界定成员资格

农村集体经济组织是由其成员构成的，然而目前农村集体经济组织的

---

① 北京市农村经济研究中心：《北京市农村经济发展报告（2013）》，中国农业出版社，2014。

成员资格尚未界定清楚。2003 年实施的《农村土地承包法》提出了农村集体经济组织成员的权利。2007 年《物权法》第五十九条规定："农民集体所有的不动产和动产，属于本集体成员集体所有。"但农村集体经济组织的成员如何界定，法律并没有明确的说法。随着经济社会的快速发展，城乡、地区之间的人口流动日益频繁。在集体经济组织成员资格界定过程中，农村居民在身份、户口、土地等方面呈现出多样化、复杂化特征，给集体经济组织成员及其权利认定带来巨大挑战。[①]

在具体改革实践中，2007 年，海淀区农林委、农经站下发了《关于加快和深化农村集体经济产权制度改革的指导意见》，确定了集体经济组织主体成员的范围。该文件首次明确已办理农转非的在校大中专学生、初级士官以下现役军人的成员资格。同时，文件确定了"现有成员，先转居与后转居在整体获益上趋于平衡"的原则，鼓励根据实际情况创新改制形式，而且改革范围从城乡结合部扩大到全区。2010 年，海淀区针对北部四镇的特殊情况，由区农委、农经站制定了《关于北部地区农村集体经济产权制度改革中界定成员身份的指导意见》。该文件提出了北部四镇界定集体经济组织成员身份的原则、程序和具体条件，要求综合考虑户籍、社会保障、劳动关系、土地承包经营权等因素，凡充分享有集体经济组织权益的人员应界定为集体经济组织成员；与集体经济组织有历史关系，对集体经济做出过贡献，同时未能与城镇居民平等享有国家政策的人员，应给予合理补偿。此外，海淀区还提出了"世居农业人口"的概念，即第一轮土地承包之前已经在本村落户的农户及其衍生农业人口，不含空挂户。在推进改革的过程中，海淀区明确将"落实《农村土地承包法》进行土地确权后、未曾参加集体资产处置的随征地农转非人员"界定为集体经济组织成员。

（三）明晰股权，坚持多样化股权设置

由于农村集体资产构成具有复杂性、成员资格具有模糊性、村级组织具有多样性等特点，各地关于农村集体资产折股量化的方法也多种多样。目前，北京市新型集体经济组织的股权基本上设置为集体股和个人股，集

---

① 王宾、刘祥琪：《农村集体产权制度股份化改革的政策效果：北京证据》，《改革》2014年第 6 期，第 138 页。

体股一般不低于30%，个人股不高于70%，具体比例由集体经济组织成员民主决策。个人股又分为基本股和劳动贡献股，少数区县还设置了土地承包经营权股、计划生育奖励股、现金股及激励股等，具体比例仍采取民主决策。朝阳区崔各庄乡在股权配置过程中，实现了两大突破：一是不设集体股，二是将基本股（土地股）直接转化为普通股。基本股是由农村土地承包经营权转化成的股份，由有资格参与土地确权的现有集体经济组织成员平均按份分配。

昌平区在农村集体产权制度改革的过程中，按照改革方案，首先把包括土地资产的集体净资产划分为集体股和个人股，其中集体股占30%，个人股占70%。再把个人股全部按照户籍股、土地确权股、公共积累劳龄股、剩余土地资产量化劳龄股、独生子女父母奖励股等配股方式，量化到人。昌平区北店村积极推进产权制度改革，使全村2474名社员成为股东。改革时，该股份合作社劳龄股37006个、户籍股1434个、独生子女奖励股316.5个。核定总资产2.77亿元，其中集体股0.831亿元，个人股1.939亿元。昌平区海鹠落村将集体净资产总额26004.17万元，全部量化到村集体和个人。其中，按照集体净资产的30%（7801.25万元）量化为集体股，集体股入股到股份合作社中，作为本村劳动群众集体共同共有资产。70%（18202.92万元）量化为个人股。截止到2010年6月8日公布结果时，海鹠落村总人口2209人，享受户籍股1260人，享受劳龄股2064人，享受独生子女父母奖励股620人。个人股为本村按规定享受量化配股资格的个人所得股份，归个人所有，主要按照户籍股、劳龄股和独生子女父母奖励股三种股份进行量化配股，其中户籍股占35%，劳龄股占60%，独生子女父母奖励股占5%。此外，昌平区部分实行土地确权确利不确地的村，将农户享有的土地承包经营权份额转化为集体资产股权，为每个享有土地承包经营权的人增设了1个"土地承包经营权股"，民主决策其参与集体资产量化的份额，与基本股和劳龄股一并实行按股分红。

（四）积极探索，实行"静中有动"的股权管理模式

集体资产股权设置应以个人股为主，是否设置集体股，股权是否可以继承、有限流转、交易，归根结底要尊重农民群众的选择，由集体经济组织通过公开程序自主决定。在股权处置方面，北京市普遍实行股权固化的静态管理模式。例如，昌平区阳坊镇东贯市村就采取"增人不增股，减人

不减股"的办法处理特殊群体的股份。其中，从外村娶进来的媳妇没有股份，外来打工人员没有股份，原来是村里农业户籍后来转为非农户籍的可以获得劳龄股。股份可以继承，但不能对外转让。

然而，在改制过程中，部分村也采取了"增人增股，减人减股"的动态管理办法，处理农村土地承包经营权的收益权。比如，昌平区阳坊村土地资产股份一年一调整。一方面"增人增股"是指新增人员可以获得包括土地确权股在内的集体资产股份。阳坊村规定农业户口迁入人员，比如婚嫁、上门女婿等新增人员，可以获得土地确权股。该村认为，近五年来，这部分人员比较多，占30%～40%，他们要求分给股份。另一方面是"减人减股"。阳坊村规定死亡人员只能享受当年的分配，包括土地确权股的集体资产股份收回。农业户口人员迁出之后，土地确权股等集体资产股份收回，只保留"劳龄股"。而非农业户口享有土地确权股的，一旦其在工作单位上了社会保险，经过查实之后，土地确权股收回。在股权流转方面，2005年，海淀区政府下发了《关于加快城乡结合部地区乡村集体资产处置及深化集体经济体制改革的指导意见》。该文件是在部分转出人员强烈要求将个人资产量化份额进行变现的情况下出台的。文件规定"允许资产量化份额在主体之间自由有序流转"，创造性地提出了"份额流转"这一概念。

（五）建设农村产权交易市场，推动农村产权流转交易

北京市保有庞大的农村集体资产，但一直没有相应的农村产权市场，多数农村集体资产成为沉睡的资产，没有体现和发挥出应有的价值。2010年4月15日，经北京市政府相关主管部门批准，由北京市农业投资有限公司出资，北京农村产权交易所正式成立，注册资本则高达5500万元，定位为北京农村生产要素流转交易的专业化平台和服务性机构。北京农村产权交易所，交易品种主要覆盖农村土地承包经营权、农业生产经营组织持有的股权、实物资产、农业生产资料、涉农知识产权、林权等6大类。北京农村产权交易所性质为企业法人，最高权力机构为股东大会，股东大会下面设监事会和执行董事，并在14个涉农区县设立分支机构，以完善信息收集、市场开拓等功能。自2010年成立到2014年底，已成交各类产权交易项目158宗，成交金额9亿元。北京农村产权交易所与平谷区经管站合作成立的平谷区农村产权交易服务中心自2010年12月成立以来，截至2014

年底（产权流转交易一般集中在年底合同到期前，2015 年暂未统计），已成功受理 128 宗农村产权交易。涉及耕地 15919 亩、山场 7679.52 亩、实物资产 2578 万元等，共有 11 笔交易金额超过 1000 万元，总交易额达 34695.9 万元，溢价 5951.7 万元，溢价率达 20.71%。

北京农村产权交易所在规范农村各类生产要素有序流动，引导社会资本向农村流动，优化农村资源配置，维护农民财产性权益，推进农村产权制度改革等方面做出了一定贡献。以北京农村产权交易所为平台，遵循市场经济基本规律和规则，真正让市场成为配置农村资源的决定性手段。

（六）探索完善基层治理组织结构

北京市在推进农村集体产权制度改革的过程中，不断加强集体经济组织建设，探索完善基层组织治理结构。一是建立健全农村集体经济组织。20 世纪 90 年代初，北京市要求以行政村为单位设立村经济合作社，以乡为单位设立乡合作经济联合社，在行政主管部门登记后，取得法人资格。二是通过改革建立新型社区股份合作经济组织。在产权制度改革中，本着"一村一策"原则，在原有村合作社的基础上，采取存量资产量化、"资源＋资本"以及社员投资入股等多种方式进行股份合作制改革，建立新型社区股份合作经济组织。三是理顺农村基层组织间的职责及关系。2012 年，《北京市实施〈中华人民共和国村民委员会组织法〉的若干规定》对集体经济组织和村委会的职责、关系进行了区分和明确，村委会主要负责村内公共事务，并支持集体经济组织开展经营管理活动。四是健全运行管理机制。目前，北京市新型集体经济组织普遍建立健全了"股东（代表）大会、董事会、监事会"的"三会"组织架构，并基本能够按照组织章程运行。

在新型集体经济组织管理方面，2013 年，海淀区政府下发了《关于加强股份经济合作社管理指导和服务的意见》。该文件强调"股份经济合作社是农村集体经济组织通过产权制度改革整体改建而成的新型集体经济组织，是农村集体经济新的实现形式，仍然是集体资产的所有者代表和经营管理主体，其农村集体所有制的性质不变"。建立了备案、审核、实地检查等制度，将需要行政监管的具体事项一一列举。规定了股份经济合作社应就股本变更、因故不能执行章程规定、修改章程、整体改建为公司制企业法人等事项向区级主管部门请示，经核准后方可实施。

借鉴海淀区的做法，农村集体产权制度改革要区分不同地区的资产状况和经济发展水平，分类指导，有序推进，针对广大农区、经济发达地区以及村改居地区等不同情况，探索实施适合本地区发展水平及经济特征的法人形式。同时，及时将新型集体经济组织纳入备案、审核范围，明确行政监管的具体事项，完善登记注册办法，创造条件赋予其市场法人地位。

（七）强化集体经济审计，创新集体资产监管体制机制

为了加强农村集体资产管理，保护集体资产所有者、经营者的合法权益，早在 1993 年北京市就出台了《北京市农村集体资产管理条例》，将集体资产纳入规范化管理范围。

2003 年，海淀区进一步出台了《关于加强海淀区农村集体经济审计工作管理的意见》，就完善审计机构、强化农村集体资产和村级财务审计、严格审计程序以及加强对审计工作的领导和制度建设等做出具体部署。针对集体资产监督管理问题，该文件明确将"镇、村集体经济组织固定资产增减变动情况；集体土地征占收入管理使用情况；应收款项的回收情况；集体资产对外投资收益情况；各级财政扶持农民专业合作组织的资金使用情况"等内容列入经常性的定期审计范围，要求每年至少进行一次审计，以乡镇审计机构为主，区农经管理部门抽查。同时，该文件还要求加强对村级"财务公开"真实性的审计监督以及开展农村干部任期经济责任审计。此外，北京市还积极创新集体经济在线审计和集体经济合同联预审等工作机制。

2013 年底，北京市海淀区成立了以主管区长兼主任，区农委、区经管站主要负责人兼副主任，各镇为成员单位的区级农村集体资产监督管理委员会（以下简称"农资委"），各镇也成立了由镇党委书记兼主任的镇级农资委，形成了统一协调、上下联动、齐抓共管的工作机制。区农资委成立后主要做了以下工作：一是全面启动新一轮集体经济审计工作，覆盖全区所有集体经济组织；二是聘请社会中介机构，对各镇、村 2012 年和 2013 年集体土地补偿款使用管理进行"拉网式"检查；三是全面开展集体土地清查和集体财务规范化管理工作；四是深入开展政策研究，制定镇级集体资产监管考核评价体系，加强对镇政府的考核；五是联合有关大学开展"股份社法人治理结构""集体资产行政监管的法理基础"等前瞻性研究。

镇级农资委，在具体落实区农资委部署任务的基础上，结合实际情况，突出强化日常管理。

三 北京市农村集体产权制度改革面临的主要问题

（一）新型集体经济组织的法人地位仍不明确

在市场经济条件下，集体经济组织首先应该作为合法的市场主体存在，成为集体经济组织成员平等参与市场竞争的重要载体。在市场经济中，公司制、合伙制、个体户这些产权制度的产权权属和主体都是很清楚的，唯独农村集体产权制度是模糊的。尽管经过改革，这个问题得到一定程度的解决，但由于目前国家层面缺乏法律规范，改制后的新型集体经济组织的法人地位仍然尚未明确，导致新型集体经济组织登记管理不统一、投资主体地位不明确、税收优惠不能落实等问题。据统计，2012 年北京市在工商部门登记的村集体经济组织仅有 179 个，仅占当年完成改制村的 4.7%。[①]

2012 年 4 月，为配合国土部门做好农村集体土地确权登记发证工作，北京市农委印发《关于进一步建立健全农村集体经济组织全面加强登记管理工作的通知》（京政农发〔2012〕12 号），规定原来已经组建的村经济合作社、镇合作经济联合社，在农村集体经济产权制度改革中被撤销或变更登记为股份经济合作社或集体所有制（股份）合作企业的，要重新恢复并进行登记颁证。这加剧了村级组织之间的复杂性，使得新型集体经济组织的法人地位问题更加凸显。

（二）新型集体经济组织的股权管理亟须改进

北京市农村集体产权制度改革产生了 320 多万名股东，在股权管理上面临一系列新难题。北京市农村集体产权制度改革中存在的一个突出问题是保留了比例相当高的集体股。仅从土地资源价值看，昌平区农村集体土地，包括集体建设用地和农用地共计 167.3 万亩，若按照当前昌平区对农村土地作价评估 2 万元每亩计算，昌平区农村集体土地价值 334.6 亿元。

---

① 北京市农村经济研究中心：《北京市农村经济发展报告（2013）》，中国农业出版社，2014。

而按照村集体占30%的股份计算，村集体股份价值在100亿元以上。昌平区海鹃落村集体股占集体净资产的30%，高达7801.25万元，其中土地资产占3349.2万元。特别是一些撤村转居的集体经济组织仍然保留了数量相当多的集体股，这意味着产权制度改革还不彻底。同时，北京市农村集体产权制度改革过程中，大多数村并没有将集体土地等资源性资产量化。随着土地资源的升值，集体收益、股权结构与分红基数越来越不一致，也使得个人股中劳龄股比例过高的问题更加突出。

在改制过程中，大多数农村坚持"封闭性""内改制"原则，无论是资产处置、份额流转，还是股权管理，都限定在集体经济组织内部成员之间进行。北京市昌平区绝大部分村采取"增人不增股，减人不减股"的办法固化股权。比如阳坊镇东贯市村就采取"增人不增股，减人不减股"的办法处理特殊群体的股份，从外村娶进来的媳妇没有股份、外来打工的人员没有股份等。然而，随着人口流动的加速，部分转出人员强烈要求将个人资产量化份额进行兑现。随着时间的推移，人口老龄化加剧以及新生代人口的成长，"增人不增股，减人不减股"会引发在广东等改革先行地区暴露出的"逝者有股份，新人无享受"等问题，给集体成员界定和股权边界界定带来新的挑战。由于缺乏有效的法律政策依据，股权继承问题在许多地方处于停滞或悬而未决的状态，且随着时间的推移矛盾不断累积。[①] 此外，在一些改制较早、资产量较大的村，职业经理人的股权激励问题也逐步凸显。

（三）新型集体经济组织尚不能规范经营

在治理结构上，新成立的集体经济组织在形式上普遍按照现代企业制度设立了股东代表大会、董事会和监事会等组织结构，有的还设立了集体资产管理委员会。但从实际运作来看，民主决策、民主管理和民主监督等问题依然突出。[②] 例如，玉渊潭农工商总公司在实际运行中更像一个巨型的家族企业，强调"内部提拔、政府任命"，离真正实现"产权明晰、责权明确、运行规范、管理科学"的现代企业管理模式还有很大距离。

在改革过程中，由于村民和社员身份高度重合，有些村往往以村民

---

① 郭光磊主编《北京农村研究报告（2013）》，社会科学文献出版社，2014，第51页。
② 北京市农村经济研究中心：《北京市农村经济发展报告（2013）》，中国农业出版社，2014。

代表作为社员代表。如果村委委员本身是股东的话，则村委会自动转为股份合作社董事会。同时，将村务监督委员会直接转为监事会。这样操作固然可以降低成本，有利于改制平稳推进，却使村干部交叉任职的问题更加突出。目前，北京市村党支部书记兼任董事长的占93.8%。在工作制度方面，有些新型集体经济组织只是照搬政府颁布的示范章程，做出了一些原则性的规定，缺乏具体的操作程序和实施细则，工作随意性较大。在收益分配上，集体股份占比较高，传统的福利分配制度仍占主导地位。据2012年对昌平区320个农户的问卷调查，当问及"改革过程中最应该解决的问题"时，32.6%的被调查农户认为是集体资产的经营问题。

（四）新型集体经济组织的社会性负担沉重

农村地区"政经不分"问题一直普遍存在，农村的各项事务实际上主要靠村民委员会正常运转，村务决策程序替代集体经济组织决策程序，重大事项往往由村委会和党支部决策。在计划经济时期，社区自治组织与社区集体经济组织一本账，起到了维护农村社会稳定的作用，也为工业化、城镇化做出了贡献。然而，在农村集体产权制度改革之后，"政经不分"问题依然存在，就会造成集体资产经营效率低下等问题。

有调查表明，新型集体经济组织仍要承担本村一些公共事业的建设、维护费用和公益事业支出，影响了新型集体经济的进一步发展壮大。据对北京郊区175个村的调查统计，1995～2005年平均每个村基础设施累计投入415万元，对社会管理及公共事业累计投入403.5万元。2012年，北京市农村集体公益性基础设施投入和支付的公共服务费达12.3亿元，村均31万元。① 从实践看，当地农村的常住居民不一定是农村集体经济组织成员，水电路、环境绿化保洁等公共服务方面的支出由农村集体经济组织成员承担，加大了集体经济组织的社会负担。

（五）新型集体经济缺乏长效发展机制

北京市村级集体产权制度改革虽然已经基本完成，但是新型集体经济在可持续发展方面面临巨大的挑战。一方面，集体经济薄弱村占大多数，

---

① 北京市农村经济研究中心：《北京市农村经济发展报告（2013）》，中国农业出版社，2014。

基本上以租赁物业为主，缺乏优良的经营性资产，没有稳定的收入来源。北京市部分区位较好的农村，集体建设用地长期闲置，而村庄周边租房需求巨大，村干部探索利用集体建设用地发展租赁房，以发展集体经济，让村民获得长期、稳定、可持续性收入，但通过调研看，还面临很多问题。目前北京市以第一产业为主的村共有 1953 个，占 55.8%，这些村集体收入普遍偏低或者没有收入；以第二产业为主的有 78 个，仅占 2.2%，并且多以小型建筑构件加工为主，缺乏可持续性和竞争力；以第三产业为主的有 1467 个，占到 42%，其中的 80% 又以土地和房屋出租为主，产业结构单一，运行管理不规范，并且在城市化进程中难以持续稳定。另一方面，专业人才不足，改制后的一些村集体经济仍然由"村两委"直接行使集体资产经营管理职能，缺乏资本运营、管理分配与市场拓展等专业性知识。

即便是对于一些经济实力较强、集体经济收益较高的村集体来说，分红压力也普遍较大，制约了集体经济的发展后劲。例如，为了突破发展瓶颈，有些新型集体经济组织开展过一些对外投资项目。然而，在分红率刚性递增的压力下，新型集体经济组织面临投资决策"只能成功、不许失败"的制约，增加了农村集体资产管理人员的压力。同时，新型集体经济组织在项目管理等方面经验不足，也加大了集体资产运营管理的风险。

四　相关政策建议

农村集体产权制度改革是一项重大变革，事关农村经济发展和社会稳定大局。针对北京市农村集体产权制度改革过程中出现的突出问题，加快推进改革，需要做好以下几个方面的工作。

(一)　完善有关法律法规和政策规定

从法律规定看，农村集体经济组织有法律地位，有独立的财产，有独立的民事权利和民事行为能力，具备了作为法人的实质性要件。我国农村党组织、村民委员会、农民专业合作社都有法可依，唯独农村集体经济组织还没有专门的立法，一直无名无实。现行的法律法规和政策规定与农村集体资产管理和改革的要求存在矛盾和冲突，已成为制约农村集体产权制度改革的制度障碍。同时,法律法规和政策规定滞后于实践,也制约了新型农村集体经济组织的健康发展。只有解决好农村集体"三资"管理现状、政策要求与法律法规之间的衔接问题,农村集体产权制度改革的方案才能得以顺利实施并取得良好的效果。按照党的十八届四中全会提出的"实现立法和改革决策相衔接,做到重大改革于法有据、立法主动适应改革和经济社会发展需要。实践证明行之有效的,要及时上升为法律。实践条件还不成熟、需要先行先试的,要按照法定程序作出授权。对不适应改革要求的法律法规,要及时修改和废止"等要求,北京市作为集体产权制度改革先行地区,应在法律法规完善和制度建设等方面加快探索,为全国其他省份开展试点工作积累经验。一方面,积极申报承担国家试点任务,开展赋予农民对集体资产股份占有权、收益权、处置权试点,建立符合市场经济要求的农村集体经济运营新机制;另一方面,针对北京市改制现状,率先出台地方性法规,重点解决新型集体经济组织登记管理不统一、投资主体地位不明确、税收优惠不能落实等实际问题,并在申办法人代码证、银行开户和贷款方面给予合作社法人应有地位,确保集体经济组织健康发展。

（二）规范农村集体资产股权结构管理办法

北京市农村集体产权制度改革产生了 320 多万名股东,对这些股东的股权进行有效管理是目前的一项紧迫任务。北京应针对各区县股权设置标准不统一等问题,尽快出台"农村新型集体经济组织股权管理办法",明确股权管理的基本原则和政策底线,对人员界定、股权结构、增资扩股以及新增资产股份量化等问题做出专门规定,通过股权管理做大做强集体经济,增强集体经济的竞争能力、发展活力和对成员的服务能力。针对集体股比重过高及社会负担过重等问题,尽快研究出台"北京市农村新型集体经济组织收入分配管理办法",对于改制后的集体经济组织收入分配进行规范,逐步缩小集体福利分配的范围。在把集体财产权转变为共同持有股份的时候,将集体组织共同持有的股份分配给集体成员。对实行股份合作制进行集体产权制度改革的,对股份分红征收的税收给予返还或减免,切实减轻农民负担。现阶段,集体资产股权设置应以个人股为主,是否设置集体股,归根结底要尊重农民群众的选择,由集体经济组织通过公开程序自主决定。但当一些农村完成"村转居",集体经济组织的社会性负担逐步剥离后，应当取消集体股以使产权清晰。随着土地增值的加快，应调整股权结构，逐步降低比重过高的劳龄股，提高户籍股的份额。针对股权固化问题，应探索把农民家庭规范为类似于共同共有的产权基础单位，"量化到人、确权到户"，以成员家庭为基本单位确权，在家庭的框架下保护与发展成员财产权。

（三）赋予集体资产股权有偿退出权与抵押担保权能

十八大报告提出，保障农民集体收益分配权。十八届三中全会进一步提出，赋予农民对集体资产股份占有、收益、有偿退出及抵押、担保、继承权。从"一权"拓展为"六权"，是农村非土地集体资产产权制度改革的重大突破。

集体资产股份处置权主要包括有偿退出及抵押、担保、继承权等。市场经济下，处置权越落实，产权强度就越高，权能发挥的限制就越少，资源配置效率就越高。从北京市各地区改革的具体做法来看，各地大都仅给予集体资产股权权利人收益权，对处置权限制很多，农民得到的股份只能作为分红的依据，不能继承、赠与，更不能抵押、转让。应将这些处置权利一一落实。

落实集体资产股权的抵押、担保权能，需要把握好以下两点。第一，解决集体资产股份价格评估问题。目前农村集体资产股权价格难以评估，限制了股权抵押、担保权能的发挥。根据课题组对朝阳区的调研，由北京市朝阳区洼里乡集体经济组织改制而成的北京世纪奥辰科工贸经济开发总公司，股东 959 个，每股账面价值 8128 元。2013 年该公司的分红率为 20%，一股可分红 1625.6 元，按照五年期存款利率 5% 计算，每股实际价值 3.3 万元，是账面价值的 4 倍。第二，明确集体资产股份抵押担保失败之后的资产处置问题。应明确哪些机构或者自然人有受让资格，受让股份数量受到什么限制，非本集体经济组织成员的受让人不能自动获得成员资格等。

（四）完善农村集体资产法人治理结构

科学合理的法人治理结构，是实行民主决策、民主管理、民主监督的保障。应在整合各区县新型集体经济组织管理相关政策的基础上，研究制定"北京市农村新型集体经济组织示范章程"，建立包含股东大会、理事会、监事会的"三会"治理结构，以及包含法人财产权、出资者所有权、出资者监督权、法人代理权的"四权"制衡机制。[①] 针对民主决策不能落实、民主管理不够规范、民主监督尚未有效发挥作用等问题，建议完善《集体经济社员代表会议议事规则》、《理事会议事规则》以及《监事会议事规则》等规章，落实成员对集体资产的知情权、决策权、收益权和监督权，规范治理集体资产。建议出台"北京市农村集体经济组织管理条例"，赋予农村集体经济组织法人地位，明确组织形式、职能定位和管理办法。同时，逐步降低村级干部交叉任职的比例和范围，改善法人治理结构的外部体制环境，理顺村党支部、村委会与新型集体经济组织之间的关系，使集体经济组织成员真正成为集体经济的投资主体、决策主体和受益主体，成为集体经济组织名副其实的主人。

（五）加大配套改革力度，优化集体经济发展环境

深化农村集体产权制度改革需要将集体经济发展与区县功能定位结合起来，加大配套改革力度，优化集体经济发展环境。一是深化土地制度改革，参照国家颁布的土地征收、集体经营性建设用地入市、宅基地制度改革的试点方案，探索放活农村集体建设用地政策。加快农村集体土地管理制度改革的政策研究，赋予包括农民宅基地在内的农村集体建设用地更加充分而有保障的产权权能。二是根据各区县的财力水平，制定差别有序的制度，加大税收优惠、财政扶持、金融支持、经营用地等政策扶持力度，减轻集体经济组织负担，支持农村集体经济组织加快改革。比如，新型农村集体经济是在合作经济基础上改革形成的，仍属于合作经济性质，应当享受类似于农民专业合作社的税收优惠政策，或者采取先征后返（奖）的方式予以支持。三是进一步加大公共财政对农村的投入，加快推进公共服务均等化，为新型集体经济组织发展提供良好的外部环境。只有剥离社会性负担，集体经济组织才能作为一个单纯的经济组织平等地参与市场竞争。

（六）强化分类指导，建立长效发展机制

积极研究促进集体经济组织发展的相关政策，加大对新型集体经济组织的扶持力度，为按股分红创造条件。北京市可以探索远郊区、近郊

---

① 宋洪远、高强：《农村集体产权制度改革面临的问题与对策》，《中国农村研究》2014 年第 68 期。

区、城乡结合部等不同地区的区位优势和产业结构，有针对性地探索集体经济发展的途径和方法。针对改制较晚或经济薄弱村，首先要解决的是改制动力问题，主要重心应在于清产核资、明晰产权，并在此基础上搭建股份合作平台，组建规范的长效治理机制。因此，一方面要积极宣传、强化引导，让村民意识到改制的长久收益，主动参与改制。另一方面有条件的地区要列出专项经费或奖补资金，对这些村的改制成本予以补助。

针对改制较早或经济实力较强的村集体经济组织，应重点解决发展后劲问题。因此，一方面，要加大管理人员的培训指导力度，积极帮助村集体聘请法律、经济等专业人才，着力解决历史遗留问题，完善内部管理与分配机制。另一方面，规范对外投资行为，帮助集体经济组织制定科学、合理、有前瞻性、符合市场运行规律的产业发展规划，实现产业结构提升、转型、升级，促进集体资产保值增值。

参考文献

［1］郭光磊主编《北京农村研究报告（2013）》，社会科学文献出版社，2014。
［2］课题组：《对农村集体产权制度改革若干问题的思考》，《农业经济问题》2014年第4期。
［3］王宾、刘祥琪：《农村集体产权制度股份化改革的政策效果：北京证据》，《改革》2014年第6期。
［4］北京市农村经济研究中心：《北京市农村经济发展报告（2013）》，中国农业出版社，2014。
［5］宋洪远、高强：《农村集体产权制度改革面临的问题与对策》，《中国农村研究》2014年第68期。
［6］朱长江：《北京市农村集体资产负债现状分析》，中国农业信息网，http://www.agri.gov.cn/V20/ZX/qgxxlb_1/bj/201405/t20140523_3913351.htm。

课题协调人：张英洪

研 究 成 员：张云华　伍振军　张英洪　高　强
　　　　　　李德想　杨芹芹

执 笔 人：伍振军　高　强

2015 年 10 月

城市化进程中土地政策
创新比较研究

　　土地制度是一个国家的基础制度之一。我国现行土地制度由一系列法律法规和政策组成，其中有三个基本方面。一是国家建立土地公有制，城市土地实行国家所有，农村土地实行集体所有，以此为基础建立了城乡二元土地制度。二是任何单位和个人进行建设需要使用土地的，必须依法申请使用国有土地，以此为依据建立了以政府征地为合法通道的土地"农转非"制度。三是实行最严格的土地管理制度、最严格的耕地保护制度、最严格的节约用地制度。现行土地制度与快速城市化之间的矛盾日益突出，这是地方政府在城市化进程中探索土地政策创新总的制度背景。近年来，各地在城市化进程中积极探索土地制度创新的路子，如天津的"宅基地换房"、浙江嘉兴的"两分两换"、四川成都的"三个集中"、重庆的"地票"交易、广东的"集体建设用地入市"等就是土地政策创新的典型。

一　天津的"宅基地换房"

　　2009年，天津市总面积11760平方公里，建成区面积662平方公里，土地征收面积10687.69公顷，征收耕地面积4803.69公顷，出让土地面积5693.72公顷，出让土地成交价款5719610.04万元（见表1）。

　　作为北方经济中心之一的天津市，在城市化进程中探索出以宅基地换房的土地政策创新路子。

表1 2009年天津市土地面积及土地征收情况

总面积 （平方公里）	建成区面积 （平方公里）	城市建设 用地面积 （平方公里）	土地征收（公顷）		出让土地	
			面积	其中耕地	面积 （公顷）	成交价款 （万元）
11760	662	662	10687.69	4803.69	5693.72	5719610.04

资料来源：《中国城市统计年鉴（2010）》《中国国土资源统计年鉴（2010）》。

（一）以宅基地换房的政策背景

2004年10月21日，国务院印发《关于深化改革严格土地管理的决定》（国发〔2004〕28号），提出："鼓励农村建设用地整理，城镇建设用地增加与农村建设用地减少相挂钩。"2005年10月11日，国土资源部印发《关于规范城镇建设用地增加与农村建设用地减少相挂钩试点工作的意见》（国土资发〔2005〕207号），要求已经申请开展试点工作的天津、浙江、江苏、安徽、山东、湖北、广东、四川等省区市，严格筛选试点项目区，认真编制试点工作总体方案。

2006年2月22日，天津市发改委印发《关于在全市开展以宅基地换房的办法进行示范小城镇建设试点工作的意见》（津发改区县〔2006〕70号），提出以宅基地换房的办法是城市周边地区建设示范小城镇所遵循的基本模式。

2006年4月14日，国土资源部下发《关于天津等五省（市）城镇建设用地增加与农村建设用地减少相挂钩第一批试点的批复》（国土资函〔2006〕269号），天津与江苏、山东、湖北、四川列为第一批挂钩试点。天津市列为第一批挂钩试点的项目区9个，使用周转指标828公顷。

2006年5月26日，国务院下发《关于推进天津滨海新区开发开放有关问题的意见》（国发〔2006〕20号），支持天津滨海新区进行土地管理改革。

在此背景下，天津市实行以宅基地换房的土地政策创新路径来推进城市化。2005年第一批推出3镇2村试点，2007年第二批推出9镇3村试点，2009年第三批推出12个镇试点。在2010年上海世博会上，天津的以宅基地换房成为参展项目。

（二）以宅基地换房的基本内容

以宅基地换房是指在国家现行政策框架内，通过对农民宅基地（包括村庄集体建设用地）的整理，以不减少耕地为前提，高标准规划建设一批现代化、有特色、适于产业集聚和生态宜居的新型小城镇，农民以其宅基地按照规定的置换标准无偿换取小城镇中的一套住宅，迁入小城镇居住，原有的宅基地由村民委员会组织农民整理复耕后，实现耕地的占补平衡。

以宅基地换房是国土资源部确定的城乡建设用地增减挂钩试点的重要内容，城乡建设用地增减挂钩是指依据土地利用总体规划，将若干拟整理复垦为耕地的农村建设地块（即拆旧地块）和拟用于城镇建设的地块（即建新地块）等面积共同组成建新拆旧项目区，通过建新拆旧和土地整理复垦等措施，在保证项目区内各类土地面积平衡的基础上，最终实现增加耕地有效面积、提高耕地质量、节约集约利用建设用地、城乡用地布局更合理的目标。

以天津市第一个以宅基地换房的试点镇——华明镇为例。2005 年 10 月，天津市政府印发《关于同意在东丽区华明镇实施以宅基地换房开展示范小城镇建设工作的批复》，批准华明镇推行以宅基地换房试点。华明镇宅基地换房项目从 2005 年开始规划，2006 年 4 月动工，2007 年 9 月完工。该镇 12 个村，总人口 4.2 万，共有宅基地 12071 亩，新建示范小城镇用于农民住宅建设和服务设施配套 3476 亩，腾出建设用地 8595 亩，其中 4000 亩用于产业发展，4000 亩用于挂牌出让，土地增值收益用于农民还迁住房建设及社区整体配套建设。

根据华明镇宅基地换房政策规定，农民按照 30 平方米/人的标准置换小城镇商品房，一户最多可换取 4 套房，超出面积部分，给予货币补偿。如某 3 口之家，原有农房 50 平方米，按人均标准应得 90 平方米，那么其换取的 90 平方米房屋中，50 平方米不用出钱，超出的 40 平方米，该农户则需缴纳 400～600 元/平方米的差价补偿。如果村民的房子是楼房，农户获得商品房之后，还可获得政府 300～400 元/平方米的补贴，如果村民原来的房子是土坯房，农户获得新房后需向政府缴纳 200 元/平方米的补差。

二 浙江嘉兴的"两分两换"

2009 年，浙江省总面积 104122 平方公里，城市建成区面积 1388 平方公里，土地征收面积 24135.72 公顷，征收耕地面积 14980.99 公顷，出让土地面积 12675.99 公顷，出让土地成交价款 25462580.73 万元。嘉兴市总面积 3915 平方公里，城市建成区面积 82 平方公里，出让土地 1785.35 公顷，出让土地成交价款 1903935.08 万元（见表 2）。

作为我国工业化、城市化发展最快的地区之一，浙江省推行了土地发展权转移和交易的"浙江模式"。浙江省嘉兴市在城市化进程中以"两分两换"的土地政策创新而受到关注。

表 2　2009 年浙江省及嘉兴市土地面积及土地征收情况

	总面积（平方公里）	建成区面积（平方公里）	城市建设用地面积（平方公里）	土地征收（公顷）		出让土地	
				面积	其中耕地	面积（公顷）	成交价款（万元）
浙江省	104122	1388	1388	24135.72	14980.99	12675.99	25462580.73
嘉兴市	3915	82	82	—	—	1785.35	1903935.08

资料来源：《中国城市统计年鉴（2010）》《中国国土资源统计年鉴（2010）》。

（一）嘉兴"两分两换"的政策背景

早在 1999 年 12 月，浙江省委、省政府就印发了《浙江省城市化发展纲要》（浙委〔1999〕41 号），明确将积极推进城市化作为浙江跨世纪发展的战略选择，提出深化土地管理制度改革，实行跨地区调剂土地整理折抵的建设用地指标和异地垦造耕地政策，对按规划集中迁建的农村居民点和工业企业，已经退宅还田、退建还耕的面积，可在新址等量置换农用地，作为新的建设用地。

2005 年 1 月 10 日，浙江省委、省政府印发《浙江省统筹城乡发展推进城乡一体化纲要》（浙委发〔2004〕93 号），对大力推进城市化、加大统筹城乡发展力度、加快推进城乡一体化进程作了一系列政策规定。

2007 年 9 月 3 日，嘉兴市政府印发《嘉兴市城乡居民社会养老保险暂行办法》，在全国范围内率先从制度层面构建了"全民社保"体系。2008 年 4 月，嘉兴市被浙江省委、省政府列为三大省级统筹城乡综合配套改革试点之一，开展以"两分两换"为重要内容的土地制度改革。近年来，嘉兴市以优化土地使用制度为核心，联动推进就业、社会保障、户籍制度、新居民管理、涉农体制、村镇建设、金融体系、公共服务、规划统筹等九项改革，形成了"十改联动"的统筹城乡发展新路。

嘉兴市开展"两分两换"土地制度改革政策，2008年5月至2010年8月底，已签约换房（或搬迁）的农户达18697户，完成农房拆迁14644户，流转土地承包经营权9万亩。2012年，全市有1/3以上的农民向城镇和中心村集聚。

（二）"两分两换"的基本内容

"两分两换"是嘉兴市统筹城乡综合配套改革的总体思路。所谓"两分两换"就是将宅基地与承包地分开，搬迁与土地流转分开，以宅基地置换城镇房产，以土地承包经营权置换社会保障，推进农民集中居住，转换生活方式。"两分两换"的重点内容是"两换"，"两换"的核心是宅基地换房。

"两分两换"的主要做法：以深化土地使用制度改革为突破口，以农民自愿为原则，通过政府主导、政策激励等手段，对农民原有住房和宅基地的节约使用进行合理补偿，换取新居住点的国有土地公寓房或集体土地联排房，促进人口向城镇和新社区集聚；将土地承包经营权统一流转、统一收储、统一发包，换取土地流转收益和社会保障，促进土地向种养大户和经营能手集中，加速农民就业向第二、第三产业转移。

以嘉兴市善县姚庄镇为例，该镇试点区域4805户18049人，户均4.3人，户均住房187平方米，户均生产性服务用房104平方米，户均宅基地1.163亩。其试点目标是计划用8～10年时间，分期建设集镇规划区内0.98平方公里的城乡一体新社区，引导农户集中居住。在安置面积上，标准公寓房按规定认定的人口人均40平方米标准面积，以建筑安装成本价每平方米1000元置换，每户超标准面积控制在40平方米以内，以综合价每平方米1600元置换；复式公寓房面积标准为大户85平方米、中户75平方米、小户60平方米，置换价格按招投标价格算。在优惠政策上，给予农民一定的旧房补助和集聚奖励等"两补两奖"。该镇67.5%的农村劳动力从事第二、第三产业，80%以上的农村住房建于20世纪八九十年代，"两分两换"只是进行了农村住房置换城镇房产，没有实施承包地置换社会保障。

嘉兴市南湖区七星镇以土地承包经营权换社保的具体政策是以农户为单位到二轮承包期止，土地承包经营权有偿流转费以每年每亩700元的标准为基数，以后每年递增50元。土地承包经营权流转后，将农户纳入城乡居民社会养老保险，以政策认定的人口，对 16 周岁以上（含 16 周岁）每人补 12000 元，16 周岁以下补 4000 元进行参保，60 周岁以上农民一次性办理城镇居民社会保险手续，次月起享受城乡居民社会养老保险中的城镇居民养老保险待遇；16 周岁以上（含 16 周岁）60 周岁以下的农民直接按城镇居民缴费基数办理年度缴纳手续。

三　四川成都的"三个集中"

2009 年，成都市总面积 12121 平方公里，建成区面积 439 平方公里，城市建设用地面积 418 平方公里，出让土地面积 3361.60 公顷，出让土地成交价款 4343506.44 万元（见表 3）。

成都市在城市化和城乡一体化进程中推行以"三个集中"为核心的土地创新政策。

表 3　2009 年成都市土地面积及土地征收情况

总面积（平方公里）	建成区面积（平方公里）	城市建设用地面积（平方公里）	土地征收（公顷）		出让土地	
			面积	其中耕地	面积（公顷）	成交价款（万元）
12121	439	418	—	—	3361.60	4343506.44

资料来源：《中国城市统计年鉴（2010）》《中国国土资源统计年鉴（2010）》。

（一）"三个集中"的政策背景

成都市统筹城乡发展走在全国前列，而推行统筹城乡发展的具体路径就是实施"三个集中"。2002 年 11 月，党的十六大报告首次提出"统筹城乡经济社会发展"。2003 年 3 月，成都市委、市政府确定双流、大邑等五个区县为加快城市化进程的试点。

江苏省吴江市最早提出工业向规划区集中、农民居住向新型社区集中、农业用地向适度规模经营集中等"三个集中"。2003 年，成都市双流县前往江苏省吴江市考察，提出以"三个集中"的具体路径推进城市化和城乡一体化。

2004 年 2 月，成都市委、市政府发布《关于统筹城乡经济社会发展推进城乡一体化的意见》，进一步加快推进城市化和城乡一体化。2005 年 10

月，国土资源部印发《关于规范城镇建设用地增加与农村建设用地减少相挂钩试点工作的意见》（国土资发〔2005〕207号），成都成为国土资源部首批确定的城乡建设用地增减试点地区之一。

2007年6月7日，国家发改委印发《关于批准重庆市和成都市设立全国统筹城乡综合配套改革试验区的通知》，成都与重庆被列为全国统筹城乡综合配套改革试验区。2007年7月19日召开的中共成都市十一届二次全委（扩大）会议提出要用"全域成都"的理念实施城乡统筹。2007年7月28日，成都市委、市政府发布《关于推进统筹城乡综合配套改革试验区建设的意见》，提出加快新型工业化、农业现代化和新型城市化进程，必须深入统筹推进"三个集中"，力争到2017年"三个集中"取得显著成效，工业集中度达到80%，城市化率达到70%，土地规模经营率达到75%。2008年6月，国土资源部出台《关于实行保障灾区恢复重建特殊支持政策的通知》（国土资发〔2008〕119号），明确提出扩大城乡建设用地增减挂钩试点支持灾后重建。成都市在实践中创造了统规自建、统规统建、城乡联建等方式，集中建设农村居住社区。2008年10月13日，成都农村产权交易所正式挂牌，成为全国首家综合性农村产权交易所。2008年10月，成都市锦江区仿照国有土地的出让方式，挂牌出让两宗集体建设用地。2009年5月，国务院批复《成都市统筹城乡综合配套改革试验总体方案》，允许其在土地制度等九个方面先行先试。

（二）"三个集中"的基本内容

成都的"三个集中"就是工业向园区集中、农民向城镇集中、土地向规模经营集中。"三个集中"都涉及土地制度的创新。成都的土地制度创新充分运用城乡建设用地增减挂钩试点政策，积极实施农地整理和村庄整理，为城市化发展提供土地占补平衡指标。

以工业向园区集中的典型——蛟龙工业港为例。该工业园区的土地占用模式主要有两种。一是租用农民土地。蛟龙公司早期建青羊园区时租用农民土地，具体操作是农民将土地承包经营权还给村集体，村集体将土地出租给蛟龙工业港，蛟龙工业港对农民进行补偿安置。如2000年4月30日蛟龙公司与成都市青羊区文家乡政府企业管理办公室签订集体土地租用合同规定，蛟龙公司租用文家乡大石桥村一组、二组、五组土地500亩，租期50年，租地费1500元/亩，每五年递增200元，但不得超过3500元。

二是农民以土地入股。蛟龙公司在双流县建工业园区时采用农民以土地作价入股模式，每年按土地股份给农民分红。如 2005 年 7 月 1 日蛟龙公司与双流县东升镇普贤村一组签订集体建设用地作价入股协议，将 2.39 亩土地入股，每亩为一股，每年按 600 千克大米/亩分红，大米保底价 2 元/亩，大米市场价超过 2.6 元/千克时按市场价计算，每股固定分红，每三年递增 5%，土地入股期限 50 年。蛟龙公司租用或以入股方式取得农民土地后，建设标准厂房转租给中小企业，收取租金。

农民向城镇集中的方式主要是以城乡建设用地挂钩试点为政策依据，通过村庄整理，将农民集中到城镇居住。成都市新津县普兴镇是通过土地整理实行农民集中居住的典型。作为该镇土地整理项目涉及的三个村之一的袁山村，共 371 户 1008 人。2007 年，通过采取"自愿搬迁、统规自建"的方式，实现一期集中居住 172 户 458 人；2009 年，第二次期集中 168 户 450 人，农民集中居住度达 90% 以上。

成都通过促进农民承包地向适度规模经营集中，形成了土地股份合作社经营模式、土地股份公司经营模式、家庭适度规模经营模式、"土地银行"经营模式、业主租赁经营模式、"大园区 + 小业主"经营模式、"两股一改"经营模式等七种规模经营模式。以崇州市怡顺土地承包经营股份合作社为例，2010 年 5 月，崇州市桤泉镇生建村 22 户农户将确权后的 124.97 亩承包土地以入股方式组建土地股份合作社，入股土地面积 124.79 亩，按 0.01 亩折成一股，共折股 12497 股，合作社实行种子、肥料、农药的"三统购"和机耕、机防、机收、田管的"四统一"，年终经营纯收入的 90% 用于土地入股分红，收入的 10% 作为公积金、风险金和工作经费。

四 重庆的"地票"交易

2009 年，重庆市总面积 82826708 平方公里，建成区面积 708 平方公里，土地征收面积 13090.56 公顷，征收耕地面积 6688.15 公顷，出让土地面积 3684.93 公顷，出让土地成交价款 3886650.28 万元（见表 4）。

作为我国中西部地区唯一的直辖市和全国城乡统筹综合改革试验区，重庆市在城市化进程中创造了"地票"交易的土地政策。

表4　2009 年重庆市土地面积及土地征收情况

总面积 （平方公里）	建成区面积 （平方公里）	城市建设 用地面积 （平方公里）	土地征收（公顷）		出让土地	
			面积	其中耕地	面积 （公顷）	成交价款 （万元）
82826708	708	694	13090.56	6688.15	3684.93	3886650.28

资料来源：《中国城市统计年鉴（2010）》《中国国土资源统计年鉴（2010）》。

（一）"地票"交易的政策背景

重庆市集大城市、大农村、大库区、大山区和民族地区于一体，城市化水平较低，加快推进城市化面临城乡二元体制和土地制度的严格约束。2003 年 6 月 27 日，中共重庆市二届三次全会通过《关于加快实施城镇化战略的决定》，提出用好用活土地政策，实行建设用地指标周转。

2007 年 6 月 7 日，国家发改委印发《关于批准重庆市和成都市设立全国统筹城乡综合配套改革试验区的通知》，重庆被批准为全国城乡统筹综合改革试验区。

2008 年 6 月 27 日，国土资源部发布《城乡建设用地增减挂钩试点管理办法》（国土资发〔2008〕138 号），进一步规范城乡建设用地增减挂钩试点。2008 年 12 月 2 日，重庆市政府发布《重庆市农村土地交易所管理暂行办法》（渝府发〔2008〕127）。2008 年 12 月 4 日，重庆市成立全国首家也是迄今为止唯一的农村土地交易所，主要开展实物和指标两类交易。实物交易指农村集体土地使用权或承包经营权交易，指标交易指建设用地挂钩指标交易。

2009 年 1 月 26 日，国务院出台《关于推进重庆市统筹城乡改革和发展的若干意见》（国发〔2009〕3 号），要求重庆建立统筹城乡的土地利用制度，稳步开展城乡建设用地增减挂钩试点。2009 年 4 月 28 日，国务院办公厅下发《关于重庆统筹城乡综合配套改革试验总体方案的复函》（国办函〔2009〕47 号），正式批复《重庆市统筹城乡综合配套改革试验总体方案》，要求重庆市重点围绕推进城乡经济协调发展、推进城乡劳务经济健康发展、推进土地流转和集约利用"三条主线"，探索建立统筹城乡发展的新机制。

（二）"地票"交易的基本内容

"地票"是指包括农村宅基地及其附属设施用地、乡镇企业用地、农村公共设施和农村公益事业用地等农村集体建设用地，经过复垦并经土地管理部门严格验收后产生的指标。"地票"交易是以票据的形式通过重庆农村土地交易所在全市范围内公开交易农村建设用地指标的行为。"地票"购买者包括土地储备机构、园区建设单位、民营企业、国有企业、自然人。购得的"地票"可以纳入新增建设用地计划，增加等量城镇建设用地。与中国现有"先占后补"的用地模式相比，"地票"交易制度是"先复垦后用地"，在增加城镇用地的同时实现了对耕地面积的保护。

重庆"地票"交易的主要做法如下。一是设立专门的农村土地交易所，集中从事"地票"交易。重庆市规定在主城区，国家计划指标只能用于工业、公共设施等项目，经营性用地必须通过"地票"取得。二是制定土地交易规章制度。重庆市制定了《农村土地交易所管理暂行办法》《农村土地交易所交易流程（试行）》等法规文件和操作规程。"地票"须符合两个前提：第一，凡农村集体经济组织申请耕地复垦，必须经 2/3 以上成员或者 2/3 以上成员代表同意；第二，凡农户申请宅基地复垦，必须有其他稳定居所、有稳定工作或生活来源，并且有所在集体经济组织同意复垦的书面材料。三是建立利益分配机制。重庆市制定出全市统一的农村土地基准价格。2010 年 9 月，重庆市政府出台文件，规定"地票"收入的 85% 归农民个人，15% 归村集体，用于农村基础设施、公共服务和农民社会福利支出。2011 年 7 月 21 日，中共重庆市三届九次全会通过《关于缩小三个差距促进共同富裕的决定》，提出完善"地票"交易制度，确保净收益的 85% 直补农民，15% 划归农村集体经济组织。

截至 2011 年上半年，重庆农村土地交易所已进行 23 场"地票"交易，成交价款 103.29 亿元。

五 广东的"集体建设用地入市"

2009 年，广东省总面积 179376 平方公里，建成区面积 3185 平方公里，城市建设用地面积 2686 平方公里，土地征收面积 11316.53 公顷，征收耕地面积 2982.85 公顷，出让土地面积 9692.56 公顷，出让土地成交价款 13323684.83 万元。广州市总面积 7434 平方公里，建成区面积 927 平方公里，出让土地面积 1735.75 公顷，出让土地成交价款 5514884.19 万元（见表5）。

广东省率先出台了在全省允许农村集体建设用地入市的土地新政。

表5　2009 年广东省及广州市土地面积、土地征收情况

	总面积（平方公里）	建成区面积（平方公里）	城市建设用地面积（平方公里）	土地征收（公顷）		出让土地	
				面积	其中耕地	面积（公顷）	成交价款（万元）
广东省	179376	3185	2686	11316.53	2982.85	9692.56	13323684.83
广州市	7434	927	—	—	—	1735.75	5514884.19

资料来源：《中国城市统计年鉴（2010）》《中国国土资源统计年鉴（2010）》。

（一）"集体建设用地入市"的政策背景

作为我国改革开放的前沿地带和经济发达地区，广东省的农村集体建设用地流转早在改革之初就已经出现。1978 年，广东省东莞市虎门镇兴办全国第一家来料加工港资企业，租用当地村民祠堂建设厂房，这是较早的农村集体建设用地"入市"案例。20 世纪 80 年代，广东省在发展乡镇企业中大批租用农村集体建设用地兴建厂房。20 世纪 90 年代，广东省南海区发展土地股份合作制，把土地或厂房出租给企业使用，创造了以集体土地启动工业化的典型模式。

随着工业化、城市化进程的加快，广东省对集体土地进入市场的要求日益迫切，集体土地的事实流转比较普遍。2001 年 10 月 31 日，广东省政府办公厅印发《广东省城镇化"十五"计划》（粤府办〔2001〕98 号），提出建立有利于城镇发展的土地使用制度，在城镇建设用地范围内，允许集体土地使用权依法流转，以作价入股、联营等方式共同举办企业等政策。2004 年 3 月 28 日，广东省委、省政府发布《关于印发〈广东省城镇化发展纲要〉、〈关于推进城镇化的若干政策意见〉的通知》（粤发〔2004〕7 号），提出建立农村集体土地使用权有偿流转制度，实现农民土地使用权的资本化，创新土地利用管理制度。

2005 年 6 月 23 日，广东省政府发布《广东省集体建设用地使用权流转管理办法》（广东省政府令第 100 号），允许集体建设用地与国有土地一样进入市场交易。广东由此成为全国第一个在全省范围内推行集体建设用地使用权流转的省份。2007 年 2 月 8 日，广东省政府办公厅印发《广东省城镇化发展"十一五"规划》（粤府办〔2007〕9号），进一步明确在符合城镇总体规划和土地利用总体规划的前提下，允许集体土地通过出让、出租、转让、转租和抵押的方式进入市场。

2011年9月13日，广州市政府办公厅印发《广州市集体建设用地使用权流转管理试行办法》，为农村集体建设用地进入市场提供了通道，标志着广州市集体建设用地流转的合法化。

（二）"集体建设用地入市"的基本内容

集体建设用地使用权流转是在集体建设用地所有权不变的前提下，集体建设用地使用权以有偿方式发生转移、再转移，包括出让、出租、转让、转租、抵押等形式。集体建设用地入市，使用地企业和单位不仅可以购买国有土地，还可以购买集体建设用地，从而打破了长期以来国家垄断土地一级市场的局面，这是我国土地政策的重大突破，对于保障农民以土地分享工业化和城镇化成果具有里程碑式的意义。

申请使用集体建设用地的建设项目有三类：一是兴办各类工商企业，包括国有、集体、私营企业，个体工商户，外资投资企业（包括中外合资企业、中外合作企业、外商独资企业、"三来一补"企业），股份制企业，联营企业等；二是兴办公共设施和公益事业；三是兴建农村村民住宅。

集体建设用地使用权出让、出租应具备的条件是：持有集体土地所有权证；持有集体土地使用权证；取得合法的集体建设用地批准文件；取得有效的用地规划许可文件；取得本集体经济组织出具的同意流转的书面证明材料；法律、法规规定的其他要件。出让、出租和抵押集体建设用地使用权，须经本集体经济组织村民会议2/3以上成员或者2/3以上村民代表的同意。

集体土地所有权人出让、出租集体建设用地使用权所取得的收益，归拥有集体土地所有权的集体经济组织成员集体所有，纳入其集体财产统一管理。其中50%以上应当存入规定的银行专户，专项用于本集体经济组织成员的社会保障支出，不得挪作他用。

广东集体建设用地入市的一条重要限制是禁止开发房地产和住宅项目。如果集体建设用地用于房地产开发和住宅建设，或不按照批准的用途使用集体建设用地，将按违法用地和违法建设相关规定进行查处。

六　土地政策创新的简要评析

土地制度是城市化中的关键因素之一。我国现行的土地制度是在计划经济时期形成和固定下来的，随着市场化改革的推进，我国的土地制度既有朝着市场化改革的相应调整，也有不断强化计划管理的态势。在土地资源的配置中，市场尚未发挥应有的决定性作用。现行的土地制度已经很不适应市场化、工业化、城市化和城乡一体化发展的需要，正在修改之中的新《土地管理法》尚未出台。这使地方政府在追求快速发展和面临制度约束的背景下，推出了形形色色的土地创新政策。

北京与全国一样，在土地制度创新上也有新的探索和实践，比如众所周知的郑各庄村在集体土地上实现的自主城市化模式，唐家岭村在集体土地上建设公共租赁房试点等，都是土地政策创新的样本。但这种土地政策创新更多的是一种个案实践，而没有上升到规范的政策和制度层面。

各地在土地政策创新上，既有适应城市化和城乡一体化发展需要的新突破新经验，也存在一些新问题新困惑，主要有以下三个方面。

（一）适应了城市化发展的需要，但强化了行政手段配置土地资源

我国正处于快速的城市化发展阶段，推进城市化既是经济社会发展的必然趋势，也是经济社会发展的强大动力。快速城市化对土地的需求日益扩大，而现行的土地制度对城市化用地构成了刚性制约，各个城市都面临建设用地指标紧缺的严重困境。地方政府推动的土地政策创新都是在城市化用地"饥渴"与土地制度严格控制的双重压力下做出的探索，是城市化发展的必然选择。

但无论是以宅基地换房，还是城乡建设用地增减挂钩，都是政府强力主导的行政行为，而不是尊重农民意愿和价值规律的市场行为。由政府配置城乡土地资源而不是发挥市场在土地资源配置中的决定性作用，是土地政策创新面临的一个共同难题。重庆的"地票"交易和广东的集体建设用地入市政策符合市场化改革的方向，但受宏观土地市场缺失的制约，其实际运行面临多重困境。

（二）促进了农民集中居住，但出现了损害农民权益的新动向

促进农民向城镇集中居住，本来是城市化发展的自然结果和必然要

求。天津的"宅基地换房"、浙江嘉兴的"两分两换"、四川成都的"三个集中"等在一定程度上体现了城市化对人口集中居住的内在要求，满足了农民从农村迁居城镇的生活需要。但违背农民意愿和社会发展规律的政府强制城镇化，必然适得其反，造成严重的社会问题。

各地方政府推进农民向城镇集中居住的根本出发点在于获取农民的宅基地和承包地，以弥补城镇建设用地指标短缺的不足，同时获得土地财政的巨大收益。排斥市场选择、违背农民意愿的政府强制农民集中居住的行为，严重侵害农民的土地权益和其他权益。2010 年 11 月 10 日，国务院总理温家宝主持召开国务院常务会议，就明确提出要充分尊重农民意愿，涉及村庄撤并等方面的土地整治，必须由农村集体经济组织和农户自主决定，不得强拆强建，坚决防止违背农民意愿搞大拆大建。

（三）突破了现行土地法规限制，但削弱了依法行政的社会基础

从总体上说，土地制度的变迁远远滞后于市场化、工业化、城市化和城市一体化发展的步伐，这使土地问题成为社会矛盾的焦点。地方土地政策创新是对现行土地制度的突破，具有重要的实践意义。中国的改革发展就是不断突破旧体制的创新过程。改革创新始终是我国经济社会发展的强大动力。

但是，国家法律未予修改而允许地方进行违法式政策创新的发展模式，势必严重削弱依法行政的社会基础，使现代法治国家建设进程受阻，其后果堪忧。从法理上说，即使国土资源部也无权批准超越《土地管理法》的试点项目。如何处理改革创新和依法行政的关系，做到既鼓励和保护改革创新的积极性，又坚持依法治国、建设现代法治国家的基本方略，这是新时期我国改革发展的重大课题。当前，迫切需要加快土地制度的立法建设，将成功的实践探索和良好的政策制度化。我们认为，国家应当从战略高度加快立法式改革。

参考文献

[1]《中国统计年鉴（2011）》，中国统计出版社，2011。

[2]《中国城市统计年鉴（2010）》，中国统计出版社，2011。

[3]《中国国土资源统计年鉴（2010）》，地质出版社，2011。

[4] 方芳、周国胜：《农村土地使用制度创新实践的思考——以浙江省嘉兴市"两分

两换"为例》，《农业经济问题》2011 年第 4 期。

［5］汪晖、陶然、史晨：《土地发展权转移的地方试验》，《国土资源导刊》2011 年第 Z1 期。

［6］汪晖、陶然：《论土地发展权转移与交易的"浙江模式"——制度起源、操作模 式及其重要含义》，《管理世界》2009 年第 8 期。

［7］蒋胜强：《农民再次从土地上获得新的解放——浙江省嘉善县"姚庄模式"实践 样本》，载北大林肯中心土地制度改革论坛《中国土地管理制度改革：地方经验与 创新》会议论文，2010。

［8］王彧、郭锦辉、张海生：《土地改革的嘉兴试验——"两分两换"：嘉兴探索优化 土地资源》（上），《中国经济时报》2009 年 10 月 15 日。

［9］王彧、郭锦辉、张海生：《土地改革的嘉兴试验——"两分两换"模式度的把握》 （中），《中国经济时报》2009 年 10 月 16 日。

［10］王彧、郭锦辉、张海生：《土地改革的嘉兴试验——"两分两换"试验中的再探 索》（下），《中国经济时报》2009 年 10 月 19 日。

［11］北京大学国家发展研究院综合课题组：《还权赋能：奠定长期发展的可靠基 础——成都市统筹城乡综合改革实践的调查研究》，北京大学出版社，2009。

［12］倪鹏飞等：《中国新型城市化道路——城乡双赢：以成都为案例》，社会科学文 献出版社，2007。

［13］张云华等：《完善与改革农村宅基地制度研究》，中国农业出版社，2011。

［14］蒋省三、刘守英、李青：《中国土地政策改革：政策演进与地方实施》，上海三 联书店，2010。

［15］广东省住房和城乡建设厅：《广东省"十二五"城镇化发展战略重大问题研 究》，2010。

执笔人：张英洪

（原载北京市农村经济研究中心《调查研究报告》2011 年第 17 号）

北京市土地出让金问题研究

解决"三农"问题必须跳出从"三农"看"三农"的圈子。土地出让金是事关"三农"的一个重大问题。近年来，北京市土地出让金收入增长迅速，占北京市财政收入的比重由 2006 年的 0.7% 上升到 2012 年的 21.1%，增长了近 30 倍，成为政府可自由支配财政收入的最大来源。然而土地出让金在为北京市财政带来丰厚收入的同时也引发了不少问题，主要是：土地出让金支出缺乏严格监管，土地收益流失严重；成本核算与收益分配机制不严密，支出效益下降；城乡支出结构失衡，城乡收入差距人为拉大等。基于此，课题组以土地出让收益分配为核心，对土地出让收益分配中存在的问题进行了系统研究。

一 北京市土地出让金收支情况分析

（一）北京市财政收支总体情况分析

近年来，北京经济得到快速发展，地区生产总值由 2008 年的 10488.0 亿元增长到 2012 年的 17801.0 亿元，增长了 69.7%，年平均增长 9.1%。与 GDP 发展速度相比，北京市财政收支的增长速度更高。财政收入由 2008 年的 2282.04 亿元增长到 2012 年的 4512.85 亿元，增长了 97.8%，年平均增长 18.6%，是 GDP 增速的 2.2 倍；财政支出由 2008 年的 2400.93 亿元增长到 4803.75 亿元，增长了 100.1%，年平均增长 19.0%，是 GDP 增速的 2.1 倍（见表 1、图 1）。

表 1 北京市财政收支情况

单位：亿元

年份	财政收入	财政支出	GDP
2008	2282.04	2400.93	11115.0
2009	2678.77	2820.86	12153.0
2010	3810.91	4064.97	14113.6
2011	4344.64	4574.93	16000.4
2012	4512.85	4803.75	17801.0

资料来源：北京市统计局。

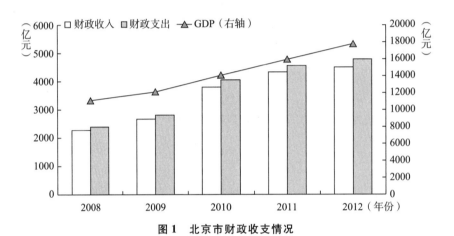

图 1 北京市财政收支情况

北京市财政收入和支出高于地区生产总值的增长速度，使其占 GDP 的比重不断提高，分别由 2008 年的 20.5% 和 21.6% 提高到 2012 年的 25.4% 和 27.0%，分别增长了 4.9 个百分点和 5.4 个百分点（见表 2、图 2）。

表 2 北京市财政收支占 GDP 的比重

单位：%

年份	财政收入	财政支出
2008	20.5	21.6
2009	22.0	23.2
2010	27.0	28.8
2011	27.2	28.6
2012	25.4	27.0

资料来源：北京市统计局。

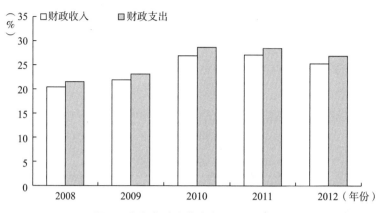

图 2 北京市财政收支占 GDP 的比量

（二）北京市土地出让金收入情况分析

北京市财政收入由两部分组成：一般预算收入，政府性基金收入。"十一五"时期，北京市一般预算收入增长稳定，由 1837.3 亿元增长到 3314.9 亿元，增长了 80.4%。同期，政府性基金预算收入大幅度提高，由 444.7 亿元增长到 1197.9 亿元，增长了 169.4%，是一般预算收入增速的 2.1 倍（见表 3、图 3）。

表 3 北京市财政收入分类情况

单位：亿元

年份	财政收入	一般预算收入		政府性基金收入
		税收收入	非税收入	
2008	2282.04	1775.58	61.75	444.71
2009	2678.77	1913.97	112.84	651.96
2010	3810.91	2251.59	102.34	1456.98
2011	4344.64	2854.63	127.19	1362.82
2012	4512.85	3124.75	190.18	1197.92

资料来源：北京市统计局。

北京市政府性基金收入大幅度提高的主要原因就在于土地出让金收入的快速增长。2008 年，北京市土地出让金收入 324.3 亿元，占当年政府性基金收入的 72.9%；2012 年北京市土地出让金收入增至 950.78 亿元，比 2008 年提高了 1.9 倍，占当年政府性基金收入的比重也上升到 79.4%（见表 4、图 4）。

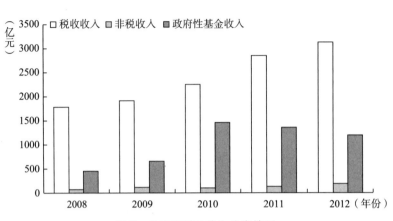

图3 北京市财政收入分类情况

表4 北京市土地出让金收入占政府性基金收入的比重

单位：亿元，%

年份	政府性基金收入	土地出让金收入	土地出让金收入占政府性基金收入的比重
2008	444.71	324.30	72.9
2009	651.96	477.27	73.2
2010	1456.98	1242.0	85.2
2011	1362.82	1162.18	85.3
2012	1197.92	950.78	79.4

资料来源：北京市统计局。

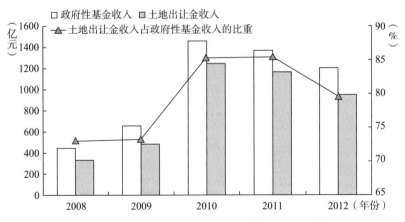

图4 北京市土地出让金收入占政府性基金收入的比重

土地出让金收入不断提高，其占财政收入的比重也不断走高。由2008年的14.2%提高到2012年的21.1%，虽然比最高点（2010年）有所下降，但仍然提高了6.9个百分点（见表5、图5）。

表5　北京市土地出让金收入占财政收入的比重

单位：亿元，%

年份	财政收入	土地出让金收入	土地出让金收入占 财政收入的比重
2008	2282.04	324.30	14.2
2009	2678.77	477.27	17.8
2010	3810.91	1242.0	32.6
2011	4344.64	1162.18	26.7
2012	4512.85	950.78	21.1

资料来源：北京市统计局。

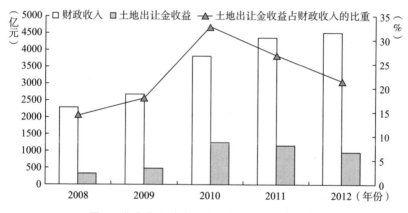

图5　北京市土地出让收入占财政收入的比重

（三）北京市土地出让金支出情况分析

1. 土地出让金支出范围分析

2006年底，国务院和国土资源部分别发布《关于规范国有土地使用权出让收支管理的通知》（以下简称《通知》）和《国有土地使用权出让收支管理办法》，对土地出让金收入管理制度进行了规范性改革。

按政策规定，全部土地出让金收入都需缴入地方国库，纳入地方政府性基金预算，实行"收支两条线"管理，与一般预算分开核算，专款专用。《通知》明确规定土地出让金支出的范围为：①征地和拆迁补偿支出，包括土地补偿费、安置补助费、地上附着物和青苗补偿费、拆迁补偿费；②土地开发支出，含前期土地开发性支出以及财政部门规定的与前期土地开发相关的费用，如与前期土地开发相关的道路、供水、供电、供气、排水、通信、照明、土地平整等基础设施建设支出，以及与前期土地开发相关的银行贷款本息等支出；③支农支出，包括用于保持被征地农民原有生活水平补贴支出、补助被征地农民社会保障支出、农业土地开发支出，以及农村基础设施建设支出，如用于农村饮水、环境、卫生、教育以及文化等基础设施建设的支出；④城市建设支出，包括完善国有土地使用功能的配套设施建设，以及城市基础设施建设支出，如城市道路、桥涵、公共绿地、公共厕所、消防设施等；⑤其他支出，包括土地出让业务费、缴纳新增建设用地有偿使用费、国有土地收益基金支出、城镇廉租住房保障支出以及支付破产或改制国有企业职工安置费用等。

综合起来看，土地出让金收入使用范围包括以下十个方面：一是征地和拆迁补偿支出；二是土地开发支出；三是补助被征地农民社会保障等支出；四是农村基础设施建设支出；五是农业土地开发支出；六是城市建设支出；七是耕地开发、土地整理、基本农田建设和保护支出；八是城镇廉租住房保障支出；九是土地出让业务支出；十是破产或改制国有企业职工安置等支出。

2. 全国土地出让金支出情况分析

2010 年 4 月，财政部首次公布了《2009 年全国土地出让收支基本情况》。这是我国第一次公开发布土地出让金的支出情况。据统计，2009 年全国土地出让签订合同总价款 15910.2 亿元，当年实际入库收入 14239.7 亿元，占合同总价款的 89.5%。土地出让金收入国库数额与合同总价款数额存在约 1700 亿元的收支结余，按规定结转下年继续使用。

2009 年全国土地出让金支出 12327.1 亿元，比上年增长 28.9%。其中用于征地和拆迁补偿的支出 4985.67 亿元，约为支出总额的 40.4%；用于土地开发的支出 1322.46 亿元，约为支出总额的 10.7%；用于城市建设的支出 3340.99 亿元，约为支出总额的 27.1%；用于农村基础设施建设的支出为 433.1 亿元，约为支出总额的 3.5%；用于补助被征地农民的支出 194.91 亿元，约为支出总额的 1.6%；用于土地出让业务的支出 86.89 亿元，约为支出总额的 0.7%；用于廉租住房的支出 187.1 亿元，约为支出总额的 1.5%；用于耕地开发、土地整理、基本农田建设和保护的支出 477.56 亿元，约为支出总额的 3.9%；用于农业土地开发的支出 107.25 亿元，约为支出总额的 0.9%；用于地震灾后恢复重建、破产或改制国有企业职工安置的支出 1191.17 亿元，约为支出总额的 9.7%。2009 年全国土地出让金支出情况详见表 6、图 6。

表 6 2009 年全国土地出让金支出情况

单位：亿元，%

	支出	占比
土地出让金支出	12327.10	100
征地和拆迁补偿	4985.67	40.4
城市建设	3340.99	27.1
土地开发	1322.46	10.7
地震灾后恢复重建、破产或改制国有企业职工安置	1191.17	9.7
耕地开发、土地整理、基本农田建设和保护	477.56	3.9
农村基础设施建设	433.10	3.5
补助被征地农民	194.91	1.6
廉租住房	187.10	1.5
农业土地开发	107.25	0.9
土地出让业务	86.89	0.7

资料来源：财政部网站。

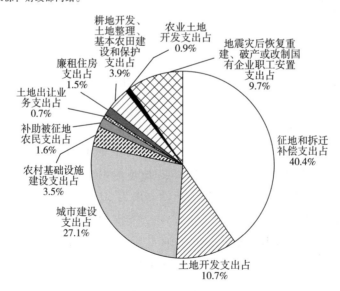

图 6 2009 年全国土地出让金支出结构

资料来源：财政部网站。

2010 年，全国土地出让金收入 29109.94 亿元，完成预算的 213.2%，主要基于土地供应增加、地价总体水平上升以及收入管理加强等因素。土地出让金支出 26975.79 亿元。其中征地拆迁补偿等成本性支出 13395.6 亿元，约为支出总额的 49.7%；农村基础设施建设和补助被征地农民支出 2248.27 亿元，约为支出总额的 8.3%；廉租住房支出 463.62 亿元，约为支出总额的 1.7%；地震灾后恢复重建、破产或改制国有企业职工安置支出 3336.63 亿元，约为支出总额的 12.4%；城市建设支出 7531.67 亿元，约为支出总额的 27.9%（见表 7）。①

表 7　2010 年全国土地出让金支出情况

单位：亿元，%

项目	支出	占比
土地出让金支出	26975.79	100
征地和拆迁补偿	13395.60	49.7
城市建设	7531.67	27.9
地震灾后恢复重建、破产或改制国有企业职工安置	3336.63	12.4
农村基础设施建设和补助被征地农民	2248.27	8.3
廉租住房	463.62	1.7

资料来源：财政部网站。

3. 北京市土地出让金支出情况分析

在财政部公布全国土地出让金支出情况后，北京市也于 2010 年在《北京财政年鉴（2010）》上发布了北京市 2009 年土地出让金支出情况。其后，北京市每年都在财政年鉴上发布土地出让金收支情况。

2012 年，北京市土地出让金支出 904.43 亿元，主要支出方向为：征地和拆迁补偿支出 118.62 亿元，约为支出总额的 13.1%；土地开发支出 266.14 亿元，约为支出总额的 29.4%；城市建设支出 142.44 亿元，约为支出总额的 15.7%；农村基础设施建设支出为 20.90 亿元，约为支出总额的 2.3%；农田水利支出 32.52 亿元，约为支出总额的 3.6%；补助被征地农民支出为 0；土地出让业务支出 2.04 亿元，约为支出总额的 0.2%；廉租住房支出 14.97 亿元，约为支出总额的 1.7%；公租房支出 31.89 亿元，约为支出总额的 3.5%；农业土地开发支出 32.52 亿元，约为支出总额的

① 叶檀：《房地产溢价下降　土地财政将成鸡肋》，地产中国网，http://house.china.com.cn/fujian/view。

3.6%；地震灾后恢复重建、破产或改制国有企业职工安置支出为0；其他支出216.11亿元，约为支出总额的23.9%。

2012年北京市土地出让金支出情况见表8和图7。

表8　2012年北京市土地出让金支出情况

单位：亿元，%

项目	支出	占比
土地出让金支出	904.43	100
征地和拆迁补偿	118.62	13.1
土地开发	266.14	29.4
城市建设	142.44	15.7
农村基础设施建设	20.90	2.3
农田水利	32.52	3.6
土地出让业务	2.04	0.2
补助被征地农民	0	0
廉租住房	14.97	1.7
公租房	31.89	3.5
地震灾后恢复重建、破产或改制国有企业职工安置	0	0
农业土地开发	32.52	3.6
其他	216.11	23.9

资料来源：《北京财政年鉴（2013）》。

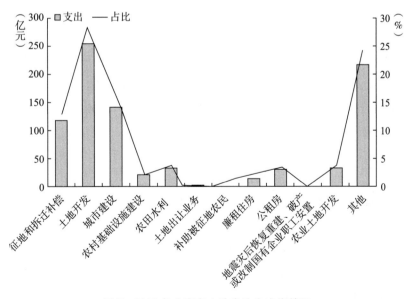

图7　2012年北京市土地出让金支出情况

二　土地出让金支出结构特点分析

从全国及北京市土地出让金支出数据可以发现，北京市与全国土地出让金支出结构存在一定的差异：①在全国土地出让金支出结构中居于首位，占据了一半比重的征地拆迁补偿支出，在北京市土地出让金支出中占的份额并不太大，仅为全市土地出让金支出的13.1%；②在全国土地出让金支出结构中居于第四位，占据了10%左右的地震灾后恢复重建、破产或改制国有企业职工安置支出，在北京市土地出让金支出中为0；③北京市在土地开发方面投入了大量资金，占土地出让金支出的比重（29.4%）约为全国平均水平（14.6%）的2倍；④北京市在廉租住房和公租房保障方面的支出也远高于全国平均水平，约为全国平均水平的3倍。

在土地出让金支出结构中，北京市和全国虽然有一定的差异，但也存在一些具有共性的问题。

1. 建设性支出所占比重较高

不论是在全国还是在北京市的土地出让金支出中，所占比重非常大的项目都有城市建设支出和土地开发支出。2009年全国城市建设支出和土地开发支出占到全部土地出让金支出的37.8%，北京此两项支出之和占2012年全市土地出让金支出总额的45.1%。

2. 支农支出比重较低

支农支出主要指农业土地开发资金、补助被征地农民社会保障支出、保持被征地农民原有生活水平补贴支出以及农村基础设施建设等方面的支出。2009年，全国土地出让金支出中用于农村基础设施建设、补助被征地农民、农业土地开发的支出，仅占全部支出的6%，仅为建设性支出的1/4。同期，北京市用于此类支出的资金占到全部土地出让金支出的9.4%，约为建设性支出的1/5。土地出让收益支出使用中严重的城乡歧视，加重了农村基础设施建设的滞后，使城乡发展水平进一步拉大。

3. 保障性住房支出偏低

有不少学者认为，我国房价居高不下与政府的巨额土地出让金有很大关系。因此，政府应加大土地出让金支出对保障性住房建设的倾斜，以更好地解决中低收入家庭的住房问题。但在实际的土地出让金支出中，用于保障性住房建设的资金比重还很低。2009 年，全国廉租住房支出仅占全部土地出让金支出的 1.5%，约为建设性支出的 1/25；北京市用于廉租房和公租房建设的支出比重要高于全国，约为全市土地出让金支出的 5.2%，但仍低于国家发改委提出的 10% 的最低标准，也仅为全市建设性支出的 1/9。

三　优化土地出让金支出结构，完善土地出让金支出管理

从前述论证可以发现，目前在全国和北京市的土地出让金支出中，绝大部分资金被用于城市基础设施建设，对农业、农村投入严重不足，对被征地农民的补偿较低。要从根本上改变土地出让金取之于农、用之于城的不合理支出取向，就需要明确土地出让金的公共支出方向，取之于民，用之于民，应突出土地出让金支出的公平性与公益性，压缩城市基础设施建设支出，进一步优化土地出让金支出结构，加大对农村、农业和农民的支出，加大城市廉租房、公租房建设的支出。

1. 严格遵守相关法律法规，保障土地出让金支出的公平性与公益性

近年来，为加强对土地出让金的支出管理，政府及各个部门先后出台了多项政策法规，对土地出让金的支出范围及支出比例进行了进一步的规范。依据这些法规，土地出让支出须首先满足以下四项法定支出：①土地出让纯收益不低于 15% 的比例用于农业土地开发；②土地出让收益不低于 10% 的比例用于保障性住房建设；③土地出让收益提取 10% 用于农田水利建设；④按 10% 的比例计提教育资金。

由此，应严格遵守国家相关法律法规，将土地纯收益 45% 以上的部分用于公益性产品的供给与支出。

2. 土地出让金支出重点向"三农"倾斜

要按照"十二五"规划的总要求，明确将土地增值收益主要用于农业农村，维护农民的土地财产权，改善农民的生活条件。对农民而言，一旦失去土地，也就失去了土地福利。要切实保障农民的土地财产权益，提高农民的社会保障水平。要出台相关政策，从制度上保障农民分享城市化中的土地增值收益。

农业土地开发不仅能增加有效耕地面积，缓解人地矛盾，而且还可以

提高耕地质量，改善生产条件。要严格按照《国务院关于将部分土地出让金用于农业土地开发有关问题的通知》的要求，将土地出让纯收益的15%安排用于农业土地开发。提取的农业土地开发资金，全部作为地方农业综合开发资金，专项用于本地区农业综合开发。

此外，还应逐步提高用于农业土地开发和农村基础设施建设的土地出让金支出比重，以改善农民的生产、生活条件和居住环境，提高农民的生活质量和水平。

土地出让金主要用于"三农"，不但可以很好地解决征地补偿费偏低的不合理问题，充分体现公平原则，而且在很大程度上还将抑制"以地生财"和新的"以农支城"等不利于"三农"发展的现象。只有这样才能从根本上保护农民的利益，支持新农村建设。

3. 加大土地出让金对保障性住房建设的支出

住房保障是社会福利体系的重要组成部分，是政府将公共资源公平、合理、高效地配置给低收入群体，改善其生活水平的关键。

近年来，北京市积极探索建立符合首都实际需求的住房保障政策体系，不断加大保障性安居工程实施力度，加快解决中低收入家庭住房困难问题，使城市住房保障工作有了很大进展。2010年，北京市新建和收购政策性住房22.5万套，占全市住宅新开工套数的61.5%，竣工各类政策性住房5万套，完成年度计划的108.7%，公共租赁住房落实房源2.6万套，廉租住房基本实现了实物配租应保尽保；2011年，北京市新开工建设各类保障性住房23万套，竣工10万套，住房保障覆盖范围进一步扩大；2012年，北京市继续大力推进保障性安居工程建设，新开工建设、收购各类保障性住房16万套，竣工保障性住房7万套，与此同时，还完成了"三区三片"棚户区改造任务，新增五片棚户区改造工作。在整个"十二五"期间，北京市计划新建、收购保障性住房100万套，为10万户家庭发放租金补贴；各类保障性住房要占到所有住房的60%，其中公租房要占到公开配租配售保障性住房的60%。

加快保障性住房建设是保障和改善民生的重要工作。据有关机构测算，北京市建设公共租赁住房的年均成本为488亿~686亿元①，相当于2012

---

① 《保障性住房建设的资金供求》，《中国房地产报》2012年5月17日。

北京市财政收入的20%左右，2012年廉租住房和公租房支出的10~15倍。2012年，北京市财政部门安排保障性安居工程专项资金113.97亿元，包括中央补助专项资金7.97亿元，地方政府债券6亿元，廉租住房（公共租赁住房）专项资金100亿元，并计划再通过北京市保障性住房建设投资中心筹集150亿元，使得整体资金达到250余亿元。[①] 但与所需资金相比，仍存在200亿~400亿元的资金缺口。

在此情况下，提高土地出让金用于建设保障性住房的比例势在必行。目前，国内已有不少地方开始了这方面的改革，如陕西省已经将土地出让金用于建设保障性住房的比例提高到20%，山西省政府明确要求土地出让净收益用于廉租房建设的资金不得低于20%。2010年，北京市委书记刘淇在北京金融工作局组织的"北京市服务在京金融机构座谈会"上曾指出，政府应将土地出让收入的一半以上返还到保障性住房的建设中。由此，北京市用于保障性住房建设的土地出让金不仅应达到《廉租住房保障办法》规定的10%的最低标准，还应将其逐步提高至20%~50%，使保障性住房建设资金得到充分保障。

4. 加强土地出让金收支管理与监督

预算法规定，地方政府的一般预算支出需提交地方人大常委会审议，但政府性基金则游离于人大的监督之外。这部分脱离人大监督的资金，已成为预算管理与监督的一个巨大黑洞。缺乏有效监督的土地出让金制度，为寻租提供了巨大的活动空间，应尽快将土地出让金的收支全面纳入人大的预算监督之中，实现土地出让金收支的合法、公开和透明。

本研究协调人： 张英洪

执笔人： 童　伟

（原载北京市农村经济研究中心《调查研究报告》2012年第21号）

---

① 《北京保障房建设步入快车道》，《北京日报》2011年10月27日。

北京市"二道绿隔"规划
实施方案探索

——以朝阳区金盏乡为例

为有效控制城市规模，形成环境优美、人居和谐的生态屏障，北京市早在1958年总体规划中就提出了建设城市绿化隔离带的思想。随着经济社会的快速发展，城市空间不断变化与重构，绿化隔离地区以其特殊的土地利用、人口结构、产业特征、景观形态、管理政策等特点成为北京城乡建设发展最活跃、矛盾最突出、情况最复杂的地区，逐渐引起社会各方的关注和重视。

北京的绿化隔离主要分为一道绿隔、二道绿隔两个政策区。第一道绿化隔离地区目的是实现中心城中心地区与边缘地区之间的隔离，政策范围约310平方公里。第二道绿化隔离地区目的是构建控制中心城向外蔓延以及新城之间的生态屏障，政策范围约910平方公里，是北京平原绿化建设的重要组成部分。经过20余年的建设，目前一道绿隔地区的农民回迁房建设、绿化实施、劳动力安置等城乡一体化任务已完成约50%，但二道绿隔地区由于发展阶段差异、区位差异、缺乏实施导向和配套政策等复杂因素，整体建设尚处在起步阶段，部分地区呈现出城进绿退、生态恶化、人口集聚、产业低端、用地粗放、无序发展等"令人揪心"的问题，二道绿隔地区面临比一道绿隔地区更加繁重和复杂的实施任务，既要保护环境，为区域坚守生态底线，又要维护农民利益，留住乡景乡愁，在现行体制机制下还要释放土地资源，确保城乡发展动力……但在具体操作上面临目标不明、路径单一、资金不足、政策缺失等困境，城乡规划因此陷入"非保不可，要保不易"的两难境地。① 要摆脱上述困境就要针对二道绿隔地区加强总体设计，明确其发展定位、规划目标、实施路径和政策方向，拓宽城镇化的实施路径。

本文以二道绿隔试点乡——朝阳区金盏乡为例，分析现状和实施中的问题与困惑，研究探索完善绿隔规划的策略和方法，促进城乡一体化发展。

一　背景：转型时期的机遇与要求

（一）立足"以人为本"，贯彻落实国家新型城镇化战略

党的十八届三中全会和中央城镇化工作会议对未来城乡统筹提出了新的改革方向，"以人为核心"的城镇化，提高城镇人口素质和居民生活质量，赋予农民更多的权利，以人为本的新型城镇化等热词对北京的城乡规划工作提出了新的要求。同时，"建立城乡统一的建设用地市场"，推进土地制度改革，转变发展方式，"让市场在资源配置中起决定性作用"等新思路更是在制度层面对我国长期以来形成的城乡二元发展格局导致的城乡发展失衡这一问题的进行了深刻反思。因此，当前城乡规划工作面临前所未有的挑战。一是要编好综合性的空间规划，从空间的优化调控转向为人的多元需求提供服务保障，在城乡一体化的进程中更加注重农民的权利和利益，确保公共利益的落实。二是要落实好实施性的保障政策，为"一张蓝图干到底"配套相应的政策机制，通过建立统筹各方利益的平台、建立落实空间规划的政策集成，"让广大农民平等参与现代化进程，共享现代化成果"。

（二）立足"城乡转型"，适应新时期北京城乡发展进程的需求

2004 年总体规划实施以来，城市建设用地得到了良好的控制，但集体建设用地长期缺乏管控，总量大、效益低、粗放蔓延是总建设用地规模大、增长快，用地约束性指标突破的主要原因，也是城市"摊大饼"式发展、平原地区开发强度大的主要原因。目前，人口资源环境矛盾已

---

① 北京市农村经济研究中心、北京市城市规划设计研究院：《北京市乡镇统筹利用集体建设用地试点规划研究》，2014。

对大城市增量发展的路径形成倒逼机制，未来城市的可持续发展主要依托建设用地的减量发展和存量提效以及绿色空间的结构性优化、质量提升来实现。2014 年开展的"北京总体规划修改"研究，城乡结合部地区的"瘦身减量"对实现减量目标的意义重大，二道绿隔地区成为遏制城市"摊大饼"发展的最后一道防线，是实现城乡转型的关键区域。

二 现实：实施过程中的问题和困惑

朝阳区金盏乡位于北京中心城东北部，温榆河南岸，属于城市限制建设区，是二道绿隔 6 个试点中唯一位于北京中心城内的乡镇，区位条件相对优越。但受东北部首都机场空域管制、机场噪声区以及"西北—东南向"的一条地震断裂带影响，该地区的限制建设因素较多，再加上该区处于中心城与东部发展带顺义新城之间的缓冲区，是中心城东部重要的生态环境保育区及重要的通风走廊，历史上的编制和管理对该地的管控较为严格，因此该地区的可建设用地资源相对较少。

近年来，随着周边城市功能区的迅速发展，该地区的发展机会增多，农民改善生产生活的愿望较为强烈，建设需求也与日俱增。2009 年，市委、市政府启动 50 个重点村建设，金盏乡的长店村被列入其中。在土地储备政策的带动下，一部分居民得到了拆迁安置，但由于后续资金匮乏，发展动力不足，城乡一体化进程一度搁置，该区在半城市化的过渡状态下面临诸多问题和矛盾。

（一）人的问题：流动人口多，农业人口多，农民上楼转居不彻底

截至 2011 年，金盏乡户籍人口与流动人口的比例近 1:3，外来人口多，人口倒挂现象明显，由此带来了设施供给不足、环境脏乱差、治安隐患多等问题。农业人口占户籍人口的 74%，但调查显示打工收入和房屋出租收入成为金盏乡村民家庭收入的主要来源，从事传统农业的不足 3%，是城市化潜力较大的一个区域。

目前全乡已拆迁上楼 4 个村，安置人口约占全乡总人口的一半，但农民转居只转了 1 个村，比例仅占全乡人口的 3%，剩余 3 个村还是农民身份。农民已经"上楼"，在居住形式上已是市民，但"身份"是农民，社保在集体，"精神状态"游离于农民和市民之间。一方面农民盼上楼，改

善居住环境；但另一方面农民又怕上楼，因为上楼后原先的瓦片经济瓦解，收入减少的同时生活成本增加，经济负担加重，医保、社保等没有对接，还需集体经济组织管理，生产生活上存在很多不方便、不稳定因素。

(二) 业的问题：中小企业多，经济效益差，产业发展不同步

金盏乡产业发展以自发形成的第二、第三产业为主，在城市化的推进过程中，乡内产业受中心城辐射带动与乡村自主发展双重作用呈现中高端产业与低端产业并存的态势，都市农业正在酝酿发展。产业发展存在功能定位不清晰、缺乏合理的产业链和明确的功能定位、占地多产出效益低、环境效益差、社会效益不佳等问题。

自 2009 年起，金盏乡启动土地储备房屋拆迁腾退工作。拆迁后乡内经济呈下滑趋势，一些大的企业担心政策不稳定，怕拆迁，不愿意来乡里投资做项目，由于集体土地的局限性，农民自主的产业发展意愿也有所下降。拆迁后的农民虽然上了楼，但就业问题迟迟没有解决，主要靠集体经济组织采用货币补偿的方式安置，只有少数几个规模型企业能够直接安置劳动力。农民生活成本增加，收入来源减少，生活中的问题凸显，生活方式和生产方式的不同步造成了潜在的社会隐患。

(三) 绿的问题：遗留问题多，后续管理难，绿地实施不统筹

金盏乡内绿色空间约占总用地面积的 55%，未实施的规划绿地近 10.6 平方公里，且大部分是集体建设用地的宅基地和村镇企业，其中企业占地近 83%，可见腾退集体建设用地上的企业用地对扩大绿色空间有重要作用。

在建设资金紧张的情况下，绿色空间的保护和实施越发困难，其主要原因有两个。一是政府投入不足，未对绿地的腾退和养护管理给予充分的资金支持。二是政策长期缺失，没有针对不同区位、不同范围内的绿地明确相应的实施主体、制定相应的实施政策，例如乡内的各开发建设项目只负责本项目一级开发范围内的绿地实施，腾退出来的规划绿地如果不在一级开发范围之内就没有项目主体来实施、维护和管理，而乡内能够列入一级开发范围内的绿地仅占未实施绿地的 10%，因此后续绿地实施的模式和政策有待探索 (见图 1)。

(四) 地的问题：国有地资源多，建设用地配给不平衡

金盏乡规划建设用地中，国有用地的规划建设用地资源占到国有用地

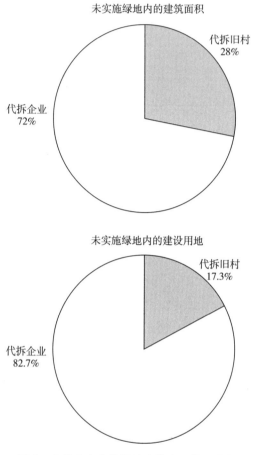

图1　金盏乡未实施绿地内的建设情况分析

的32%，而大量的集体用地中，规划建设用地仅占集体用地的12.9%，集体用地范围内大量的是需要绿化的生态用地。这样不平衡的建设用地配比固然与该地区远景目标完全城市化有关，但现阶段集体用地指标不足难以解决农民的生产生活问题，由于乡域内给集体的建设用地指标有限，集体经济组织无力花钱征地、有效利用，而城镇建设用地指标又解决不了农民安置和产业发展的难题，因此如何权衡国有建设用地和集体建设用地的配给，规范引导集体建设用地集约高效发展是值得探讨的问题（见图2）。

（五）资金及政策的问题：政策保障少，利益平衡难，城市反哺农村不到位

北京第一道绿化隔离地区政策实施的20多年里，很多实践已经证明绿

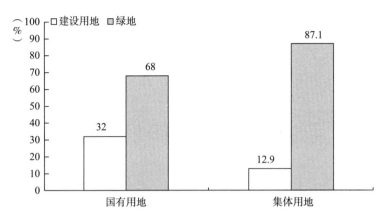

图2　金盏乡用地权属与规划用地功能叠加分析

隔地区面临"人、地、钱、绿、产、村"等多方面的问题,其中最突出的就是钱的问题,"绿隔的政策一直在变,上楼的人数一直在变,唯一不变的是缺钱的事实"。[①] 金盏乡这样的生态意义较为重要的乡镇,其为城市贡献了大量的绿色空间,还有大面积的市政基础设施空间,但由于位于限建区,今后可用的建设用地相对较少,目前全乡已经用了近3/4的建设用地资源,但是还有一多半的上楼安置、转工转居、绿化实施的问题亟待解决,在现有实施模式和政策机制下,随着拆迁安置成本"水涨船高",仅依靠土地平衡模式,实施资金难以保障。

金盏乡资金平衡压力较大主要有两个原因。第一,已有项目开发成本低,没有承担区域应有的责任。例如乡内最大的建设组团金盏金融园区,规划范围5.9平方公里,规划可建设用地面积约345公顷,但仅能解决长店组团和园区自身的资金平衡问题,平衡资金的能力相对较低。乡内的高安屯垃圾循环产业园,由于是公益性市政大型基础设施,仅负责征占地内村子的拆迁补偿,并不负责拆迁安置周边受影响的两个村。第二,国有土地增值收益未返还当地。按照目前的相关政策,国有建设用地的土地增值收益用于绿隔建设的投入相对较少,溢价部分并没有全部返还给当地。本地区没有享受土地增值后的收益,集体建设用地和国有建设用地还处于同地不同权的状态。例如,朝阳区孙河组团的增值收益全部上缴国家和市、区两级财政(比例大概为2:4:4),区土地储备中心只回收一级开发成本。

----

① 北京市城市规划设计研究院:《北京市城乡结合部地区建设实施情况及规划研究》,2011。

政府从绿隔地区的建设用地上获利较多，而返还给当地城乡建设的资金却相对不足。如果有相应的溢价返还机制调整土地收益的分配方式，土地收益优先用于解决绿隔遗留问题，不仅会大大推进绿隔实施的进度，还能有效降低资金平衡用地所占的比例，增加绿色空间，达到减量发展的目标。

三　反思：城镇化转型中的若干思考

（一）开发带动、以地平衡的模式不可持续

金盏乡地处中心城内，一道绿隔实施中的经验和教训，需要吸收借鉴。北京一道绿隔地区的建设用地 5 年增长约 5 平方公里，楔形绿地等结构性绿地实施进度缓慢且被蚕食，规划绿地面积不断减少，导致"城进绿退"的局面；第一道绿化隔离地区用商品房开发带动实施，安置房与商品房比例由最初 20 号令政策设定的 1:0.5，变为实施过程中的 1:2.1，人均拆迁安置成本由 30 万元涨到 130 万元，资金平衡压力越来越大，实施也越来越难。一道绿隔的经验告诉我们，以地平衡的方法解决了部分资金问题却引来了人口，增加了用地，消耗了资源，给城市建设、运转带来了不小压力，与此同时绿地也没有原本期望的那样实施好，人口、资源、环境的矛盾更加突出。因此，吸取一道绿隔、50 个挂账村的经验教训，研究认为不能再以增地的方式推进绿隔实施，应确定"原汤化原食"的原则，借助各种政策和措施实现城市对农村的"反哺"，杜绝单一"以地平衡"的实施模式在二道绿隔地区重演。

（二）拆迁上楼、全征全转的城市化模式值得思考

金盏乡地理位置特殊，既是中心城内土地价值比较高、建设需求比较旺盛的地方，又是中心城的绿色生态屏障，对提升东北部绿化环境品质和维护中心城城市空间结构有着举足轻重的作用，城市总体规划将其作为全部城市化的区域。但城市化是否意味着旧村必须拆迁，农民一定上楼？农民身份是否一定要向居民身份转换？集体产业必须拆迁，集体土地是否必须依法征转为国有土地？

可借鉴国外绿化带建设的经验，韩国绿化带中居住人口占全国的1.6%，随着村庄自身发展的需求与开发限制之间的矛盾日益尖锐，政府逐渐放宽了对绿化带中村庄的开发限制，但仍限制在原用地范围之内，不

允许再扩展新的建设用地。英国的绿化带也采取限制开发行为的管理方式，而非简单的拆迁安置。从效果来看，北京由于拆迁成本极高，涉及的利益主体较多，实施的难度很大，同时也很难保障农民的基本权益。同时，采取拆迁的方式，也仅仅解决了城乡结合部户籍人口的城市化问题，外来人口导致的矛盾并不能得到有效缓解。

党的十八大报告提出"新型城镇化"战略，核心是人的城镇化，不以牺牲农业和粮食、生态和环境为代价，着眼农民，涵盖农村，实现城乡基础设施一体化和公共服务设施均等化，是以城乡统筹、城乡一体、产城互动集约节约、生态宜居、和谐发展为基本特征的城市化。由此可见，新型城镇化要求关注民生、缩小差距、加强城乡统筹、确保农民利益，而不是一味的"旧村拆迁，农民上楼，产业拆迁"。旧村是否拆迁要结合当地的具体情况，农民是否转居要尊重农民意愿，集体经济组织如何发展要进行科学研究，集体土地也未必都征都转。

（三）制度建设、政策保障决定城镇化的成效

绿隔问题表面看是"地"的问题，根源是"钱"的问题，核心是"人"的问题，但实质上是"制度设计"下利益分配的问题。城市规划所擅长的空间引导只是实施过程的一个环节，而不应成为"龙头"，成为"龙头"的应该是统筹各方利益、科学有效的政策制度设计。只有政策先行，规划才有保障。否则，在政策不完善的情况下盲目"拆、建、调、转"，一味把调整规划作为"兜底"手段，很容易陷入"政府有压力、农民不满意、规划不严肃"的被动局面。因此，政策制度的设计必须权衡政府、农民、市场三者的关系，协调好"利"和"益"的问题。一是做好政府让利，增大反哺力度，在城市化的过程中要调整收益分配机制，引导增量利益更多流入农民群体和绿隔建设；二是坚持全面协调，增大统筹力度，市、区、乡三级联动，实现项目、空间、成本、土地收益的全面统筹，坚持在开发利用存量用地时以解决农民生产生活问题为先决条件，城市功能区建设、产业园区建设必须与绿隔实施统筹、与农民就业捆绑；三是完善联动机制，增加政策合力，需要市发改委、农委、规划部门、国土部门、园林绿化部门、财政部门、人力社保部门等多个部门共同努力，建立市区部门联动的工作机制，如推进违法建设拆除任务，落实经营性集体土地改革政策，完善集体产业发展保障政策及城市化过程中的社会保障政策等。

四　探索：规划策略研究

金盏乡原规划方案按照"全征全转"完全城市化的思路进行用地的布局，但此方案只有在政府统一实施，通过强有力的长效监管，通过"政府让利"把土地储备全部转为增值收益的情况下才能完成，现阶段实施的难度很大，因此研究尝试另一种"政府让地"的思路，不要求全征全转全部城市化，通过使国有建设用地减少，集体建设用地增加，将原有国有用地上的收益转移到集体用地上，调动集体经济组织参与城市化的积极性，赋予集体经济组织更多的自我选择权利和相对应的责任和义务，通过转变思路、空间管制、增减挂钩、实施捆绑、政策保障来化解现阶段由政府"自上而下"实施中被动性、高成本、难度大的问题。

（一）转变思路：明确城乡统筹和乡镇规划的大原则

1. 村庄：由全部拆迁上楼转向"拆保结合"

农民宅基地"拆迁上楼""统一安置"固然能够在物质形态上提高农民的居住生活条件，节约了用地，但同时也拆掉了"乡土"和"乡愁"，把原先多元化的城乡景观改造为千篇一律的城市"火柴盒"，在精神和文化建设层面有所缺失。在拆迁成本水涨船高，实施资金捉襟见肘的情况下，适度保留一部分有价值的村庄，转变原来"一刀切""全上楼"的思路和改造方式，探索以乡村自我改造为主、政府扶持为辅，自下而上进行农村居民点改造，建设新型农村社区或田园社区的路径是目前较为切实可行的规划思路。综合考虑规划影响、生态限建、安置计划、村庄规模、农民意愿和现状建设等6个方面的因素，结合优美的景观环境就地原址改造、发展生态田园社区和都市农业，改造用地不超过原有宅基地面积。

2. 集体产业：由全部腾退转向"逐步集约"

原规划已在金盏金融园区按照劳均50平方米建筑面积的标准，安排了72万平方米的绿隔产业建筑用于安置金盏乡全部劳动力，但由于金盏金融园区实施进度缓慢，目前尚不具备解决乡里劳动力就业的条件。在实现规划远景和解决现状矛盾的过渡阶段，需要考虑现阶段农民生产生活的具体情况，设计灵活弹性的可实施方案，解决老百姓的实际问题。

规划综合考虑生态限建、拆迁方案、产业发展、经济效益、社会效益各个方面的因素，与当地相关部门充分沟通，原则提出近期保留和升级改造的产业项目、具体规模和项目位置，集体产业用地应按照"保留一批，升级改造一批，腾退一批"的思路进行改造、升级和转型，确保农民在拆迁前后有稳定的工作和收入来源，在切实为农民利益考虑、创造就业机会、解决好"人"的问题的基础上推进产城一体化，提升地区环境品质，循序渐进地推动产业升级转型。

3. 实施的主体：政府引导，集体为主，农民参与

政府主导的"土地储备"模式资金压力较大，发展动力不足，今后谁来实施绿隔规划是亟待明确的问题。集体经济组织有自发进行城乡一体化的动力，但需要政府的引导、专家的参与及相关部门的协同管理来规范和帮助集体经济组织自身的专业化成长。下一步金盏乡的规划推进将以集体经济组织作为实施主体，探索"自下而上"实施模式中政府如何有效引导、扶持、动态监管，确保实施过程合理合法、公平公正。

（二）空间管制：严守空间增长边界、分区管控

在空间布局上贯彻落实新型城镇化"守住底线，科学集约利用土地"的思路，叠加区域限建因素（生态、工程地质、敏感要素、气象条件、城市地价等），明确不能在哪建，能在哪建，并划定建设用地增长边界，明确禁止建设、有条件建设或限制建设、适宜建设的区域，分别制定管制策略，合理引导城市空间布局。

（三）增减挂钩：统筹平衡集体用地与国有用地

在现行的制度框架下，优化用地规模，探索集体用地、国有用地"增减挂钩"的实施路径，为农民提供"可选择方案"。如果产业用地保留一部分、农民旧村不拆迁仅在原址上升级改造、集体建设用地比原规划增加，则用于农民上楼、劳动力安置、平衡资金的国有用地应相应减少，城市建设用地和集体建设用地指标要保持平衡。研究基于现状和原规划的拆建比例，推算保留村庄用地和产业用地后的城乡建设用地规模。按照城镇用地不增加，城乡用地不突破国土规划的大思路，金盏乡集体产业用地面积缩减85%~96%，整个集体建设用地（包含居住）缩减76%~89%，相当于由拆4建1到拆10建1。建设用地面积在原有基础上减少7.8~8.7平方公里，规划绿色空间增加6~6.9平方公里，实现了"减量、增绿"的目标。

值得进一步探索的是，伴随集体土地制度改革的推进，如果集体产业用地

能够与国有用地同地同权，实现用地效益最大化，则保留和升级改造的集体产业用地比例将会缩减，用地减量的比例相应增加，"增绿"空间将会进一步加大，规划方案也应根据具体情况调整用地的缩减比例，实现动态规划。

（四）实施捆绑：动态、从严管控绿隔实施的各个阶段

分期确定相捆绑的拆迁腾退用地、平衡资金用地与绿化实施用地，明确责任、统一实施是规划中早已成熟的技术方法，但实施过程中常由于监管不到位造成该拆的没拆、该绿的没绿等遗留问题。下一步应明确规划实施的监管主体和各协同部门的职责，由区政府总体管控实施方案申报、人口监督管理、资金平衡账的核定和跟踪、绿化实施进度和效果等，由国土、规划、财政、民政、园林等部门进行责任分解，细化各个阶段需要管控、评估和验收的实施细则，建立绿隔实施监管的新秩序。

（五）政策保障：严格管控、加强沟通，完善各项政策

1. 加快土地确权、严格管控，实现违法建设零增长

从严管控集体建设用地的使用，实现集体用地少增长、违法建设零增长，降低未来改造成本。试点乡镇要加快推进农村集体土地所有权、集体建设用地使用权、农村土地承包经营权、农村宅基地使用权以及集体土地上房屋权属的确权颁证工作，实现土地产权关系的清晰化，为建设用地"增减挂钩"的规划调整提供支撑。

2. 探索集体建设用地改造的多种实施模式

主要包括"城市化方式"与"乡村自主流转方式"。实施条件较好的地区可以城镇集中建设区规划实施为主导，加大增减挂钩比例，带动集体建设用地拆迁腾退。有自身特色、完全城市化有难度的村庄可以农村集体自主实施为主导，以减量为附加开发条件，推动集体建设用地市场化流转，带动用地减量和高效利用。

3. 调整土地收益分配方式，制定土地收益优先反哺绿隔建设的政策

加大新建项目的土地出让金返还力度，减少土地增值收益的流失，统筹增值土地收益资金用于二道绿隔地区的基础设施建设、绿色空间实施以及农民转居转工与现状拆迁等，在地区内做到取之于民、用之于民。市、区政府要制定严格的政策机制，对资金的使用进行动态监管。

4. 探索建立城乡统一的建设用地市场，统筹完善政策机制设计

重点探索土地制度改革，加大城乡建设用地同地同权改革试点的推进

力度，按照"确权是基础、流转是关键、配套是保障"的思路，完善集体建设用地流转减量的实施机制。

积极推动有关集体建设用地改造的总体制度设计，完善农民转居、转工、上楼、就业，集体土地流转、资产运营监管、社会管理等一系列相关政策机制。

5. 制定二道绿隔地区城乡一体化的金融支持政策

金融支持是农村集体建设用地顺利集约利用、充分挖掘土地潜力、实现农民土地收益最大化的重要前提。针对集体建设用地不能融资、质押、抵押等现实，加强与金融、税务等部门的沟通协调，力争在试点地区实现政策突破。

五　结语

二道绿隔地区是北京"分散集团式"空间格局的重要组成部分，是遏制城市"摊大饼"式发展、降低平原区开发强度、构建生态安全格局的重点地区。同时，包括一道绿隔在内的城乡结合部地区也是全市人口规模控制、产业结构调整、绿化环境改善和城乡一体化发展水平提高的集中发力点。因此，绿隔地区的建设对整个城市的可持续发展意义重大。本文以二道绿隔中的朝阳区金盏乡为例，研究探索城市转型期间、新型城镇化视角下乡域统筹推进绿隔建设的方法和策略，希望在解决本乡遗留问题的同时为其他区域的发展提供可借鉴的思路。

本研究协调人：张英洪
执笔人：尹慧君（北京市城市规划设计研究院详细规划所高级工程师）

新型城镇化背景下农民权益保障的
规划策略研究

——以北京市通州区宋庄镇为例

一 新型城镇化的背景和要求

我国长期以来形成的城乡二元发展格局导致的城乡收入差距拉大、农民权益受损等问题已成为城乡健康发展的现实瓶颈。党的十八大报告和中央城镇化工作会议都提出未来我国要走新型城镇化道路，而解决好人的问题是推进新型城镇化的关键。在新型城镇化背景下，"内涵式"的发展取代"外延式"的增长，以不牺牲农民利益为前提，以实现城乡基础设施一体化和公共服务设施均等化为内涵的新型城镇化，为解决我国城乡对立、实现城乡统筹发展提供了新路径。

在现行制度框架下，城镇化以"征地拆迁"为主要模式，集体土地只有被征为国有土地才能进入城镇土地市场，农村集体经济组织和农民只能得到按原用地计算的补偿费，由此产生的土地增值收益归政府所有。这种制度安排，促进了城镇化的发展，但也带来了农民财产权利受损、征地拆迁矛盾频发等严重问题。十八大报告提出"要赋予农民更多的财产权利"，"改革征地制度，提高农民在土地增值收益中的分配比例……促进城乡要素平等交换和公共资源均衡配置，让广大农民平等参与现代化进程，共同分享现代化成果"，实质上确定了今后城镇化的价值取向，突出了城镇化中人的要素，特别是要尊重农民的权利和利益。

以往的规划都是以城镇为重点，农村问题在规划中往往被忽视，简单的迁村并点和不尽合理的城镇化率使得农村规划实施缓慢，再加上现行征地拆迁制度和政策上的障碍，农民的许多合法权益难以得到保障。《城乡规划法》的颁布，从法律意义上认可了城乡统筹的发展思想，近年来也出现了很多以城带乡、城乡统筹发展的理论研究和规划实践。本文即以北京市通州区宋庄镇的城乡统筹规划实践为例，分析在城镇化过程中农民权益保障存在的问题和产生的原因，并从城市规划的角度，提出城乡统筹背景下农民权益保障的规划策略。随着国家新型城镇化规划的颁布和实施，研究在城镇化过程中保障农民权益的办法对我国城镇化的健康有序发展有着极为重要的意义。

二　宋庄镇的基本情况和城乡统筹规划的背景

宋庄镇位于北京市东部，处在第二道绿化隔离范围内，东接河北省三河市燕郊，西邻朝阳区，北接顺义区，镇域南部纳入通州新城，是通州区连接顺义区、朝阳区以及河北省三河市燕郊的结合地。镇域面积 115.76 平方公里，下辖 47 个行政村。2012 年，全镇常住人口 10.4 万，其中户籍人口 6.3 万，包括农业人口 4.7 万和城镇人口 1.6 万，居住半年以上的外来人口约 4.1 万，城镇化率 55%。

宋庄镇 2013 年总财政收入约 3 亿元，农民人均收入达到 1.9 万元。宋庄镇有着非常优质的文化创意产业，近年来形成了以小堡村为中心的北京乃至中国规模最大、知名度最高的画家村群落，聚集了绘画、书法等约 5000 名艺术家在此生活与创作。但文化创意产业产值相对较低，宋庄镇目前第二产业居于主导地位，占总产值的 78.6%，以汽车、建材、食品、印刷、铸造为主。

宋庄镇约有 15% 的土地位于通州新城范围内，《通州新城规划（2005 - 2020 年）》提出宋庄镇是通州新城城乡一体化重要节点之一，并将全镇的主要城镇建设用地布局在新城范围内。2006 年，宋庄镇编制了《镇域总体规划（2006 - 2020 年）》，这版规划根据上位规划的要求，将宋庄镇位于通州新城外的约 30 个行政村进行迁村并点，统一向徐辛庄、内军庄、平家疃等几个新农村居民点集中安置。

规划编制完成后到现在已有 10 多年的时间，规划实施进程非常缓慢，全镇 47 个行政村中，有 2 个村已上楼未完成转居，有 1 个村部分上楼，其余村庄均未启动城镇化。这些年随着拆迁成本的上涨，通州新城内一级开发资金平衡遇到困难，对新城以外区域的带动作用非常有限。而新城外区域由于紧邻新城，大量投资机会带来建设用地增长需求旺盛，农民收入增加的需求也日益迫切，但一直缺少城镇建设用地指标的带动和集体土地利用政策的支持。发展条件的限制与农民收入增长的需求产生了矛盾，导致违法建设不断产生。

在这样的背景下，2013 年宋庄镇启动了城乡统筹规划试点工作，希望通过规划的推进，解决城乡对立的矛盾，提高地区农民的收入水平，保障农民的合法权益，为宋庄镇未来的发展和建设指明道路。

三　城镇化过程中农民权益保障存在的问题和原因

1. 集体资产所有权虚置导致农民难以维护自己的合法权益

我国《土地管理法》明确规定，农村和城市郊区的土地，除由法律规定属于国家所有的以外，属于农民集体所有。农民集体所有的土地依法属于村农民集体所有的，由村集体经济组织或者村民委员会经营、管理；已经分别属于村内两个以上农村集体经济组织的农民集体所有的，由村内各该农村集体经济组织或者村民小组经营、管理；已经属于乡（镇）农民集体所有的，由乡（镇）农村集体经济组织经营、管理。

从整体概念上讲，集体所有权主体是清晰的，但对于作为集体经济组织成员的农民个体来说，他们并不清楚自己拥有的集体资产的具体份额，只是每年从集体经济组织获得一定的分红和逢年过节的各类补助。虽然存在村民代表大会制度，但在很多地区村干部群体依旧具备一定的通过制度变通等达到自身目的的能力，广大村民对此往往缺乏干预的能力，有些地区甚至出现少数人假借集体决策实现个人目的的现象，不规范的行为导致集体资产流失，农民的合法权益受到侵害。

2. 同地不同权，农民收益权受到限制

现行法律政策对农村集体产权权能进行了严格的限制。农民对承包土地等集体资产主要拥有使用权和部分收益权，以及在农业用途范围内依法采取转包、出租、互换等方式的流转权，但缺乏自主处分权以及抵押、担

保、转让等权能。

在现行土地制度下，集体土地的发展严重受限。企业在集体土地上投资土地产权和房屋产权没有法律保障，土地和房屋难以抵押贷款，投资环境也不稳定，这就造成高端产业不愿来、中小企业不断产生的局面。以通州区宋庄镇为例，全镇工业大院 20 余个，入驻企业约 450 家，只有不到 100 家企业年纳税额在 100 万元以上，亩税收在 50 万元以上的企业不到 50 家，大量的小弱企业布局分散，土地资源浪费严重，经营方式粗放低端。集体经济组织主要通过土地出租与房屋出租获得收益，集体产业层次低，集体经济组织可获得的收益也十分有限，再加上集体产业土地利用市场不规范，集体经济组织并不是土地或房屋出租收益的最大获益方，利益流失严重。这种低端的瓦片经济，使得农民的收益权难以得到保障。

3. 征地过程中农民缺少自主选择权和知情权

近年来，地方政府在推动城镇化的进程中，外受国家保护耕地的严格制约，内受土地财政的巨大激励，在城镇建设用地指标短缺的情况下，强制征地、强制拆迁、强制农民上楼等一系列现象屡屡出现。在这个过程中，一方面地方政府以地生财，失地农民上楼后难以维持生计；另一方面农民被迫上楼，征地拆迁成本和拆迁难度越来越高，钉子户屡见不鲜，城镇化进程受到影响。

农民在征地过程中缺少自主选择权是导致这些问题的主要原因之一。拿宋庄镇来说，上一版《镇域总体规划（2006－2020 年）》从自然条件、土地区位、发展方向等方面进行考虑，采用迁村并点的方式，将镇域范围内的村庄并入新城及几个农村新社区。镇政府作为规划编制的主体，并没有充分征求每个村庄内大多数村民的意愿，这就导致许多村庄没有经过自主选择就被上楼、被城市化。我们在调研的过程中发现，许多村庄对这种迁村并点的规划方式并不赞同，有的村庄希望原地保留，有的村庄希望搬入新城，也有的村庄希望就地城镇化……而在规划中，村民的这些诉求没有得到反馈。这就造成在规划实施过程中，被上楼的村民不情不愿，拆迁极为困难；对于暂时未上楼的村庄，按照相关规定，已确定撤村并点的农村居民点内不得进行新的建设，随着人口的自然增长，只管不批、只堵不疏导致违法建设屡禁不止。

农民缺少知情权是征地矛盾频发的另一个原因。农民无法及时了解征地行为何时发生，也无从了解自己在征地过程中的权益获得或受损情况，难以做出相应安排，以趋利避害，从而有效地保护自己的正当权益。很多地方征地程序不透明、信息披露不充分、监督机制不健全，造成农民对补偿方案不理解，从而导致很多矛盾和冲突。

4. 农民不能以土地为资产主动参与城镇化过程

现行的土地制度严格限制农村集体建设用地进入市场，农民不能合法地以土地参与城市化，不能在自己的土地上建设自己的城市，只能靠政府将农村集体土地征收为国有土地后来建设城市，被动地等待政府安置。农民在这种被动城市化中，既不能实现土地发展权从而获取土地收益，又不能发挥就地建设城市家园的主体性作用。[①]

按照通州新城规划，宋庄镇约有15%的土地位于通州新城范围内，在此范围内的村庄就存在这个问题。由于这些村庄按照规划未来将通过土地储备进行城市开发，为了避免未来土地储备成本过高，现阶段对这些村庄主要采取控制发展的政策，宅基地和集体产业用地在现有的基础上不能增加。但由于地区城镇化进程缓慢，这些村庄多年没有被拆迁，同时自身的发展也受到了严重的限制，农民对此怨声载道，很多村庄都有自主发展、自主建设的诉求，但受当前政策影响很难得到满足。

5. 农民缺乏退出农村土地的市场机制，农村土地流转困难

随着城镇化进程的推进，农民进城转为城市居民已经成为必然趋势。目前农民市民化主要采取"就地城镇化"模式，即当城市发展到该区域时，通过征地拆迁、农民转工转居来实现农民身份的转变，而对于偏远地区的农民来说，异地城镇化面临双重的体制困境：一方面，离开农村却不能以市场渠道退出农村产权或带着农村产权进入城市；另一方面，进入城市后不能以公民身份享受市民待遇。

对于承包地来说，按照《农村土地承包法》规定，承包方全家迁入小城镇落户的，保留土地承包权；全家迁入设区的市，转为非农业户口的，要将承包地交回。就是说，在如何退出承包地上，国家没有为农民设立以市场机制自愿有偿退出的制度安排。

而宅基地和集体产业用地的问题更为严重。我国现行的宅基地制度基

---

① 参见张英洪等《北京市新型城市化研究》，社会科学文献出版社，2014，第112页。

本特征是"一户一宅、免费取得、长期占有、村内流转、退出无偿"。宅基地使用权不能抵押、村外流转，农民住房只能在本村集体内交易，不能跨村交易，更禁止向城镇居民出售。随着人口流动加快，农村空心屋不断增多，大量房屋闲置，造成土地的巨大浪费。宋庄镇西北部就存在空心村，这个地区紧邻潮白河，周边交通相对闭塞，历史上以第一产业为主导产业。随着地区的发展，大量农民进城务工，但农村富余宅基地难以退出。而新城周边的村庄，近年来随着文化创意产业的兴起，对土地的需求也急速上升，但因土地指标的限制，发展受到较大影响，同时也出现了大量的违法用地。集体产业用地也存在同样的问题，由于没有流转机制和流转平台，有条件发展的村用地指标不足，发展条件较差的村庄大量用地闲置，资源配置十分不合理（见图1）。

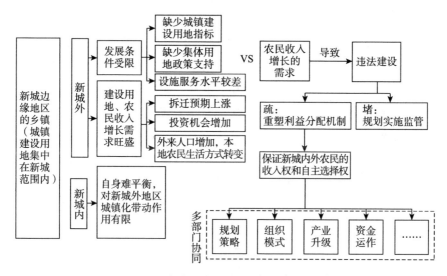

图1　宋庄镇村庄规划实施中的问题分析

四　城乡统筹背景下农民权益保障的规划策略

1. 加速与深化农村集体土地确权和产权制度改革

农村土地产权内涵及其权利主体的模糊和不确定性是集体土地增值利益难以量化分配的主要原因。集体土地所有权、土地使用权和其他权利的确认、确定工作，急需尽快完成，不仅要对土地权属来源、权属性质进行确认，还要制定和完善确定土地权属的法规和政策，处理土地权属争议和办理土地权属要登记造册、核发证书等。① 而对于规划来说，土地确权是一项非常重要的基础工作，只有通过土地确权，才能了解每个集体经济组织、每个农民的家底，才能在规划的过程中更好地保障农民的合法权益。通州区宋庄镇的土地确权工作已经取得了初步成果，而本次城乡统筹工作更是将土地确权作为基础，在明确土地权属的前提下，合理对区域的土地进行规划和统筹。

在土地确权的基础上，农村集体经济组织产权制度改革也是保障农民权益的一个非常重要的方面。近年来，北京明显加快了农村集体经济产权制度改革的步伐，但全面完成乡村两级集体经济产权制度改革的任务仍很繁重。通过产权制度改革，将共同共有的集体产权改革为按份共有，将"悬浮"的传统集体所有权落实到集体经济组织每一位成员身上，明晰产权，确保人人有份，对集体经济的有序稳定发展起到至关重要的作用②。农民获得的集体资产股权，不仅应有占有、收益的权能，而且应有处分的权能，也就是可以抵押、担保、转让、继承。农民既可以长期持有集体股权，也可以有偿退出集体股权。本次城乡统筹规划参考成都、北京大兴西红门等地区的实践经验，明确未来将大力推进宋庄镇各村庄集体经济组织的产权制度改革，以村或镇为单元建立合作社或集体联营公司，村民自主上楼后以原有土地入股，年底按照股份进行分红，一方面释放了大量的空闲建设用地指标，另一方面也保障了农民的合法收益。未来也希望结合实际进一步探索股权的有偿退出机制，实现农民带着资产进城的目标。

2. 探索集体经营性建设用地抵押、担保等金融模式，提高集体建设用地的价值和使用效率，在土地集约利用的同时保证农民收入的提升

十八届三中全会明确提出建立城乡统一的建设用地市场，允许农村集体经营性建设用地出让、租赁、入股，与国有土地同等入市、同权同价。但全国还没有出台统一的实施标准。要实现集体经营性用地和国有土地同权同价，首先要解决集体建设用地的抵押、担保问题，这就需要进行金融

---

① 张远索：《新型城镇化背景下的农民利益保护》，《云南农业大学学报》（社会科学版）2014 年第 1 期。

② 张英洪：《新型城市化发展路径的思考与建议》，载《湖湘三农论坛 2012·株洲》，湖南师范大学出版社，2012，第 227～231 页。

体制机制的创新。北京市大兴区西红门镇率先做出了试点，提出"房地分离"的政策，允许相关部门对集体经营性建设土地发放集体土地使用权证，对地上物发放房屋所有权证，允许以房屋所有权、未来收益作为抵押向银行申请贷款，引导银行等金融机构展开业务创新。

宋庄镇的城乡统筹规划也将集体经营性建设用地作为规划的重点。规划从行政许可、生态限建、符合土规、产业发展、保留意向等方面对现有产业进行评价，确定可保留企业，其余企业进行拆除腾退。同时，结合东郊森林公园、临空产业经济区、文化创意产业集聚区等产业区的发展布局，在土地集约利用的基础上，统筹建立若干集体产业发展区，发展区内借鉴"房地分离"的政策，提高集体产业自身的价值，引入高端企业，实现地区产业升级，并通过集体联营公司对农民进行分红，实现地区农民收入稳步提升。

3. 政府引导与农民自主选择相结合，保证城镇化过程中农民的知情权和自主选择权

农民是集体土地所有权的主体，在城镇化过程中，搬迁、转居以及拆迁补偿标准等都需要充分尊重农民的意愿。赋予农民知情权和自主选择权，可以从规划编制阶段和规划实施阶段进行制度构建。一是在规划编制阶段，改变长期以来规划编制缺乏公众参与的现状，加强规划的宣传，同时避免将征求村干部意见视为征求农民意见。二是在规划实施阶段，农民有权选择是否接受征地拆迁以及接受何种拆迁补偿措施和安置方案，要改变目前被征地农民在征地过程中缺乏自主选择、平等协商权利的现状。[1]

宋庄镇在城乡统筹规划中，改变了以往简单粗暴从技术角度出发的规划方式，采用政府引导与农民自主选择相结合的模式。规划从行政许可、生态限建、安置计划等方面对现有村庄进行发展潜力评价，明确了必须拆除的村庄和可以保留的村庄。对于必须拆除的村庄，规划提出一级开发和建设农村新社区两种发展路径；而对于可保留村庄，规划提出原地保留和建设农村新社区两种发展模式，并针对每种路径和模式，明确相应的用地指标、建设区域、农民保障政策和资金平衡的来源。每个村庄都可以根据自身的实际情况和农民意愿进行自主选择，确定最终的实施方式。

---

① 郑涛：《城镇化进程中失地农民利益诉求问题研究》，华东师范大学博士学位论文，2013。

为确保公众参与的可靠性，采取现场踏勘、问卷调查、座谈会等形式，分别征求了镇政府、村委会和农民的意见，结合当地城乡规划管理部门提供的资料和意见，对调研中发现的问题进行系统分析、整理，最终确定每个村庄的发展模式。规划编制完成后，还将针对每种发展模式明确具体的拆迁补偿标准和规划实施方案，并制作成册，对镇域范围内的47个行政村逐个进行宣传和讲解，保证农民知情权的同时也结合农民意见进一步修改和完善。

4. 政府让利于民，农民主动参与城镇化

《土地管理法》规定，任何单位和个人进行建设，需要使用土地的，必须依法申请使用国有土地。这意味着城镇化推进到哪里，哪里就必须先把集体土地征为国家所有，之后才能出让给各类建设项目使用，农民的这种"被城镇化"，是城镇化进程中涉地矛盾的总根源。要解决这一矛盾，就要将农民的被动城镇化转变为主动城镇化，国家适当缩小征地范围，把部分建设用地留给农民，允许农民在符合规划和用途管制的前提下，通过多种方式参与集体经营性建设用地的开发经营。

宋庄镇本次城乡统筹规划转变了以往单一通过政府主导、土地一级开发来实施的城镇化路径，提倡政府让利于民，农民根据实际情况和自身意愿主动实施城镇化的工作思路。规划结合地区文化创意产业的发展，提出两种自主实施模式。一是原地保留模式，即农民不上楼，富余宅基地和集体产业用地在规划的引导下改建为艺术家工作室，并改善村庄环境和基础设施水平，采用市场引导的方式小规模渐进式进行更新，农民自主经营。二是农村新社区模式，即农民搬迁上楼，集资建设相对集中的自住楼社区，完善配套的公共服务设施和基础设施，原宅基地转为集体产业用地，统一规划实施，发展文化创意产业，村集体经济组织统一经营，并按股份给农民分红。另外，一些已纳入一级开发范围的村庄和有意愿参与土地一级开发的村庄可以选择传统意义上的征地拆迁模式，农民实现整建制转居。同时，规划还对几种模式进行了比较，发现农民自主城镇化的模式资金平衡的成本要低于土地一级开发的资金平衡成本，农民的积极性更高，在建设用地总量上也更为集约。

5. 建设集体土地流转平台，实现用地指标的区域统筹

集体土地流转可以分为两个层面。一是城乡之间的流转，即农民自愿将承包地的承包经营权或宅基地使用权流转进入市场，农民脱离农业劳动并从中获得租金或股份分红收益，在户籍、社保等制度的配套改革下获得保障房和福利，完成由农民向市民的身份变化。[①] 二是集体土地内部的流转，即通过签订协议，将农民承包的土地集中至村委会或镇政府手中，村委会或镇政府通过出租或入股等形式，与用地单位签订土地流转协议，农民身份不发生改变，按照股份获得收益。

十七届三中全会提出要建立承包地有偿退出的市场机制，明确农民可以带着集体资产进入城市，走保障农民财产权利的新型城镇化道路。一方面要建立与社会主义市场经济体制相适应的农民通过市场退出承包地的体制机制，另一方面也要完善户籍制度、福利保障、就业服务等方面的政策制度。嘉兴城乡统筹以"两分两换"形式的户籍改革为突破口，在土地使用制度及户籍保障制度上进行创新。"两分两换"是指农民在自愿、依法的基础上将宅基地和承包地分开、搬迁与土地流转分开，以宅基地置换城镇房产、以土地承包经营权置换社会保障，最终实现由农民向市民的转变。[②]

宋庄镇城乡统筹规划主要采用集体土地内部流转的方式，为了解决有发展动力的村庄用地指标不足、发展动力较弱的村庄土地资源浪费的问题，提出镇级统筹，建立集体土地流转平台，发展动力较弱的村庄将现有规模小、效益差的产业进行拆除腾退，腾出集体建设用地指标，统一安排在发展动力较强的地区，形成规模性强、集约程度较高的产业统筹园区，园区建设的成本和获得的收益各村按照集体产业用地指标的比例进行分配，实现土地资源的集约利用和优化配置。未来随着产权制度改革的推进，还可进一步探索农民带着资产进城的流转模式，更好地推进地区的城镇化进程。

五　结语

新型城镇化是政府力推的重大发展战略。它强调的不再是建筑物的城

---

① 赵勇健等：《新型城镇化背景下我国城乡统筹模式及适应性探究》，《城市时代，协同规划——2013 中国城市规划年会论文集》，2013。

② 周建、施国庆：《城乡统筹发展的三种农村土地流转模式及其比较研究》，《农村经济》2011 年第 8 期。

镇化，而是人的城镇化；不再是追求速度的城镇化，而是追求质量和内涵的城镇化。在这个过程中，农民的权利和利益需要得到高度的重视和切实的保护。

新型城镇化的实现，需要多单位、多部门的协同配合，出台大量的实施政策和有效的监管措施。城市规划部门作为协调各方利益的平台，需要转变以往的工作思路，更为切实地从以人为本的角度出发，尊重农民的意愿、保障农民的权益，为新型城镇化科学、有效地开展保驾护航。

本研究协调人：张英洪

执笔人：曹　娜（北京市城市规划设计研究院详细规划所高级工程师）

以集体产业用地流转促进农民
土地权益保障的规划探讨

——基于北京市若干乡镇的调研分析

引　言

众所周知，中国传统城乡二元制度的核心是不平等的土地制度，以及土地制度捆绑的城乡公共服务（如教育医疗）、社会福利等的差异。城乡土地价值剪刀差的存在，尽管使中国的城镇化在过去30年里"高歌猛进"，但人的城镇化却"债台高筑"。一个广泛存在的现象是，城市对土地财政的依赖度越来越高，本地农民对土地补偿的预期越来越高，而农民工进城的门槛也越来越高，"农民城镇化不完全"和"外来人口城镇化不充分"并存的问题凸显。

2012年全国有"两个城镇化率"——53%和35%，前者是常住人口城镇化率，后者是户籍人口城镇化率，中间差的是大约2.7亿的流动人口。按上述口径，同年北京的人口城镇化剪刀差大约是22个百分点（64%~86%），774万外来人口虽然充当了城镇化人口统计的分子，但实际上他们中的大部分面临落户难问题，享受不到公平的城市服务。而与之形成鲜明对比的是，近年来本地户籍农业人口城镇化动力不足，全市农村人口从2003年的305万下降到2013年的250万。①

本地农民城镇化积极性不高有两方面原因。一方面，北京已实施城镇

---

① 近些年每年进京的外埠人口为40万~50万，是本地农村城市化速度的7~9倍。

化的村庄当中，农民上楼不转居的情况十分普遍，失地农民租赁经济收益减少的同时，上楼后的保障没跟上，而上楼后的生活成本上升了，因此对转居怀有顾虑和抵触。另一方面，集体土地隐性流转现象普遍，特别是在城乡结合部地区，农民仅靠土地和房屋租赁就可获得不菲的收益，在"同地同权"政策预期下他们更加珍惜手里的土地。因此，多数城郊农民怀着一次性博弈的心理索要高额补偿，形成对土地收益分配制度的激烈抗争。

2014年以来，笔者结合北京市城市规划设计研究院开展的二道绿隔规划、集体建设用地规划、小城镇规划等课题实地走访了10余个乡镇（见表1），根据国土部门工作人员的介绍，由于集体土地缺乏有效的退出机制，集体建设用地使用权灭失的主要途径还是征地。政府主导的传统征地模式因利益分配不均①而受到挑战，在北七家镇的调研中，镇政府反复强调"一定要全征全转"，而各村则不止一次地提出"为什么不能自征自用"的问题。

表1　近期调研的乡镇名单

调研乡镇分类	乡镇名称
二道绿隔乡镇统筹规划实施试点	通州区宋庄镇、通州区台湖镇、朝阳区金盏乡、丰台区长辛店镇、大兴区青云店镇、顺义区高丽营镇
集体建设用地和小城镇规划调研点	昌平区北七家镇、房山区长阳镇、朝阳区黑庄户乡、密云县冯家峪镇、延庆县永宁镇、顺义区杨镇、顺义区李桥镇

值得思考的是，如果农村基层组织能够代替政府推进城镇化，社会资本能够有效融入农村城镇化过程，从而改善农村环境、提高农民生活水平，同时也能实现一部分土地腾退还绿地任务，政府何乐而不为？而反过来看，郑各庄、高碑店、榆树庄等的成功在很大程度上靠的是难以复制的"能人带动效应"，而且村镇集体在自己的土地上完成城市化的设想也并非完美，集体经济组织经营不善的比比皆是，开发商实现土地资本化运作而在农民社会保障和绿化实施方面"甩包袱"的也为数不少，"非规划引导"

---

① 上位政府"截留"大部分土地增值收益，以北京市土地储备为例，按4:4:2的比例，区县政府只能获得40%分成，而乡镇政府获得的溢价返还更少，因此农民和集体"第一个出地，最后一个收钱"，采取了"做大"实施成本的策略，几经博弈造成土地一级开发"高开高走"的局面。

下的实施过程因为制度上存在漏洞而潜藏风险。因此，政府主导和农村自主两种模式各有优缺点，需要寻求一种"市政府引导、区政府主导、村镇政府主体、全社会利益均沾"的实施模式，并通过流转交易将集体土地盘活，促进农民增收、促进城乡要素的双向流动。

基于上述问题意识，本文在初步调研报告整理的基础上，试图以集体产业用地（更宽泛的定义是集体经营性建设用地）改造实施为"增量改革"的切入点，通过案例分析和土地经济测算等方式，将集体产业用地实施带动农村城镇化的路径上升到制度层面。

一 北京市集体产业用地发展的基本情况

（一）集体产业用地的概念

从用地构成上来说，集体建设用地主要包括集体产业用地、宅基地及公共服务用地。集体产业用地为农民集体所有或拥有使用权，主要用于发展第二、第三产业，包括工业用地、仓储用地、批发零售用地、住宿餐饮用地、商务金融用地、其他商服用地等。

（二）集体建设用地发展的空间特征

尽管北京的城镇化水平已超过 86%，但实质上还是一个"小城市、大农村"的结构。①从行政单元上看，街道办虽已超过乡镇数量，但街道建制远小于乡村建制所覆盖的面积①；②从用地规模上看，集体建设用地面积大约 1500 平方公里，与城镇建设用地面积（1550 平方公里）大体相同；③而从人均建设用地面积上看，仅占全市总人口 1/8 的本地农民占有一半的城乡建设用地资源，更进一步说，这些土地在很大程度上受控于少量的村镇干部。

（三）集体产业用地发展的空间特征

北京市集体产业用地发展的历史大体分为四个阶段。①改革开放前的公社经济。②1978 年后分权背景下的镇村工业大发展，产生了"村村点火，户户冒烟"的效应。③1996 年后乡镇企业产权制度改革带来的乡镇企业重组。④2000 年"第二、第三产业专业村"与"村级工业大院工程"

---

① 根据六普统计口径，全市乡镇面积约 13403 平方公里，街道办面积约 3001 平方公里。

的发展。

2013 年集体产业用地约 480 平方公里，占集体建设用地的 32%。分布于二道绿隔和平原区的集体产业用地占集体产业用地总量的 73%。集体产业用地具有"布局散、层次低、效益差、保障弱"等空间特征。①布局散：集体产业用地布局总体上较为分散，90% 以上用地位于城乡结合部及近郊平原地区，违法占地和违章建设量较大，对城市绿色空间不断蚕食。②层次低：以第二产业为主，企业规模普遍偏小。全市集体产业用地中，约 70% 为工矿仓储用地，约 90% 的农村经济总收入来自工业（58%）、建筑业（10%）与批发零售业（21%），处于产业链的低端。③效益差：经济效益低、能源消耗大。产出效益相对较低，全市集体产业用地地均产出约 8 亿元/平方公里，不足亦庄开发区的 1/20，而单位产值能耗约是全市工业企业的 1.3 倍。④保障弱：集体产业保障职能不足，本地就业人员比重低，农民实际收益少，主要依赖土地租金收入，无法从具有较高经济附加值的经营环节获益。而且集体土地的建设与运营缺乏透明的监管平台，少数人或小群体占据本属于大部分农民的利益，导致集体资产流失，农民的长远利益难以保障。

二　驱动集体产业用地扩张的四种力量

农村土地是一块"沉睡的红利"，红利释放的过程是价值兑现的过程，往往也是空间蔓延的过程，而土地扩张本质上是多元利益博弈的结果，因此也是资本、社会、基层、官僚等多元利益群体参与城镇化，分享土地收益的过程。

（一）资本的力量

调研中我们发现了一个有趣的现象，即"国营经济盯着国有土地、民营经济盯着集体土地"。以物流产业为例，京东仓储物流基地偏偏落户于名不见经传的黑庄户乡，为什么？第一是"便宜"①；第二是区位良好；第三是国有指标大部分被"正规经济"占据，集体土地正好可以满足其较大规模的增量发展需求。可以肯定的是，资本的逐利性决定了它一定会去寻

---

① 租用集体土地的租金大约为 0.5 元/天，而临近的物流园区大多为 2 元/天。

找价值洼地，集体建设用地仅因为"一纸身份"不同而被大型国有企业冷落，却也因为"出身卑贱"受到对市场高度敏感的民营企业的热捧。进一步思考，北京的功能定位充斥着各种"高大上"，但短时期低端需求和低端服务是广泛存在且无法消除的，中低端的产业功能因定位的"真空"而渴望生存空间，而集体建设用地因为"所有制歧视"渴望发展出路，两者"干柴烈火"般的结合是有其必然性的。

（二）社会的力量

同样的道理，高收入人群住在城里，低收入人群（主要是大量外来人口）住在村里，也是因为"便宜"。集体土地的扩张是"草根效应"的彰显，城市发展需要外来人口、集体土地容纳外来人口、瓦片经济依赖外来人口。国务院发展研究中心相关调查数据表明，即使户籍制度不改革，80%的人也不愿离开城市返回农村。农二代更是如此，据国家统计局调查报告，年轻外来务工人员受教育程度更高、开销更大、存款更少、更喜欢生活在大城市，他们每年人均寄给家里12802元，比年龄更大的这一群体约少30%。去年他们人均月消费939元，比年龄大的多近20%。而北京的情况也是一样，进京务工的外来人口当中80%的受访者表示更希望能在北京扎根落户，而非学者们期望的以大城市为踏板实现"折返式城市化"。这样的论据表明，在经济集聚、非市场因素吸引和高品质公共服务、隐性福利等的推动下，单向的控制人口的措施缺乏实施途径，而试图以紧缩土地来压缩人口则存在逻辑上的误区，实施起来更是难上加难。

（三）基层的力量

村镇政府是农民和上级政府的缓冲区，根据我们对村镇干部的访谈，村级政府要发挥三项职能：一是完成上级政府委派的各项任务；二是维持集体经济组织经营，同时保障村民和社员的分红收益；三是完善乡村地区的基础设施和公共管理。从维持公共财政的角度来看，这是一个"小马拉大车"的结构（财权与事权不对称），区财政很少将主要资金投向乡镇地区的公共设施和基础设施领域，一些乡村政府面临资金链断裂和崩坏的"财政悬崖"。主要压力包括：政府维稳压力，财税抽调压力，农民"只分红不分债"的压力，脆弱的基础设施承载力的压力。遭遇困难的村镇集体，客观上必然要寻求新的收入来源。正如北京大学周其仁教授所说，"地在脚下、钱在门口"，集体建设用地充当了乡村地区的"土地财政"，并且违法成本低、执法成本高，法不责众，逐步形成了"百足之虫死而不僵"的局面。因此，北京与上海、深圳的违法建设在形成机制上有很大不同，即集体违法多于个体违法，查违拆违①部门一定要重视和正视这一点。而反过来给规划部门的启示就是，要防止村镇"胡来"首先要保证其有发展、有"活路"，而非片面强调非建设用地保护导致规划实施陷入僵局。

（四）官僚的力量

政治力量多元化、政治结构破碎化是北京不同于其他城市的重要特征，中央各部委、企事业单位、军队等国有单位"低成本拿地"的需求相当大。② 调研发现，一些乡镇出于"讲政治"而将土地低价出售的现象比较普遍，例如昌平未来科技城部分地块征地成本仅50万元/亩，低于市场价的部分由整个区域承担。另一个典型的例子是朝阳区金盏乡，乡政府持有的最后一块较大规模的土地金盏组团，由于承载了几乎所有的城市化遗留问题③，每亩土地价格达到2200万元，这样的问题加剧了城乡利益的不均衡。

规划作为"第五种力量"，面临两大困境：一是在规划内容高度综合和利益更加多元化的时代背景下，规划决策却往往只能做出单一性的选择，造成立场难以抉择；二是以自上而下为主的方式制定的规划目标与自下而上的实施过程之间的矛盾，现实中规划对真正的实施主体（区县政府和村镇集体经济组织）缺乏足够的约束力。

三　盘活集体产业用地的实施模式比较

创新是一个比改革更容易让人接受的字眼，2000年以来土地制度的地方性改革或多或少带有"实质违法的试验"的特征，始终突破不了"下改上不改"的难题。而今，中央对集体建设用地的管制趋于宽松，盘活集体

---

① 据我们的访谈信息，土地部门针对集体产业用地开展的确权工作遇到了很大阻力，手续齐全能够确权的仅占20%左右，一些村庄"根本进不去"，"村民动不动就上访"，"上访成本低"。

② 扩大企事业单位空间，提升单位人员福利，在城市里不容易解决，在农村地区却找到了出路。

③ 其中马各庄、沙窝、雷各庄3个村的拆迁安置费用就达到130亿元左右；马坊、长店2个村目前转居不彻底，乡里每年花1亿元养活没转居的农民。

产业初步具备了"朝野认同"的条件。

自上而下地说,在中央要求地方为城乡建设用地总规模设置"天花板"的情况下,"去掉保护的、留足发展的、缩减集体的"总量控制的法则已经基本浮现,关键点在于缩减哪部分集体土地和有无实现途径。自下而上地说,对于业已形成的大量集体建设用地,虽然市政府把它当成"吸了水的海绵",但是村集体把它当成不能割舍的"奶酪"①。笔者认为,双方各退一步,集体产业用地的"缩减"和"升级"是可以融合的。

（一）盘活集体产业用地的必然性和必要性

1. 盘活集体产业用地的必然性

第一,宏观政策使然。十八届三中全会以来,中央明确提出"建立城乡统一的建设用地市场","允许集体经营性建设用地入市流转",同时中央城镇化工作会议提出,"严控特大城市规模,划定城市开发边界和生态红线",厚此薄彼的政策必然会加快集体建设用地"同地同权"改革的进度②,使盘活集体建设地存量,"在集体建设用地上进行城市化"成为内涵式发展的重要通道。第二,北京现状使然。首先,平原地区城乡建设用地比达到45%,越来越接近人们心中城乡建设规模的"天花板"。其次,农村"三块地"中,农地的重要功能导向是节水和绿化,如百万亩造林就占用了一部分耕地。宅基地对农民的生活意义重大,从中央精神来看破冰的可能性较小,从北京具体实践来看村庄宅基地腾退的成本高昂,50个市级重点村改造中实现了居住地"拆4建5"③,产业用地"拆3建1",腾退难度较大。客观上集体产业用地的缩减和升级应该作为主要的突破口。

2. 盘活集体产业用地的必要性

集体建设用地的利用效率要低于城市建设用地,特别是早期的乡

---

① 历史上已经形成了大量集体建设用地,不管是否合法,都涉及农民和基层的经济利益,拆除和腾退总是困难重重。实际上从国土局提供的信息来看,促使集体土地使用权灭失的主要途径还是征地,而"148号令"规定"逢征必转",拆迁过程中,相应的城市化成本累加起来将会非常惊人。以北京市50个市级挂账村改造为例,其整体改造总投资预算约2016亿元,平均每村约40亿元。50个重点村需要拆迁整理出45平方公里土地,其中16.9平方公里土地用于平衡拆迁建设资金,占比达38%。

② 虽然目前还在摸索,但可以预见10年内将会有突破性的土地政策和法律法规出台。

③ 越拆居住地越多,主要原因是加入了以房地产为主的平衡资金土地。

镇企业经过改革开放初期的飞速发展，占用大量土地之后逐步萎缩、倒闭，厂房闲置，而我国的法律法规又不允许其流转。如果能够使集体建设用地合理、规范流转，则一方面保护了农民的权益，另一方面解决了国家建设用地的来源问题，同时，也直接减轻了建设中对耕地占用的压力。

（二）国内其他地区的相关经验

自 1999 年国家批准安徽省芜湖市作为集体建设用地使用制度改革的试点城市以来，广东、上海、江苏、浙江、四川、重庆和河南等地也纷纷展开试点，并形成了不同的流转模式（见表2）。

模式 1：转权让利，同种产权，统一市场（征地，政府让利）

政府通过征地行为将所有权由集体所有转为国有，在集体建设用地转权缴纳出让金的同时，对乡镇基础设施投资者和原土地所有者和使用者给予一定的补偿。

模式 2：保权让利，两种产权，同一市场（占地，政府让利）

保权让利是指在集体组织主导下，在保持集体建设用地所有权不变的前提下，仿照国有土地有偿使用的管理方法，将集体建设用地按照一定年限通过转让、出租、入股和联营等方式直接流转，土地收益大部分留给集体经济组织的流转模式。

模式 3：转权让利和保权让利结合，因地制宜区别对待

如浙江杭州、嘉兴和湖州等对规划区内的集体建设用地采用"转权让利"的方式流转，对于规划区以外的集体建设用地采取"保权让利"的方式流转；广东省"三旧改造"因地制宜，一村一策，转权让利和保权让利相结合，将城中村和旧厂房改造用地直接划拨给村集体组织，由村集体自主改造，这种方式类似自征自用模式。

模式 4：台湾模式，区段征收、市地重划与土地增值税结合

台湾区段征收①模式借鉴了德国的土地制度，对实施范围的土地不是全部征收而是只征一部分，重新开发后原地主保留 40% ~ 50% 的土地产

---

① 区段征收是依据城市发展需要，将某地区私有土地全部征收为公有，连同原公有土地统一重新规划、整理后，再统筹分配与使用。采用区段征收进行城市土地开发，首先必须筹措巨额征地资金，再通过立法程序才能进行。

权①，公共设施用地大约占 30%，商业开发的平衡资金用地占 20% ~ 30%。通过"留地安置 + 土地储备"，政府不花一分钱即完成项目地块的土地开发，同时政府通过设置累进土地增值税而保证"涨价归公"②。这样的制度设计，少征地少抽调、政府没多拿，高报价高税收、地主没多要，全社会公平享有土地收益，形成了良好的利益还原和"土地平权"机制。

表 2　国内各地区集体建设用地开发实施模式及收益分配统计

地区	实施方式	原土地所有者权益	政府权责
江苏苏州	保权让利	流转总额的 68%	间接参与分配，土地增值费由市政府定额按每平方米 1.5 元人民币收取，剩余部分按县级市（郊区）30%、乡（镇）政府 70% 的比例分成
安徽芜湖	转权让利	村集体获得收益的 50%	直接参与分配，区（县）获得收益的 10%，乡（镇）获得收益的 40%
广东顺德	保权让利	收益的 50% 作为农民的社会保障，10% 归集体组织，40% 直接分配给农民	间接参与分配，按国有土地标准收取增值税
四川成都	保权让利	扣除县、乡各项投入以及按规定缴纳税费后，收益归农村集体经济组织所有	间接参与分配，按国有土地标准收取增值税
广东深圳	转权让利	方式 1：所得收益的 50% 归原农村集体经济组织	直接参与分配，所得收益的 50% 纳入市国土基金
		方式 2：所得收益的 30% 归原农村集体经济组织，并可持有不超过 20% 的物业用于产业配套	直接参与分配，所得收益的 70% 纳入市国土基金
台湾	转权让利（区段征收）	40% ~ 50% 返还地主，30% 用于公共设施，30% 用于平衡资金	政府出资征地，重新开发后对资金和土地进行返还，收取地主土地增值税（累进税制）

资料来源：根据《顺义高丽营镇城乡统筹实施规划（2014）》等材料整理。

---

① 政府出资征地，原所有者回购（领取）低价地。

② 土地开发最终的红利将汇入"土地平权基金"，归市民共有。

(三) 大兴区西红门镇集体产业升级案例

1. 现状概况

西红门镇大部分位于中心城南部第二道绿隔地区，属于典型的城乡结合部，突出问题在于工业大院分布广泛，自发集聚的"五小""六小"企业众多，超出了原乡村地带的人口和基础设施承载能力，存在大量公共安全隐患。以服装产业为例，由于靠近木樨园、大红门等集散地，集聚了一些服务于它们的小工厂、小作坊，形成前店后厂的格局。大量小企业属于"皮包公司"，镇政府无法收取营业税，却要负担额外的管理和支撑成本，违法建设众多、人员混杂、交通市政设施不足，给当地公共财政和公共管理造成巨大压力。西红门镇规划实施的重点目标包括拆除违法建设，促进环境整治，消除安全隐患，实现城镇级别的公共服务配套等。

2. 规划实施方案

镇内集聚了 9.5 平方公里的工业大院，总建筑规模约 960 万平方米，流动人口超过 11 万，违法建设达 650 万平方米。通过整治，拆除了全部工业大院，全镇集约规划约 1.4 平方公里集体建设用地（2、3、4、5 号地，其中纯产业用地约 1 平方公里）发展集体产业，另增加 0.8 平方公里城镇建设用地（1 号地——居住用地）平衡资金。拆迁、腾退出的大部分土地用于绿化，同时依托南中轴郊野公园等大型重点项目的推进，不断提升区域环境品质。总体而言，西红门镇工业大院改造实现了"拆 10 还 2 建 3"，用超出原来的土地增值收益换来 80% 的空间减量，并保障农民收益不减，达到了"减地不减利"的目标。

3. 政策上的突围与局限

西红门模式的四大创新。①乡镇统筹。27 个村成立股份联营公司，整合村与村之间的利益、给 20% 的指标做中规中矩的事。②政府许可。发改、规划、国土、建委等部门给予行政审批上的支持，提高了集体土地竞价能力。③银行认可。把集体土地未来 20 年使用权收益进行抵押[1]，解决了集体土地融资难题。④房地分离。集体土地的所有权和经营权分离[2]，同时镇集体保留 17% 的物业，保障了农民的收益。

---

[1] 突破了《担保法》和《抵押法》的相关规定。

[2] 与《物权法》的相关内容不符。

西红门尚未完成的突破。①单一案例，不能形成相对统一的人均集体建设用地的规划实施标准。②在招商引资方面采取了"拉郎配"（协议出让）方式，并未建立农村集体建设用地流转平台。③1号地收益全部返给镇里，并未很好地解决市区和村镇政府之间的收益分配问题。

（四）以乡镇为单元统筹城乡规划实施的探索

带着西红门尚未解决的问题，2013年底以来，北京市城市规划设计研究院与市农村经济研究中心、市国土局等联合开展了二道绿隔地区乡镇试点城乡统筹规划研究，"带着实施的意识编制规划，通过编制规划牵引制度改革"，希望把西红门模式和台湾模式结合起来，有序推进不同地区的集体产业用地流转和实施，规范地实现节地和升级目标。

根据最新的汇总数据，宋庄镇、台湖镇、金盏乡、长辛店镇、青云店镇等5个乡镇辖区总面积约382平方公里，其中规划城乡建设用地约161平方公里（国土口径），建设用地比重约42%。总人口58万，约占全市乡镇总人口（331万）的18%，其中外来人口24万，约占常住人口的41%。除台湖之外，其他乡镇城镇化实施进程相对缓慢。总体来看，各乡镇发展条件和规划资源不均衡的特点十分突出，宋庄是新城内外的不均衡，台湖是东西区位差异的不均衡，长辛店是南北条件的不均衡，金盏主要是遗留问题多，青云店的核心问题是发展动力弱。

通过土地资金测算和编制初步规划方案，各乡镇工作组初步提出了一些创新性的模式，简单概括如下。①宋庄：新城建设指标放出去"反哺"外围村庄，同时拟将集体产业集中流转到小堡村发展，在保障农民收益不减和区政府让利的条件下，初步测算拆建比约为5:1。②台湖：将集体产业"搬"到亦庄新城的站前区发展，即在城市土地上发展集体产业，用转移后价值的提升①带动乡镇企业原址的空间减量。③长辛店和金盏情况类似，限建要素多，剩余建设用地资源有限，需要动员区政府用国有建设用地的收益"背"集体产业用地拆迁升级的启动成本。④青云店：拟将还没征用的土地打包，按城镇建设用地价值的70%作价上市，通过土地信托经营的模式吸引开发项目和开发企业进入，镇里再以土地入股，保证利益均沾。

---

① 需进一步探讨的是，进入城市集中建设区的这部分集体土地是国有还是集体所有，需要缴纳多少土地出让金。

四 总结和思考

（一）集体产业用地蔓延既是农民个体追求利益最大化的体现，也是农村集体实现基层治理的根基

自 1987 年的土地有偿使用制度改革之后，政府主导和农村集体主导的土地开发就成为贯穿城镇化发展的两条平行线。20 世纪 90 年代人们见证了开发区热、工业园区和大学城建设，也目睹了乡镇企业异军突起、工业大院遍地开花；1998 年住房货币化改革后房地产市场进一步升温，而小产权房也如雨后春笋；现在集体土地隐性入市使得地上物的界限越来越模糊，无论是城市里的楼宇经济，还是城乡结合地区的瓦片经济，本质上都是土地租赁经济。

就北京来说，集体建设用地的规模已经与城镇建设用地大体相同，其蔓延已经引起了政府的高度重视。分析下来有几个原因。①城市功能和土地价值外溢形成驱动力，对农民和集体来说，"钱在门口、地在脚下"，"城里人能干的，我也要去干"。②集体"瓦片经济"与外来人口利益锁定，城市发展需要外来人口、集体土地容纳外来人口，这种关系短期无法割断。③集体土地的管理体现的是"集体所有、村民自治"，城市主管部门的规划渗透不进去。就村庄规划而言，国土、规划、农委都没有真正管到位，所以它既是法外空间也是管理空白。④北京特殊的政治结构，碎片化的治理体系无法从根本上阻止资本、基层、官僚三种力量导致的集体建设用地扩张。

这个问题怎么解决？笔者认为关键在于两个方面：一个是土地确权；另一个是建立集体建设用地发展"搭城市便车"的付费通道，使乡村和半城市化地区的公共治理获得长久的财源税源。另外，如果说"借地"成就了深圳特区的辉煌，那么"还权"于农民则是集体土地提高能效的生机。

（二）集体产业用地"保增收、促升级"的政策建议

集体产业用地是农民增收的重要保障，下一步北京规划实施过程中，对于已经形成的大量集体产业用地，首先要解决的是"标图建库"，将不合规的空间识别出来，制定特殊的化解政策，否则便会造成"守法吃亏、违法得利"的不公平现象。其次与其考虑"硬碰硬"的拆，不如从更积极的角度去看待集体产业用地，将其看作质量有待提升的建设用地资源，把工作重心从腾退转向升级①。

通过分析成功的集体建设用地流转试点案例，可以肯定的经验如下。①让利于农民，将集体建设用地增值收益的大部分留给村集体和农民，扭转了分利机制失衡的状况。②明晰了产权，在集体建设用地流转之前先做好集体用地的确权工作，明确集体土地的所有权者和使用权者，颁发相应的所有权证和使用权证，建立相应的备案或档案。③制定了规范的流转程序，确保集体建设用地更加有效顺利地流转。④出台了规范性文件和政策，来指导集体建设用地更好地流转。

回到北京的集体产业用地流转和平权的制度创新，乡镇试点工作中规划总体把握了"政府认可、减量置换、农民增收、市场化运作"等四个原则，并在具体方案中以西红门模式为参照，体现了"让利"和"减地"的结合。但由于各乡镇先天的资源、区位和市场条件差异较大，出台均一化的集体产业实施标准并非易事，能够明确的反而是规范化的实施流程、公平化的土地收益测算和建立在农民意愿之上的可选择的实施方式。

因此，笔者提出以下政策建议。①拓宽城镇化实施路径，增加政策可选项。②吸收西红门模式和台湾区段征收模式的经验，推动简体产业用地股份化联营和指标交易流转②。③设定专项预留指标和绿化建设基金，减少利益摩擦。④推进财税体制改革，为平衡乡镇利益建立一系列付费通道③。⑤研究制定完善的集体土地流转机制和退出机制，促进集体经济组织向现代企业模式转型（产权和经营制度改革）。⑥促进规划立法，加强联合执法（出台规范的文件和政策，制定规范的流转程序）。

最终目标是用"化解"的方式，通过集体建设用地流转实现土地利用的优胜劣汰，通过征收税费抬高低效集体土地的持有成本，通过征收税费反哺基层政府的公共建设基金，实现村庄治理和城乡治理的可持续发展，消除单一拆建模式"伤筋动骨"的弊端。

---

① 粗线条地看，升级又可分为城市覆盖农村的"大升级"，以及农村自身建设品质、环境品质、公共服务自我提升的"小升级"。

② 内部差异较大的地区——发展条件差的地区"有指标、没项目"，发展条件好的地区又往往得不到指标——如果能够实现开发权转让，则可以双赢。

③ 对集体产业收税，增加持有成本，减少低效利用。对外来人口收取市政市容管理费，减轻基层政府压力。

（三）集体建设用地规划实施策略

1. 集体建设用地利用的基本原则："有序减量、有效减负、农地增效、农民增收"

一是切实降低土地开发强度，在城市化进程中逐步调减住宅、工矿仓储、商服、空闲地等的空间数量。

二是把握好减量节奏，在适度减量过程中，保障各级政府的财政资金收支平衡，实现对土地财政依赖的"软着陆"，同时严格贯彻"以城带乡""以减负带减量"的财政扶持政策，减轻基层政府的财政和管理负担，加大对村镇政府的财政支撑力度，保证其有能力在空间减量的同时完善基层管理、增加公共设施投入、加大环境整治力度。

三是"以增效促减量""以升级带减量"，提高各类农村经营性用地的利用效率和效益，整体盘整升级，减少农地撂荒和农宅闲置的比例。

四是减地不减利，保证农民收益不减，确保农民实现稳步增收。

2. 集体建设用地利用的战略方针："控增量、守白地、用存量、促减量"

一是严格控制城乡建设用地增量，减少城乡建设对耕地的占用（严格控制耕地、林地、园地、菜地、牧草地等农地转为建设用地）。

二是通过严控土地供给，着力释放存量建设用地空间，提高存量建设用地在土地供应总量中的比重。

三是通过集体建设用地流转等的制度创新，鼓励在集体建设用地上进行城市化、鼓励使用集体存量用地、鼓励用增加的城镇建设用地带动集体减量，实现城乡建设用地整体规模净减量，实现拆迁和建设工程总规模减量。

3. 集体建设用地利用的行动计划："近期控违拆违、中期少增多减、远期系统减量"

要实现上述目标，核心任务是建立相对成熟的法律法规体系和实行严格的管控制度，相应的实施办法亟待全市各部门共同制定，具体工作可分三步。

第一步是实现违法建设零增长：从严管控集体建设用地使用，实现集体用地少增长。

第二步是实现城乡建设用地增速放缓：逐步摆脱对土地投放的依赖，加大增减挂钩比例，结合不同区位的条件，将建拆比控制在1:1.2至1:1.5。按照"城增带乡减、城少增、乡多减"的思路，实现增量减速，直到达到零增长目标。

第三步是完善相关政策机制，逐步建立城乡统一的建设用地市场：积极探索土地制度改革，加大城乡统筹和同地同权相关试点的推进力度，推广西红门镇"283"模式，重点带动集体产业用地减量。按照"确权是基础、流转是关键、配套是保障"的思路，完善"以流转带减量"的实施机制。

（四）研究展望

城乡规划通过"指标＋坐标"的方式对集体建设用地的开发权和乡村发展"目标"起到重要的干预作用，传统规划无法克服三个问题：一是指标偏低，农村人均建设用地标准是150平方米；二是过度集中化的布局方式，对于现状相对分散的集体建设用地腾退来说难度太大；三是规划的"两证一书"对乡村建设的指导性不足，且以前置管理为主，对实施过程中出现的违法用地行为约束力不足。

因此，在新型城镇化和城乡一体化背景下，规划编制与管理方面需要解决好三个问题：一是指标问题，要明确适宜的集体建设用地标准，并提出从农均600平方米回落到150平方米的梯度管理政策；二是路径问题，探索多途径、多主体的实施和收益分配模式；三是政策问题，进一步研究落实集体建设用地特别是集体产业用地的升级改造政策。探究这些问题，将是未来我们保障农民土地权益、合理规划集体产业用地的主要支点。

参考文献

［1］北京大学国家发展研究院：《还权赋能：奠定长期发展的可靠基础》，北京大学出版社，2010。

［2］北京市城市规划设计研究院：《北京市居住区和大型产业、商业项目外来务工人员生活需求研究》，2011。

［3］北京市城市规划设计研究院：《北京市市域集体建设用地规划研究》，2012。

［4］北京市城市规划设计研究院：《北京市市域集体产业用地规划研究》，2012。

［5］北京市规划委员会昌平分局：《昌平城乡结合部地区村庄搬迁规划及改造试点研究》，2014。

［6］国务院发展研究中心：《集体建设用地发展公租房的探索——北京市的调查与启示》，《调查研究报告》2013年第24号。

［7］国务院发展研究中心：《中国：推进高效、包容、可持续的城镇化》，2014。

［8］李昌平、周婷：《台湾的土地制度》，《江苏农村经济》2010 年第 1 期。

［9］刘剑锋：《城市改造中的土地产权问题探讨——德国和中国台湾、香港地区经验借鉴》，《国外城市规划》2006 年第 2 期。

［10］刘向南、许丹艳：《城乡统筹发展背景下的集体建设用地规划管理研究》，《城市发展研究》2010 年第 9 期。

［11］毛敢良：《农村集体经济发展用地的思考》，《广东经济》2009 年第 2 期。

［12］清华大学：《顺义高丽营镇城乡统筹实施规划》，2014。

［13］王晓川、桑东升、高志强：《北京市农村集体建设用地规划管理研究》，《城市发展研究》2007 年第 4 期。

［14］徐勤政、石晓冬、胡波、曹娜、高雅：《利益冲突与政策困境——北京城乡结合部规划实施中的问题与政策建议》，《国际城市规划》2014 年第 4 期。

［15］徐勤政：《以集体产业用地流转带动城镇化实施的规划探讨——基于北京市若干乡镇的调研分析》，《北京规划建设》2014 年第 5 期。

［16］徐勤政：《集体建设用地制度改革背景下的北京城镇化转型》，《北京规划建设》2014 年第 6 期。

［17］袁奇峰、杨廉、邱加盛、魏立华、王欢：《城乡统筹中的集体建设用地问题研究》，《规划师》2009 年第 4 期。

本研究协调人：张英洪

执笔人：徐勤政（北京市城市规划设计研究院规划研究室高级工程师）

北京市农村集体资产测算及政策建议

农村集体资产的管理与经营是推进新型城镇化、探索中国特色社会主义发展道路的一个重大理论和实践问题。北京市农村集体资产结构复杂、规模庞大，合理估算农村集体资产，尤其是集体直接经营资产，对壮大集体经济、促进农村经济社会发展，既有理论意义，也有实践价值。本报告参考周其仁及叶兴庆、伍振军的估算方法，对北京市农村集体资产进行估算，为北京市制定农村集体资产发展规划、有效经营和管理集体资产、评估集体资产发展成就提供可靠依据。

一 北京市农村集体资产价值及构成

（一）北京市农村集体资产总额 10.4 万亿元，集体直接经营资产占 46.3%

据估算，2013 年北京市农村集体资产总额 10.4 万亿元。其中集体直接经营资产 4.82 万亿元，占农村集体资产的 46.3%；个人经营集体资产 4.76 万亿元，占农村集体资产的 45.8%；集体所有以生态林为主的林地、农田、草地、湿地等生态服务价值 7790.7 亿元，约占农村集体资产的 7.5%。

（二）北京市农村集体直接经营土地资产价值高达 3.6 万亿元，占农村集体直接经营资产的 75%

北京市农村集体直接经营土地资产主要包括农村集体所有并经营的农用地①、农村集体经营性建设用地②等，不包括农村未利用地和农村宅基

---

① 本报告没有计算养殖水面、园地、设施农用地、沟渠、田坎等其他农用地价值。

② 本报告没有计入农村公益性建设用地价值。

地。经估计，北京市农村集体经营性建设用地价值高达 3.6 万亿元，占农村集体直接经营资产的 75%；集体经营约 7000 万平方米房屋资产估值 7000 亿元，占集体直接经营资产的 14.5%；集体经营农用地价值为 576.8 亿元，占 1.2%。

（三）北京市农村集体所有、个人经营资产价值 4.76 万亿元，占农村集体资产的 45.8%

北京市农村个人经营集体资产主要包括集体所有个人经营的林地、耕地和草地以及农村宅基地等。经估算，农村宅基地价值高达 4.6 万亿元，占农村个人经营集体资产价值的 97.4%；集体所有个人经营的林地、耕地和草地经营价值 1231.4 亿元，占 2.6%。

（四）北京市都市型现代农业生态服务价值 7790.7 亿元，约占农村集体资产的 7.5%

北京市都市型现代农业生态服务价值主要是指集体所有以生态林为主的林地、农田、草地、湿地等环境保护和生态服务价值，总价值为 7790.7 亿元。

表 1 2013 年北京市农村集体资产估算

项目	面积（万亩）	资产（亿元）	占比（%）
农村集体资产		103533.5	100.0
1. 集体所有、集体经营		48185.2	46.5
1.1 林地	19.8①	84.4②	

① 根据《北京市农村集体土地资源清查工作资料汇编》（北京市农村合作经济经营管理办公室），2013 年北京市集体所有林地 1019.1 万亩，其中生态林 956.9 万亩，直接用于生产经营的林地 62.2 万亩。《北京市农村集体土地资源清查工作资料汇编》统计所有经营农用地中，实行家庭承包方式的确权地占 68.1%，实行其他承包方式以及集体自己直接经营的农用地占 31.9%。这里把所有不同种类的农用地，将 31.9% 全部算作集体经营，则集体经营的林地占所有经营林地的 31.9%，为 19.8 万亩。

② 林地经营价值按地租总额除以 2013 年 5 年存款利率 4.75% 计算，则经营林地总价值为 639.2 亿元。北京市国有林地主要属于国有林场，应纳入经营林地范畴。北京 2013 年林业产值为 75.9 亿元，以地租占林业产值的 40.0% 计，则 2013 年林地地租为 30.4 亿元。林地经营价值等于地租总额除以无风险收益率，这里以当年中长期存款利率，即以 2013 年 5 年期存款利率 4.75% 代替，则经营林地总价值为 639.2 亿元。集体林地中直接用于生产经营的林地 62.2 万亩，加上国有林地 88.0 万亩，则用于经营的林地 150.2 万亩，那么集体经营林地价值应为经营林地总价值的 19.8/150.2。

项目	面积（万亩）	资产（亿元）	占比（%）
1.2 耕地	93.7①	405.3②	
1.3 草地	8.5③	87.1④	
1.4 集体经营性建设用地	81.3⑤	35559.4⑥	
1.5 集体总资产		5049⑦	
1.6 集体经营房屋资产	10.5⑧	7000.0⑨	
2. 集体所有、个人经营（使用）		47557.6	45.9
2.1 林地	42.4⑩	180.3⑪	
2.2 耕地	200.0⑫	865.2⑬	

① 根据《北京市农村集体土地资源清查工作资料汇编》（北京市农村合作经济经营管理办公室），2013 年北京市共有农村集体所有耕地 293.7 万亩。按 31.9% 为集体经营计算，则集体经营耕地为 93.7 万亩。

② 北京 2013 年农业产值为 170.4 亿元，以地租占农业产值的 40.0% 计算，则 2013 年耕地地租总额为 68.2 亿元。耕地总价值按地租总额除以 2013 年 5 年存款利率 4.75% 计算，则耕地总价值为 1435.8 亿元。根据 2014 年北京市统计年鉴，北京市 2013 年共有耕地 331.7 万亩，那么集体经营耕地价值应为总价值的 93.7/331.7。

③ 根据《北京市农村集体土地资源清查工作资料汇编》（北京市农村合作经济经营管理办公室），北京市 2013 年共有农村集体所有草地 26.8 万亩。按 31.9% 为集体经营计算，则集体经营草地为 8.5 万亩。

④ 北京 2013 年牧业产值为 154.8 亿元，以地租占草地产值的 40.0% 计，草原地租为 61.9 亿元。草地经营价值按地租总额除以 2013 年 5 年存款利率 4.75% 计算，草地价值则为 1303.6 亿元，根据 2014 年北京市统计年鉴，北京市 2013 年共有草地 128.0 万亩，则集体经营草地价值应为总价值的 8.5/128.0。

⑤ 根据《北京市农村集体土地资源清查工作资料汇编》（北京市农村合作经济经营管理办公室）及相关估算，2013 年北京市农村集体经营性建设用地为 81.3 万亩。

⑥ 参见本文附表 4。

⑦ 根据《北京市农村集体土地资源清查工作资料汇编》（北京市农村合作经济经营管理办公室），2013 年北京市农村集体账内总资产为 5049 亿元。

⑧ 数据来源：《北京市农村集体经济合同清理工作资料汇编（2014 年）》。

⑨ 按照 1.0 万元/平方米价格估算。

⑩ 2013 年北京市直接用于生产经营的林地 62.2 万亩。按照家庭承包经营占 68.1% 计算，则家庭承包经营林地为 42.4 万亩。

⑪ 家庭经营林地价值应为经营林地总价值的 42.4/150.2。

⑫ 2013 年北京市共有农村集体所有耕地 293.7 万亩。按照家庭承包经营占 68.1% 计算，则家庭承包经营耕地为 200.0 万亩。

⑬ 北京 2013 年耕地总价值为 1435.8 亿元，那么家庭承包经营耕地价值应为总价值的 200.0/331.7。

项目	面积（万亩）	资产（亿元）	占比（%）
2.3 草地	18.3①	185.9②	
2.4 农村宅基地	98.6③	46326.2④	
3. 生态价值		7790.7	7.5
3.1 都市型现代农业生态服务价值		7790.7⑤	

二　政策建议

（一）考虑设立北京市农村集体资产监督管理委员会

据估算，若计入农村集体土地资源价值，北京市农村集体资产高达10万亿元，是北京市农村集体账内总资产的19.8倍，是农村集体账内净资产的57.1倍⑥。北京市农村集体资产，尤其是直接经营资产规模很大，构成复杂，经营管理难度很大。近年来，北京市农经管理部门通过开展全市集体资产清产核资、土地清查、合同清理等工作，加强农村集体"三资"管理，提高集体资产经营效益，保障农民财产权利。据调研，北京市海淀区创新性地建立全国首家区级农村集体资产监督管理委员会，在理顺各项管理制度、明确各个主体责任、加强集体资产监管等方面取得了一定成效。有必要认真总结海淀区农经委经验，结合北京市农村"三资"管理实际情况，设立北京市农村集体资产监督管理委员会，以加强对农村集体资产的监督管理，维护好农民的集体资产权益。

---

① 2013年北京市共有农村集体所有草地26.8万亩。按家庭承包经营占68.1%计算，则家庭承包经营草地为18.3万亩。

② 北京市2013年草地总价值为1303.6亿元，则家庭承包经营草地价值应为总价值的18.3/128.0。

③ 根据《北京市农村集体土地资源清查工作资料汇编》（北京市农村合作经济经营管理办公室）及相关估算，2013年北京市农村宅基地为98.6万亩。

④ 参见本文附表4。

⑤ 数据来源：《北京农村统计资料（2013）》。主要计算生态与环境的价值，包括森林、农田、草地和湿地四个部分。

⑥ 根据《北京市农村集体土地资源清查工作资料汇编》（北京市农村合作经济经营管理办公室），2013年北京市农村集体账内总资产为5049亿元，账内净资产约为1751.5亿元。

（二）深化土地制度改革，释放改革红利

参照国有土地价格，北京市农村集体经营性建设用地和农村宅基地价值合计高达8.2万亿元，农村集体建设用地均价高达466.9万元/亩。而若按照年均收益计算，北京市农村集体建设用地总价值仅有2816.8亿元①，价值只有前者的3.4%。其中集体经营性建设用地总价值仅有1658.9亿元，亩均价值仅有20.4万元；农村宅基地总价值仅有1157.9亿元，亩均价值仅有12.3万元。可见，北京市农村集体建设用地价值被严重低估。据调查，北京市昌平区集体经营性建设用地79687.1亩，按照年均收益估算价值仅有65.6亿元，亩均仅有8.2万元。而根据课题组对北京市昌平区北七家镇海鹋落村的调查，海鹋落村周边建设国有土地出让价格接近1000.0万元/亩。集体建设用地权能残缺，与国有建设用地价值悬殊。贯彻落实党中央文件多次提出的城乡建设用地"同地同权同价"要求，北京市可以在深化土地制度改革，完善农村集体建设用地权能方面进行探索，不断提升农村集体土地价值，让农民分享改革红利。

（三）坚持绿色发展理念，建设生态文明城市

长期以来，北京市以集体所有为主的林地、农田、草地和湿地等为城市提供了坚实的生态与环境屏障，其生态价值主要体现在气候调节、水资源涵养、环境净化、生物多样性保护、防护与减灾、水土保持和土壤形成等方面。2013年北京市都市型现代农业生态服务价值高达7790.7亿元，而经营农地总价值也只有3377.7亿元，生态服务价值是经营农地价值的2倍以上。随着工业发展、城市规模扩大，农村林地、农田、草地、湿地等环境保护的作用进一步凸显，生态服务价值还将大幅度提升。"十三五"时期，北京市在贯彻落实党的十八届五中全会提出的创新、协调、绿色、开放、共享的发展理念特别是在践行绿色发展理念上，力争走在全国前列。着眼于建设生态文明城市，进一步加大投入力度，改革体制机制，创新产权模式，完善林地、湿地、草地、农田等农用地生态补偿机制，筑牢北京生态安全屏障，加快建设国际一流的和谐宜居之都。

---

① 不包括2013年北京市农村未利用地194.2万亩的价值。

附表

附表 1　2013 年北京市各区县国有土地地面价

单位：万元/亩

区县	商业	办公	居住	工业
西城区	5585.2	5323.2	3922.9	964.6
东城区	5266.8	5219.4	3971.4	862.1
朝阳区	2750.0	2743.0	2544.1	353.7
海淀区	2760.5	2767.9	2464.4	289.9
丰台区	1831.9	1816.4	1842.7	262.9
石景山区	1460.3	1454.8	1494.3	187.9
昌平区	857.9	853.0	811.9	81.5
通州区	908.5	902.7	840.0	76.6
亦庄开发区	901.1	894.3	840.2	73.4
大兴区	793.4	788.8	744.5	89.0
房山区	611.5	606.1	553.8	51.3
顺义区	678.3	673.1	599.7	81.1
门头沟区	468.5	461.5	390.1	50.9
怀柔区	363.9	358.5	272.3	46.3
密云县	286.9	280.2	211.4	34.8
平谷区	286.4	281.5	213.1	34.5
延庆县	288.9	304.1	177.4	30.5

资料来源：参考北京市各区县 2013 年国有土地基价，北京市人民政府办公厅文件《北京市人民政府关于更新出让国有建设用地使用权基准地价的通知》（京政发〔2014〕26 号）（基准期日：2014 年 1 月 1 日）。计算方法如下。

步骤 1：根据《北京市区片基准地价表》，参考《北京市基准地价级别（区片）范围说明》（分四种用途），将《北京市区片基准地价表》中各编号的区片土地价格分别对应到相应的区县中。

步骤 2：将计算结果按 17 个区县分别进行汇总整理，得到每一个区县四种用途土地的分区片楼面价。

步骤 3：对各区县每种用途土地的楼面价求平均值，得到各区县各用途土地的平均楼面价。

步骤 4：根据《级别平均容积率表》以及公式——楼面地价 = 地面价格/容积率——计算出各区县四种用途土地的分区片地面价均价。

附表2　2013年北京市各区县农村集体土地地面价

单位：万元/亩

区县	商业	办公	居住	工业
西城区	5585.2	5323.2	3922.9	964.6
东城区	5266.8	5219.4	3971.4	862.1
朝阳区	2750.0	2743.0	1279.0	353.7
海淀区	2760.5	2767.9	1432.4	289.9
丰台区	1831.9	1816.4	1185.6	262.9
石景山区	1460.3	1454.8	1310.7	187.9
昌平区	857.9	853.0	578.3	81.5
通州区	908.5	902.7	530.3	76.6
亦庄开发区	901.1	894.3	581.3	73.4
大兴区	793.4	788.8	407.2	89.0
房山区	611.5	606.1	414.2	51.3
顺义区	678.3	673.1	397.2	81.1
门头沟区	468.5	461.5	324.2	50.9
怀柔区	363.9	358.5	255.1	46.3
密云县	286.9	280.2	131.1	34.8
平谷区	286.4	281.5	136.1	34.5
延庆县	288.9	304.1	217.1	30.5

注：1. 农村集体经营性建设用地商业、办公、工业用途价格参照附表1北京市各区县国有土地地面价。

2. 农村宅基地价格计算依据：在北京市开发程度较高的东城区、西城区（首都功能核心区）和朝阳区、海淀区、丰台区、石景山区等（城市功能拓展区），农村宅基地价格参照国有居住用地价格的最低价（排除统计异常价格之后）。在其他区县，参照国有居住用地中位数价格。

附表3　2013年北京市各区县农村集体建设用地面积

单位：万亩

	集体经营性建设用地			农村宅基地
	合计	商服用地	工矿仓储用地	
西城区	0	0	0	0
东城区	0	0	0	0
朝阳区	8.2	3.0	5.2	3.2
海淀区	2.8	1.0	1.8	2.0

	集体经营性建设用地			农村宅基地
	合计	商服用地	工矿仓储用地	
丰台区	3.5	1.3	2.2	5.1
石景山区	0.3	0.1	0.2	0.3
昌平区	8.0	2.9	5.1	8.3
通州区	10.2	3.7	6.5	12.9
亦庄开发区	0	0	0	0
大兴区	10.4	3.8	6.6	12.1
房山区	13.6	5.0	8.6	15.5
顺义区	11.1	4.1	7.0	12.7
门头沟区	1.2	0.4	0.8	1.7
怀柔区	2.8	1.0	1.8	4.4
密云县	3.7	1.4	2.3	6.3
平谷区	3.8	1.4	2.4	8.2
延庆县	1.9	0.7	1.2	5.9
合计	81.5	29.8	51.7	98.6

资料来源：1. 除了西城区、东城区、丰台区、石景山区和亦庄开发区之外，其他各区县数据来自《北京市农村集体土地资源清查工作资料汇编》（北京市农村合作经济经营管理办公室）。

2. 西城区、东城区、丰台区、石景山区和亦庄开发区的数据为估计值，估计方法如下。

丰台区估算方法。根据《丰台区土地利用总体规划（2006－2020年）》估算2013年丰台区建设用地面积约为31.8万亩。根据规划和实际增长情况，估算2013年丰台区城镇建设用地面积约为19.7万亩，则2013年农村集体建设用地面积约为12.1万亩。估算丰台区2013年农村宅基地面积约为5.1万亩，则集体经营性和公益性建设用地面积约为7万亩。若丰台区集体经营性建设用地与公益性建设用地比例符合北京市集体经营性建设用地面积与公益性建设用地面积比例，则丰台区集体经营性建设用地面积约为3.5万亩。

石景山区估算方法。根据《北京市石景山区土地利用总体规划（2006－2020年）》，该区城乡建设用地约为9.2万亩，又据公开报道，石景山区农村可建设用地占该区可建设用地的10%，因此估算石景山区农村集体建设用地面积约为0.9万亩。若石景山区集体经营性建设用地与公益性建设用地比例符合北京市集体经营性建设用地面积与公益性建设用地面积比例，则石景山区集体经营性建设用地、农村宅基地皆为0.3万亩。

东城区、西城区和亦庄开发区计算方法。若三区农村集体建设用地面积占区县总体面积的比例符合北京市农村集体建设用地面积占北京市总体面积的比例，且三区集体经营性建设用地面积与公益性建设用地面积及农村宅基地面积的比例也符合北京市三种类型集体建设用地面积的比例，估算得出的三区农村集体建设用地面积都很小，此处记为0万亩。

3. 商服用地和工矿仓储用地面积估算依据：根据《北京市农村集体土地资源清查工作资料汇编》（北京市农村合作经济经营管理办公室），2013年北京市81.5万亩农村集体经营性建设用地中，商服用地为29.8万亩，工矿仓储用地为51.7万亩。按照这个比例，分别计算各区县商服用地和工矿仓储用地面积。

附表4 2013 年北京市各区县农村集体建设用地价值

单位：亿元

	集体经营性建设用地			农村宅基地
	合计	商服用地	工矿仓储用地	
西城区	0	0	0	0
东城区	0	0	0	0
朝阳区	10095.3	8258.1	1837.2	4092.8
海淀区	3350.0	2835.9	514.2	2864.8
丰台区	2842.4	2276.1	566.2	6046.6
石景山区	196.1	160.4	35.7	393.2
昌平区	2923.6	2510.6	413.0	4799.9
通州区	3883.9	3389.0	494.9	6840.9
亦庄开发区	0	0	0	0
大兴区	3604.6	3018.3	586.3	4927.1
房山区	3455.1	3016.4	438.7	6420.1
顺义区	3322.5	2752.2	570.2	5044.4
门头沟区	243.7	205.0	38.7	551.1
怀柔区	453.6	371.5	82.1	1122.4
密云县	467.4	385.9	81.6	825.9
平谷区	479.5	396.5	83.0	1116.0
延庆县	241.7	205.0	36.7	1280.9
合计	35559.4	29780.7	5778.7	46326.2

资料来源：1. 商服用地价格计算参照国土资源部发布的《2010 年全国主要城市地价状况分析报告（摘要）》，全国范围内办公、商业、居住和工业用途土地地价比例为 22∶40∶33∶5，商服用地价格 = 商业用地价格×40／（40 + 22） + 办公用地价格×22／（40 + 22）。工矿仓储用地价格按照工业用地价格计算。农村宅基地价格按照居住用途价格计算。

2. 农村宅基地价格参照附表2。

本研究协调人：张英洪

执笔人：伍振军

2015 年 12 月

北京上海农民财产性收入比较研究

2007 年 10 月，党的十七大报告首次提出要"创造条件让更多群众拥有财产性收入"。党的十八大报告进一步提出要"多渠道增加居民财产性收入"。近年来，北京市出台了一系列体制改革和富农惠农政策，促进了农业发展、农民增收和新农村建设，城乡一体化建设不断推进。在工业化、信息化、城镇化和农业现代的进程中，上海和北京作为中国城市化水平较高的两个地区，农民财产性收入的发展变化对于其他地区具有重要的参考意义。本报告以统计部门发布的权威数据为基础，通过对近年来北京市、上海市农村居民财产性收入发展变化的考察，并与全国平均水平的比较，准确把握北京市农村居民财产性收入的现状、特点和发展趋势，在此基础上提出增加北京市农村居民财产性收入的政策建议。

财产性收入是农民收入的重要组成部分。根据统计部门的统计分类，农村居民家庭纯收入包括生产性收入和非生产性收入，生产性收入包括工资性收入和家庭经营纯收入，非生产性收入包括转移性收入和非转移性收入。[1] 财产性收入是指金融资产或有形非生产性资产的所有者向其他机构单位提供资金或将有形非生产性资产供其支配，作为回报而从中获得的收入[2]，也就是家庭拥有的动产（如银行存款、有价证券）、不动产（如土

---

① 工资性收入是指农村常住人口受雇于单位或个人，靠出卖劳动力而获得的收入。家庭经营纯收入是指农村住户以家庭为生产经营单位进行生产筹划和管理而获得的收入。农村住户家庭经营活动按行业划分为农业、林业、牧业、渔业、工业、建筑业、交通运输业、邮电业、批发和零售业、贸易餐饮业、社会服务业、文教卫生业和其他家庭经营。转移性收入指农村住户和常住人口无须付出任何对应物而获得的货物、服务、资金或资产所有权等，不包括无偿提供的用于固定资本形成的资金。一般情况下，指农村住户在二次分配中的所有收入，包括亲友赠送、养老金等。

② 《中国统计年鉴（2014）》，中国统计出版社，2014。

地、房屋等）所获得的收入。包括出让财产使用权所获得的利息、租金、专利收入；财产营运所获得的红利收入、财产增值收益等。不包括出售财物获得的收入。[①] 中国农村居民财产性收入来源主要有土地、房屋和资金三方面。其中，来自土地的财产性收入主要是通过土地征收征用和土地承包经营权流转获得的收入；来自住房的财产性收入主要是通过房屋出租、出售和拆迁补偿等获得的收入；来自资金的财产性收入主要是通过储蓄、民间借贷和投资股票、债券、基金等渠道获得的收入。农村居民除了家庭财产性收入，有的还有集体财产经营收益通过分配形成的集体财产性收入，如集体分配股息和红利等。北京市农村居民集体分配的股息和红利，指农村住户在乡村集体经济产权制度改革后，根据其持有的入股份额从集体经营收益中获得定期分配的股息；还包括将资金交由发行公司支配，作为回报而从中获得的年终分红收入。

一　北京市农村居民财产性收入及其构成

（一）北京市农村居民收入与财产性收入发展变化情况

北京市农村居民财产性收入和工资性收入、转移性收入比重逐步提高，经营性收入比重逐步减小，财产性收入超过经营性收入，成为第三大收入来源。

随着北京市经济社会的快速发展，北京市农村居民纯收入快速增长。2013 年，北京市农村居民人均纯收入达 18337 元。其中，工资性收入12035 元，占纯收入的 65.63%；经营性收入 833 元，占纯收入的 4.54%；转移性收入 3446 元，占纯收入的 18.79%；财产性收入 2023 元，占纯收入的 11.03%（见表 1、图 1）。

表 1　2004～2013 年北京市农村居民人均纯收入

单位：元

	2004 年	2005 年	2006 年	2007 年	2008 年	2009 年	2010 年	2011 年	2012 年	2013 年
合计	7172	7860	8620	9559	10747	11986	13262	14736	16476	18337

① 《北京市统计年鉴（2014）》，中国统计出版社，2014。

续表

	2004 年	2005 年	2006 年	2007 年	2008 年	2009 年	2010 年	2011 年	2012 年	2013 年
工资性收入	4358	4774	5224	5676	6354	7274	8007	9579	10843	12035
经营性收入	1783	1961	1992	2186	2076	1720	1857	1363	1318	833
转移性收入	430	508	631	770	1118	1590	1808	2257	2598	3446
财产性收入	601	617	773	927	1199	1402	1590	1537	1717	2023

资料来源：历年《北京市统计年鉴》。

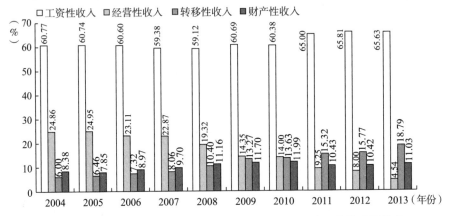

图 1 2004～2013 年北京市农村居民财产性收入与纯收入结构发展趋势

从农村居民纯收入构成及发展趋势看，2004 年以来，北京市农村居民经营性收入占纯收入的比重日益下降，从 2004 年的 24.86% 逐步下降到 2013 年的 4.54%；工资性收入占农村居民收入的比重逐步增长，从 2004 年的 60.77% 逐步增加到 2013 年的 65.63%；转移性收入于 2011 年超越经营性收入，成为农村居民收入的第二大来源，从 2004 年的 6% 逐步增加到 2013 年的 18.79%；居民财产性收入占纯收入的比重总体逐步增加，从 2004 年的 8.38% 逐步增加到 2013 年的 11.03%，于 2011 年超过经营性收入，成为农村居民收入的第三大来源。

（二）北京市农村居民财产性收入增长情况

2004～2013 年北京市农村居民人均纯收入和财产性收入均实现快速增长，财产性收入增长速度快于纯收入增长。2013 年，农村居民财产性收入较上年增长 17.82%，对纯收入的贡献率为 16.4%，拉动纯收入提高 1.9 个百分点。

2004～2013 年北京市农村居民人均纯收入由 7172 元增至 18337 元，年均增长 1241 元，年平均增长率为 10.99%；农村居民财产性收入逐年增长，由 601 元增至 2023 元，年均增长 158 元，年平均增长率为 14.44%。除 2005 年、2011 年、2012 年增长幅度小于纯收入增长幅度外，其余年份增长幅度均大于纯收入的增长。受财产性收入增长速度波动的影响，农村居民财产性收入占纯收入的比重呈波动性增长，从 2004 年的 8.38% 增长到 2010 年的 11.99%，又逐步回落并调整到 2013 年的 11.03%。2005～2013 年北京市农村居民财产性收入与纯收入增长趋势见图 2。

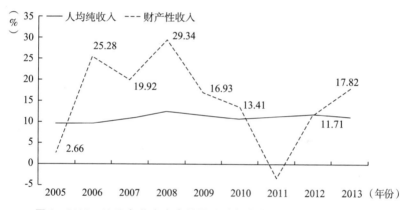

图 2　2005～2013 年北京市农村居民财产性收入与纯收入增长趋势

（三）北京市农村居民财产性收入及其构成

租金、集体分配股息和红利、转让承包土地经营权收入是农民财产性收入的三大来源，租金是农民财产性收入的主要来源。租金、集体分配股息和红利、转让承包土地经营权收入保持快速增长。

从北京市农村居民财产性收入构成看，租金是农村居民财产性收入的第一大来源，2013 年，租金占农民财产性收入的 77.2%；同时，租金占财产性收入的比重呈快速增长趋势，从 2004 年的 41.8% 提高到 2013 年的 77.2%，占比提高了 35.4 个百分点。集体分配股息和红利是农村居民财产性收入的第二大来源，2013 年，集体分配股息和红利占农民财产性收入的 15.4%；同时，集体分配股息和红利占财产性收入的比重呈较快增长趋势，从 2004 年的 5.5% 提高到 2012 年的 21.4%，又下降到 2013 年的 15.4%，增长不稳定，较 2009 年占比提高 9.9 个百分点。转让承包土地经营权收入是农民财产性收入的第三大来源，但占比很低，2013 年，转让承包土地经营权占农民财产性收入的 4.5%；同时，转让承包土地经营权占财产性收入的比重呈先增长后下降的波动式缓慢增长趋势，从 2004 年的 3.2% 提高到 2009 年的 12.3%，又下降到 2013 年的 4.5%，增长同样不稳定，占比较 2004 年提高 1.3 个百分点，其占比有进一步下降的可能。利息收入是农村居民财产性收入的第四大来源，但占比很低，2013 年，利息占农民财产性收入的 1.6%；利息占财产性收入的比重呈波动式缓慢下降趋势，从 2004 年的 2.2% 增长到 2009 年的 2.6%，再下降到 2011 年、2012 年的 0.6%，后又增长到 2013 年的 1.6%，说明总体上利息收入呈下降趋势。土地征用补偿收入从 2005 年的 5.5% 逐步增长到 2010 年的 21.9%，从 2011 年开始计入其他收入中（见图 3）。

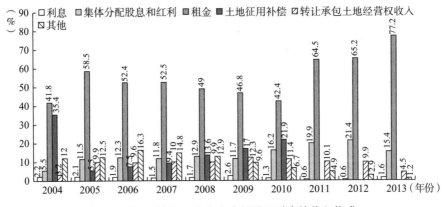

图 3　2004～2013 年北京市农村居民财产性收入构成

从北京市农村居民财产性收入的增长情况看，2004～2013 年，北京市农村居民财产性收入实现快速增长，由 601 元增至 2023 元。其中，利息收入增长缓慢，由 13 元增至 33 元，年平均增长 2 元，年平均增长率为 10.91%；集体分配股息和红利收入增长较快，由 33 元增至 311 元，年平均增长 31 元，年平均增长率为 28.31%；租金增长非常快，从 251 元增至 1562 元，年平均增长 146 元，年平均增长率为 22.52%；转让承包土地经营权收入逐步增长，从 19 元增至 92 元，年平均增长 8 元，年平均增长率为 19.16%；土地征用补偿收入从 2004 年的 213 元增至 2010 年的 349 元，年平均增长 23 元，年平均增长率为 8.58%（见表 2）。

表2　2004～2013年北京市农村居民财产性收入

单位：元

年份	2004	2005	2006	2007	2008	2009	2010	2011	2012	2013
合计	601	617	773	927	1199	1402	1590	1537	1717	2023
利息	13	13	15	14	20	36	21	9	10	33
集体分配股息和红利	33	71	95	109	155	164	258	306	368	311
租金	251	361	405	487	587	656	674	991	1120	1562
土地征用补偿	213	34	58	87	163	239	349	—	—	—
转让承包土地经营权收入	19	61	74	93	119	172	182	155	170	92

资料来源：国家统计局北京调查总队、北京市统计局编《北京城乡居民生活统计资料（2013）》。

从财产性收入分项贡献率看，2013年，租金对农村居民财产性收入的贡献率最高，为144.4%；利息对财产性收入的贡献率为7.5%；集体分配股息和红利由于收益较2012年下降，对财产性收入的贡献率为﹣18.6%；转让承包土地经营权收入由于收益较2012年下降，对财产性收入的贡献率为﹣25.5%。从总体情况看，2005～2013年租金对农村居民财产性收入的贡献率最高，其次是集体分配股息和红利，再次是转让承包土地经营权收入，利息对农村居民财产性收入的贡献率最低（见表3）。

表3　2005～2013年北京市农村居民财产性收入分项贡献率

单位：%

年份	2005	2006	2007	2008	2009	2010	2011	2012	2013
利息	0.0	1.3	﹣0.6	2.2	7.9	﹣8.0	22.6	0.6	7.5
集体分配股息和红利	237.6	15.4	9.1	16.9	4.4	50.0	﹣90.6	34.4	﹣18.6
租金	687.9	28.2	53.2	36.8	34.0	9.6	﹣598.1	71.7	144.4
土地征用补偿	﹣1119.4	15.4	18.8	27.9	37.4	58.5	—	—	—
转让承包土地经营权收入	262.7	8.3	12.3	9.6	26.1	5.3	50.9	8.3	﹣25.5

注：财产性收入分项贡献率是分析财产性收入增长中各收入作用大小的指标，各项收入增量与财产性收入增量之比，即为各项收入的贡献率。

（四）北京市不同收入组别财产性收入情况

2006～2013年，北京市农村居民不同收入组别的财产性收入均快速增长，低收入组财产性收入增速快于高收入组，高收入组与低收入组间差距呈缩小趋势。①不同收入组别财产性收入增加额排序与收入水平排序相一致，由高到低依次为高收入户（增加2811元）、中高收入户（增加1625元）、中等收入户（增加1101元）、中低收入户（增加560元）、低收入户（增加415元）（见图4）。②不同收入组别财产性收入增长率与收入水平排序基本相反，由高到低依次为低收入户（年平均增长率为16.55%）、中等收入户（年平均增长率为16.4%）、中高收入户（年平均增长率为16.13%）、中低收入户（年平均增长率为15.95%）、高收入户（年平均增长率为13.01%）（见表4）。③高收入组与低收入组财产性收入差距从总额上看呈扩大趋势，二者间差距从2006年的1859元扩大到2013年的4255元。高收入组与低收入组财产性收入差距从比值上看呈缩小趋势，二者间差距倍数从2006年的9.61倍缩小到2013年的7.74倍，说明总体上高收入组与低收入组财产性差距呈缩小趋势。④不同收入组别财产性收入增幅不稳定，表现出一定的波动。如高收入组自2010年以来，收入增速不稳定，中等收入组和高收入组的财产性收入在2011年均出现负增长。

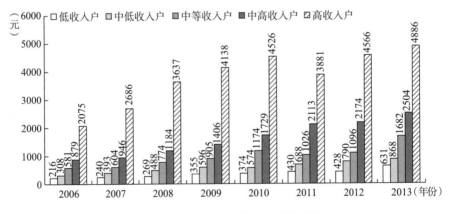

图4　北京市农村居民不同收入组别财产性收入

资料来源：国家统计局北京调查总队、北京市统计局编《北京城乡居民生活统计资料（2013）》。

表 4　北京市农村居民不同组别财产收入增长率

单位:%

	2006 年	2007 年	2008 年	2009 年	2010 年	2011 年	2012 年	2013 年	平均值
低收入户	15.51	11.11	12.08	31.97	5.35	14.97	-0.47	47.43	16.55
中低收入户	12.00	27.60	24.17	22.13	-3.69	19.86	14.83	9.87	15.95
中等收入户	55.35	3.96	28.15	16.93	29.72	-12.61	6.82	53.47	16.40
中高收入户	10.98	7.62	25.16	18.75	22.97	22.21	2.89	15.18	16.13
高收入户	15.99	29.45	35.41	13.78	9.38	-14.25	17.65	7.01	13.01

（五）北京市平原及山区农村居民财产性收入变化情况

2006～2013 年北京市平原及山区农村居民财产性收入实现快速增长。①平原农村居民财产性收入由 953 元增至 2445 元,增加了 1492 元,年平均增长率为 14.4%;山区农村居民财产性收入由 262 元增至 962 元,增加了 664 元,年平均增长率为 19.8%。②平原农村居民财产性收入增加额主要来自租金和集体分配股息和红利收入,分别增加了 1449 元和 198 元。③山区农村居民财产性收入增加额主要来自租金和集体分配股息和红利收入,分别增加了 436 元和 273 元(见表 5)。

表 5　北京市平原及山区农村居民财产性收入

单位：元

年份	财产性收入		利息		集体分配股息和红利		租金		土地征用补偿		转让承包土地经营权收入	
	平原	山区	平原	山区	平原	山区	平原	山区	平原	山区	平原	山区
2006	953	262	15	12	106	62	530	51	64	43	93	22
2007	1147	293	16	8	134	36	639	48	91	75	109	49
2008	1490	347	22	14	185	66	766	64	188	90	133	77
2009	1699	524	42	15	187	95	844	99	268	154	206	70
2010	1918	612	23	14	309	107	869	92	396	212	197	137
2011	1842	724	7	14	344	205	1250	300	—	—	174	105
2012	2029	873	10	12	368	367	1427	295	—	—	192	111
2013	2445	926	31	45	304	335	1979	487	—	—	104	46
增加额	1492	664	16	33	198	273	1449	436	—	—	11	24

资料来源：国家统计局北京调查总队、北京市统计局编《北京城乡居民生活统计资料(2013)》。

2006～2013 年北京市平原与山区农村居民财产性收入差距呈缩小趋势。①2006～2013 年平原农村居民财产性收入增幅大于山区农村居民，二者分别增加 1492 元和 664 元，平原农村居民财产性收入年平均增长值较山区高 828 元。②2007～2013 年山区农村居民财产性收入增长率高于平原农村居民，二者年平均增长率分别为 19.8% 和 14.4%，山区农村居民财产性收入年平均增长率较平原农村居民高 5.4 个百分点（见表 6）。③北京市平原与山区农村居民财产性收入从总额上看呈扩大趋势，二者间差距从 2006 年的 691 元扩大到 2013 年的 1519 元。平原与山区农村居民财产性收入差距从比值上看呈缩小趋势，二者间差距倍数从 2006 年的 3.64 倍缩小到 2013 年的 2.64 倍，说明总体上平原与山区农村居民财产性收入差距呈缩小趋势。

2006～2013 年北京市平原及山区农村居民财产性收入增幅既具有共同性，又具有明显的地域差别。共同点表现在：平原及山区农村居民财产性收入增加额主要来自租金、集体分配股息和红利收入。差别表现在：①平原农村居民财产性收入中租金增幅大大高于山区，平原农村居民租金增长 1449 元，山区农村居民租金增长 436 元；②山区农村居民集体分配股息和红利收入增幅高于平原，山区农村居民集体分配股息和红利收入增长 273 元，平原农村居民转让承包土地经营权收入增长 198 元；③山区农村居民转让承包土地经营权收入增幅高于平原，山区农村居民转让承包土地经营权收入增长 24 元，平原农村居民转让承包土地经营权收入增长 11 元。

表 6　北京市平原及山区农村居民财产性收入增长率

单位:%

年份	财产性收入		利息		集体分配股息和红利		租金		土地征用补偿		转让承包土地经营权收入	
	平原	山区	平原	山区	平原	山区	平原	山区	平原	山区	平原	山区
2007	20.4	11.8	6.7	-33.3	26.4	-41.9	20.6	-5.9	42.2	74.4	17.2	122.7
2008	29.9	18.4	37.5	75.0	38.1	83.3	19.9	33.3	106.6	20.0	22.0	57.1
2009	14.0	51.0	90.9	7.1	1.1	43.9	10.2	54.7	42.6	71.1	54.9	-9.1
2010	12.9	16.8	-45.2	-6.7	65.2	12.6	3.0	-7.1	47.8	37.7	-4.4	95.7

年份	财产性收入		利息		集体分配股息和红利		租金		土地征用补偿		转让承包土地经营权收入	
	平原	山区	平原	山区	平原	山区	平原	山区	平原	山区	平原	山区
2011	-4.0	18.3	-69.6	0.0	11.3	91.6	43.8	226.1	—	—	-11.7	-23.4
2012	10.2	20.6	42.9	-14.3	7.0	79.0	14.2	-1.7	—	—	10.3	5.7
2013	20.5	6.1	210.0	275.0	-17.4	-8.7	38.7	65.1	—	—	-45.8	-58.6

北京市平原及山区农村居民财产性收入构成中，租金收入占比持续增加，集体分配股息和红利收入占比略有上升，转让承包土地经营权收入和利息收入占比略有下降。集体分配股息和红利收入是山区农村居民收入的重要来源。

2006～2013年北京市平原及山区农村居民财产性收入各部分占比变化相似。①租金收入占比持续增加，成为平原及山区农村居民财产性收入的第一大来源。2006～2013年平原农村居民租金占比从55.61%增至80.94%，山区农村居民租金占比从19.47%增至52.59%。②集体分配股息和红利收入占比略有上升，平原农村居民集体分配股息和红利收入占比从2006年的11.12%增至2011年的18.68%，又回落到2013年的12.43%，山区农村居民集体分配股息和红利收入占比从2006年的23.66%增至2012年的42.04%，又回落到2013年的36.18%。相对于平原农村居民来说，集体分配股息和红利收入是山区农村居民收入的重要来源。③转让承包土地经营权收入占比略有下降，2006～2013年平原农村居民转让承包土地经营权收入占比从9.76%下降到4.25%，山区农村居民转让承包土地经营权收入占比从8.4%下降到4.97%。④利息收入占比略有波动，2006～2013年平原农村居民利息收入占比从1.57%下降到1.27%，山区农村居民利息收入占比从4.58%上升到4.86%（见表7）。⑤土地征用补偿收入占比先升后降。2006～2010年上升较快，2011年以后，土地征用补偿收入占比快速下降，2013年，平原农村居民土地征用补偿及其他收入占财产性收入的比重为1.1%，山区农村居民土地征用补偿及其他收入占财产性收入的比重为1.4%。

表7 北京市平原及山区农村居民财产性收入各部分所占比例

单位:%

年份	利息		集体分配股息和红利		租金		土地征用补偿		转让承包土地经营权收入	
	平原	山区	平原	山区	平原	山区	平原	山区	平原	山区
2006	1.57	4.58	11.12	23.66	55.61	19.47	6.72	16.41	9.76	8.40
2007	1.39	2.73	11.68	12.29	55.71	16.38	7.93	25.60	9.50	16.72
2008	1.48	4.03	12.42	19.02	51.41	18.44	12.62	25.94	8.93	22.19
2009	2.47	2.86	11.01	18.13	49.68	18.89	15.77	29.39	12.12	13.36
2010	1.20	2.29	16.11	17.48	45.31	15.03	20.65	34.64	10.27	22.39
2011	0.38	1.93	18.68	28.31	67.86	41.44	—	—	9.45	14.50
2012	0.49	1.37	18.14	42.04	70.33	33.79	—	—	9.46	12.71
2013	1.27	4.86	12.43	36.18	80.94	52.59	—	—	4.25	4.97

二 上海市农村居民财产性收入及其构成

(一) 上海市农村居民收入与财产性收入发展变化情况

上海市农村居民财产性收入和转移性收入比重逐步提高,工资性收入比重略有下降,经营性收入比重逐步减小,财产性收入超过经营性收入,成为第三大收入来源。

随着经济社会的快速发展,上海市农村居民纯收入快速增长。2013年,上海市农村居民人均纯收入达19208元。其中,工资性收入12378元,占纯收入的64.44%;经营性收入920元,占纯收入的4.79%;转移性收入4323元,占纯收入的22.51%;财产性收入1587元,占纯收入的8.26%(见表8)。

表8 2004~2013年上海市农村居民人均纯收入

单位:元

	2004年	2005年	2006年	2007年	2008年	2009年	2010年	2011年	2012年	2013年
合计	7337	8342	9213	10222	11385	12324	13746	15644	17401	19208
工资性收入	5757	6364	6892	7498	8182	8721	9606	10493	11496	12378

续表

	2004 年	2005 年	2006 年	2007 年	2008 年	2009 年	2010 年	2011 年	2012 年	2013 年
经营性收入	886	811	766	754	711	590	589	877	905	920
转移性收入	397	737	999	1297	1655	2081	2581	3031	3618	4323
财产性收入	297	430	556	673	837	932	970	1243	1382	1587

资料来源：历年《上海市统计年鉴》。

从农村居民纯收入构成及发展趋势看，2004 年以来，上海农村居民经营性收入占纯收入的比重日益减少，从 2004 年的 12.08% 逐步减少到 2013 年的 4.79%；工资性收入占纯收入的比重一直很高，并保持稳定增长，从 2004 年的 5757 元增长到 2013 年的 12378 元，增加了 6621 元，年平均增长率为 8.88%，同时，随着转移性收入和财产性收入的快速增长，工资性收入占纯收入的比重略有下降，从 2004 年的 78.47% 下降到 2013 年的 64.44%；转移性收入于 2006 年超越经营性收入，成为农村居民收入的第二大来源，从 2004 年的 5.41% 逐步增加到 2013 年的 22.51%；财产性收入占纯收入的比重逐步增加，从 2004 年的 4.05% 逐步增加到 2013 年的 8.26%，于 2008 年超过经营性收入，成为农村居民收入的第三大来源（见图 5）。

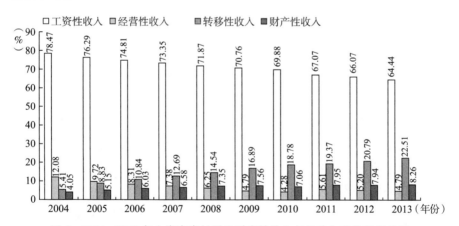

图 5　2004～2013 年上海市农村居民财产性收入与纯收入结构发展趋势

（二）上海市农村居民财产性收入增长情况

2004～2013 年上海市农村居民人均纯收入和财产性收入均实现快速增长，财产性收入增长速度快于纯收入增长。2013 年，农村居民财产性收入较上年增长 14.83%，对纯收入的贡献率为 11.34%。

2004～2013 年上海市农村居民人均纯收入由 7337 元增至 19208 元，年均增长 1319 元，年平均增长率为 11.18%；农村居民财产性收入逐年增长，由 297 元增至 1587 元，年均增长 143 元，年平均增长率为 14.86%。除 2010 年、2012 年增长幅度小于等于纯收入增长幅度外，其余年份增长幅度均大于纯收入的增长。农村居民财产性收入占纯收入的比重逐步增长，从 2004 年的 4.05% 增长到 2013 年的 8.26%。2005～2013 年上海市农村居民财产性收入与纯收入增长趋势见图 6。

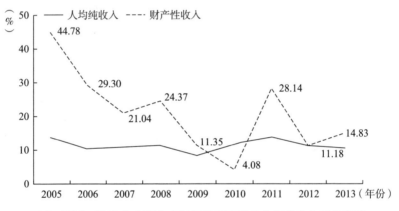

图 6　2005～2013 年上海市农村居民财产性收入与纯收入增长趋势

（三）上海市农村居民财产性收入构成

从上海市农村居民财产性收入构成看，租金是农村居民财产性收入的第一大来源，2012 年，租金占农民财产性收入的 66.6%；同时，租金占财产性收入的比重呈较快增长趋势，从 2004 年的 47.8% 提高到 2012 年的 66.6%，占比提高了 18.8 个百分点。土地征用补偿是农村居民财产性收入的第二大来源，2010 年，土地征用补偿占农民财产性收入的 7.7%；同时，土地征用补偿占财产性收入的比重呈逐步下降趋势，从 2004 年的 20.5% 下降到 2010 年的 7.7%，占比下降了 12.8 个百分点。利息收入是农村居民财产性收入的第三大来源，但占比很低，2012 年，利息占农民财产性收入的 2.2%；利息占财产性收入的比重呈波动式下降趋势，从 2004 年的 10.1% 下降到 2006 年的 4.6%，再增长到 2007 年的 7.9%，再下降到 2012 年的 2.2%，说明总体上利息收入呈下降趋势（见图 7）。

从上海市农村居民财产性收入的增长情况看，2004～2013 年上海市农

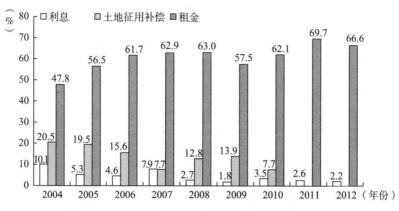

图7 2004～2012年上海市农村居民财产性收入构成

村居民财产性收入实现快速增长，由297元增至1587元，年平均增长143元，年平均增长率为20.47%。其中，利息收入没有增长，由30元增长到2007年的53元，又回落到2012年的30元；土地征用补偿收入增长缓慢，由2004年的61元增至2010年的75元，年平均增长2元，年平均增长率为3.5%；租金增长非常快，从142元增至920元，年平均增长97元，年平均增长率为26.31%（见表9）。

表9 上海市农村居民财产性收入

单位：元

	2004年	2005年	2006年	2007年	2008年	2009年	2010年	2011年	2012年	2013年
合计	297	430	556	673	837	932	970	1243	1382	1587
利息	30	23	24	53	23	17	34	32	30	—
土地征用补偿	61	84	87	52	107	130	75	—	—	—
租金	142	243	343	423	527	536	602	866	920	—

从财产性收入分项贡献率看，2012年租金对农村居民财产性收入的贡献率最高，为38.8%；利息对财产性收入的贡献率为－1.4%。2010年租金对农村居民财产性收入的贡献率最高，为173.7%；利息对财产性收入的贡献率为－44.7%；土地征用补偿对财产性收入的贡献率为－144.7%。从总体情况看，2005～2013年租金对农村居民财产性收入的贡献率最高，其次是利息收入。土地征用补偿在2005～2009年对财产性收入的贡献率排第二位（见表10）。

表 10 上海市农村居民财产性收入分项贡献率

单位：%

	2005 年	2006 年	2007 年	2008 年	2009 年	2010 年	2011 年	2012 年
利息收入	-5.3	0.8	24.8	-18.3	-6.3	-44.7	-0.7	-1.4
土地征用补偿	17.3	2.4	-29.9	33.5	24.2	-144.7	0.0	0.0
租金收入	75.9	79.4	68.4	63.4	9.5	173.7	96.7	38.8

三 北京上海农村居民财产性收入的比较

（一）北京上海农村居民财产性收入增长情况

从农村居民财产性收入总额看，北京、上海和全国农村居民财产性收入逐步增长且呈阶梯状分布，北京农村居民财产性收入最高，上海农村居民财产性收入次之，北京、上海明显高于全国平均水平。2013 年，北京、上海和全国农村居民财产性收入分别为 2023 元、1587 元和 293 元（见图 8）。

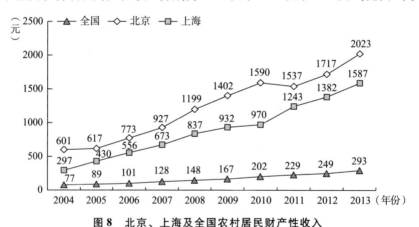

图 8 北京、上海及全国农村居民财产性收入

（二）北京上海农村居民财产性收入占纯收入的比重情况

从农村居民财产性收入占纯收入的比重看，北京、上海、全国农村居民财产性收入所占比重呈阶梯状分布，北京农村居民财产性收入占纯收入的比重最高，上海次之，北京、上海农村居民财产性收入占纯收入的比重明显高于全国平均水平，2013 年，北京、上海和全国农村居民财产性收入占纯收入的比重分别为 11.03%、8.26% 和 3.29%。同时，北京、上海、

全国农村居民财产性收入占纯收入的比重呈上升趋势，上升幅度最大的是上海，从 2004 年的 4.05% 提高到 2013 年的 8.26%，提高了 4.21 个百分点；其次是北京，从 2004 年的 8.38% 提高到 2013 年的 11.03%，提高了 2.65 个百分点；全国略有上升，从 2004 年的 2.61% 提高到 2013 年的 3.29%，仅提高了 0.68 个百分点（见图 9）。

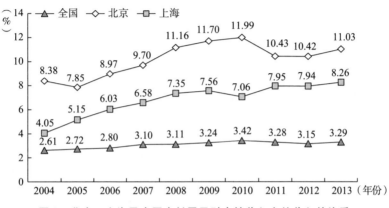

图 9　北京、上海及全国农村居民财产性收入占纯收入的比重

（三）北京上海农村居民财产性收入增长率、贡献率情况

从农村居民财产性收入的增长率看，2005～2013 年北京、上海、全国农村居民财产性收入保持快速增长，平均增长速度在两位数以上。其中，上海增长速度最高，年平均增长 20.47%；其次是全国，年平均增长 16.07%；最后是北京，年平均增长 14.44%（见表 11）。

表 11　2005～2013 年农村居民财产性收入增长率

单位：%

	2005 年	2006 年	2007 年	2008 年	2009 年	2010 年	2011 年	2012 年	2013 年
全国	15.54	13.56	27.56	15.52	12.90	20.99	13.00	8.97	17.62
北京	2.66	25.28	19.92	29.34	16.93	13.41	-3.33	11.71	17.82
上海	44.78	29.30	21.04	24.37	11.35	4.08	28.14	11.18	14.83

从农村居民财产性收入对纯收入的贡献率看，2005～2013 年北京市贡献率最高，上海次之，全国最低。2013 年，北京市农村居民财产性收入对纯收入的贡献率为 16.44%；全国次之，为 13.78%；上海最低，为 11.34%（见表 12）。

表 12　2005～2013 年农村居民财产性收入对纯收入的贡献率

单位:%

	2005 年	2006 年	2007 年	2008 年	2009 年	2010 年	2011 年	2012 年	2013 年
全国	3.74	3.77	8.70	6.25	6.00	11.02	8.26	6.44	13.78
北京	2.32	20.53	16.40	22.90	16.38	14.73	-3.60	10.34	16.44
上海	13.23	14.47	11.60	14.10	10.12	2.67	14.38	7.91	11.34

综上所述，北京、上海作为全国城市化水平较高的地区，农村居民财产性收入的发展变化具有相似性，反映并体现出中国城市化发展中高城市化率地区农村居民财产性收入的发展趋势，对于全国城市化地区农村居民财产性收入的发展具有重要的指导意义。

（四）北京上海农村居民财产性收入的特点

通过上文的比较和分析可以知道，近年来北京、上海农村居民财产性收入具有如下特点。

第一，农村居民财产性收入比重逐步提高，超过经营性收入，成为农村居民纯收入的第三大来源。2004～2013 年北京市农村居民财产性收入和工资性收入、转移性收入比重逐步提高，经营性收入比重逐步下降，财产性收入超过经营性收入，成为第三大收入来源。上海市农村居民财产性收入和转移性收入比重逐步提高，工资性收入比重略有下降，经营性收入比重逐步下降，财产性收入超过经营性收入，成为第三大收入来源。上海市农村居民财产性收入比重有所下降，主要是其初始占比较高，2004 年，工资性收入占纯收入的 78.47%，2004～2013 年工资性收入在保持较快增长的同时（年平均增长率为 8.88%），随着转移性收入和财产性收入的快速增长，工资性收入占纯收入的比重略有下降。

第二，农村居民纯收入和财产性收入保持快速增长，财产性收入增长快于纯收入增长。2004～2013 年北京市农村居民人均纯收入年平均增长率为 10.99%，财产性收入年平均增长率为 14.44%。上海市农村居民人均纯收入年平均增长率为 11.18%，财产性收入年平均增长率为 14.86%。

第三，在农村居民财产性收入中，租金是农村居民财产性收入的第一大来源。对北京市农村居民来说，租金、集体分配股息和红利、转让承包土地经营权收入是农民财产性收入的三大来源，租金是农民财产性收入的主要来源。租金、集体分配股息和红利、转让承包土地经营权收入保持快速增长。对于上海市来说，2010 年，租金是农村居民财产性收入的第一大来源，土地征用补偿是农村居民财产性收入的第二大来源，利息是农村居民财产性收入的第三大来源。2012 年，租金和利息是上海市农村居民财产性收入的两大主要来源。

（五）北京上海农村居民收入和财产性收入的发展趋势

第一，农村居民收入结构与城市居民收入结构逐步趋同。就我国来说，城市居民收入结构以工资性收入为主体，转移性收入为重要组成部分，经营性收入和财产性收入为补充。2013 年，我国城市居民家庭人均收入中，工资性收入是主体，占家庭总收入的 66.87%；转移性收入是第二大来源，占家庭总收入的 28.58%；经营性收入是第三大来源，占家庭总收入的 3.28%；财产性收入是第四大来源，占家庭总收入的 1.27%（见表13）。与城市居民家庭收入结构相比较，随着农村居民工资性收入和转移性收入比重的逐步上升，经营性收入比重的逐步下降，北京、上海农村居民家庭收入结构与城市居民家庭收入结构日益接近。农村与城市居民家庭收入结构的不同之处主要表现为农村居民财产性收入占纯收入的比重高于城市居民。

表 13　2013 年全国城镇居民及北京、上海农村居民收入结构

单位：%

	全国城镇居民	北京农村居民	上海农村居民
家庭总收入/纯收入	100	100	100
工资性收入	66.87	65.63	64.44
经营性收入	3.28	4.54	4.79
转移性收入	28.58	18.79	22.51
财产性收入	1.27	11.03	8.26

从北京市农村居民纯收入构成及发展趋势看，2004 年以来，随着城市化的逐步推进和城乡一体化建设步伐的不断加快，在北京市体制改革和富农惠农政策密集出台的大好环境下，北京市农村在基础设施建设、产业发展、市场信息、社会保障和就业等方面享受到了与城镇同样的文明和实

惠，农村居民的生产、生活方式逐步发生改变。农村居民以第一产业为主的生产经营活动日渐收缩，第一、第二、第三产业经营性收入在纯收入中的比重日益降低，从 2004 年的 24.86% 逐步降低到 2013 年的 4.54%。随着农村剩余劳动力逐步向城镇转移，与城镇居民一样，工资性收入占农村居民纯收入的比重逐步增长，从 2004 年的 60.77% 逐步增加到 2013 年的 65.63%。随着社会保障服务体系的不断完善、保障水平的日益提高，农村居民获得的转移性收入不断增长，农村居民的转移性收入于 2011 年超越家庭经营收入，成为拉动收入增长的第二主力，从 2004 年的 6.0% 逐步增加到 2013 年的 18.79%；同时，财产性收入从 2004 年的 8.38% 逐步增加到 2013 年的 11.03%。

第二，农村居民财产性收入结构出现分化，与农村居民资源禀赋相联系，部分农村居民财产性收入结构仍将保持自身独特构成，部分农村居民财产性收入结构与城市居民财产性收入结构趋同。一方面，从北京市的发展趋势看，与农村居民资源禀赋相联系，在农村集体拥有一定的集体资源、资产、资金，农村居民拥有一定的土地（承包权）数量的条件下，集体分配股息和红利、转让承包土地经营权收入是农村居民财产性收入的重要组成部分。2013 年，集体分配股息和红利是北京市农村居民财产性收入的第二大来源，占农民财产性收入的 15.4%；转让承包土地经营权收入是农民财产性收入的第三大来源，占农民财产性收入的 4.5%。另一方面，与城市居民一样，租金成为北京市农村居民财产性收入的第一大来源。2013 年，北京市农村居民人均租金收入 1562 元，比上年增长 39.5%①，占农民财产性收入的 77.2%；同时，近年来，租金占财产性收入的比重呈快速增长趋势，从 2004 年的 41.8% 提高到 2013 年的 77.2%，占比提高了 35.4 个百分点。从上海市的发展趋势可以看出，随着城市化水平的进一步提高，农村居民的财产性收入结构逐步与城市居民趋同。2012 年，租金和利息收入是上海市农村居民财产性收入的两大主要来源，分别占农村居民财产性收入的 66.6% 和 2.2%。

---

① 2013 年，北京市租金收入快速增长，主要是"国五条"细则出台后，僵持的二手房交易带来了成交和租房需求的双增长，供需调整的结果是房租大幅度提高，部分房客为了应对房租上涨宁愿住得远一点，以时间省开销。这使得农民的房租收入较往年大幅度提高。

第三，土地征用补偿收入在农村居民财产性收入中的占比逐步降低。随着城市化水平的逐步提高，农村土地征用将会逐步减少，土地征用补偿收入占比也将逐步降低。北京市农村居民土地征用补偿收入占纯收入的比重从2004年的35.4%下降到2010年的21.9%，2011年以后，不再对土地征用补偿单独统计。2011年、2012年、2013年，北京市农村居民收入扣除利息、集体分配股息和红利、租金和转让承包土地经营权收入之后的其他收入，分别为4.9%、2.9%和1.2%。同样，在上海市农村居民财产性收入中，土地征用补偿占纯收入的比重逐步下降，从2004年的20.5%降至2010年的7.7%。2011年以后，上海市农村居民土地征用补偿收入也不再单独统计。

四 多渠道增加北京市农村居民财产性收入的对策建议

从北京市农村居民财产性收入发展趋势看，利息、集体分配股息和红利、租金和转让承包土地经营权收入仍将是农村居民财产性收入的重要来源，需要根据当地农村和农民自身的资源禀赋和需求，多渠道增加农民的财产性收入。

一是全面推进城乡一体化的体制机制建设，统筹城乡经济社会发展。党的十八届三中全会决定明确指出，必须健全体制机制，形成以工促农、以城带乡、工农互惠、城乡一体的新型工农城乡关系，让广大农民平等参与现代化进程、共同分享现代化成果。新时期要通过全面深化改革，深入推进城乡一体化，统筹工业化、信息化、城镇化、农业现代化，加强农村经济社会建设，使农村居民在基础设施建设、产业发展、市场信息、社会保障和就业等方面享受与城市居民同样的基本公共服务，为农村居民增加财产性收入创造良好的经济社会环境。

二是改革农村土地制度，保障农民的土地财产权。财产性收入的产生有两个前提，一是有财产，二是可以出让财产的使用权以取得收入。土地财产是农民最主要的财产，增加农民的财产性收入，首先必须深化土地制度改革。要按照中共中央国务院《关于加大改革创新力度加快农业现代化建设的若干意见》（2015年中央一号文件）等相关文件精神，稳步推进农村土地制度改革试点。在确保土地公有制性质不改变、耕地红线不突破、农民利益不受损的前提下，审慎稳妥推进农村土地制度改革。分类实施农村土地征收、集体经营性建设用地入市、宅基地制度改革。要在"坚持农村土地集体所有的前提下，促使承包权和经营权分离，形成所有权、承包权、经营权三权分置，经营权流转的格局"。要探索程序规范、补偿合理、保障多元的土地征收制度；同权同价、流转顺畅、收益共享的农村集体经营性建设用地入市制度；依法公平取得、节约集约使用、自愿有偿退出的宅基地制度。要加快建立城乡统一的建设用地市场，赋予农民对承包土地的占有、使用、收益和处分的完整权能，发挥市场在土地资源配置中的决定性作用，积极探索推进农民以承包地、宅基地、林地等产权进行抵押贷款融资的改革。

三是规范租房市场，保障农民租房权益。随着城市化进程的加快，城市人口日益增多，城市住房需求不断加大，租赁住房成为城市居民特别是中低收入居民解决住房问题的主要渠道。但同时，受保障性租赁住房供应偏少、租赁制度建设滞后、租赁市场极度不规范等多种因素的影响，住房租赁市场存在低端市场租金上涨较快，群租现象普遍，租赁关系不稳定、纠纷频发，出租住房缺乏专业管理，安全隐患较多，租赁合同备案率低，市场监管缺失等问题。租金是农民财产性收入的主要组成部分，随着房地产市场的发展，要重视住房租赁市场制度建设，逐步规范租房市场，为农民住房出租提供规范的制度保障。要改变长期以来重买卖轻租赁的倾向，充分借鉴发达国家的经验，加紧研究、制定住房租赁市场的基本制度，尽快建立对租赁市场实施监控的数据统计、信息收集体系，从制度上促进住房租赁市场发展、进化。

四是加强农村"三资"管理，确保农民集体收益分配权。发展新型农村集体经济，完善法人治理结构，是保障农民集体收益分配权的重要内容。2013 年，北京农村集体经济实现股份分红 34.8 亿元，同比增长 47.5%，享受分红的股东比 2012 年增加 22 万人。要深化农村产权制度改革，确保农民真正拥有集体产权并享受其带来的收益。要支持和促进农村新型集体经济发展，进一步完善农民对集体资产股份占有、收益、有偿及抵押、担保、继承的配套政策，强化农村集体经济组织的民主管理，提高资产收益率，逐步扩大集体经济股份分红范围及分红比例，保障农民集体经济组织成员的权利。

五是规范土地流转，增进农民土地流转收益。按照 2015 年中央一号文件精神，推进农村集体产权制度改革。探索农村集体所有制有效实现形式，创新农村集体经济运行机制。抓紧抓实土地承包经营权确权登记颁证工作，明晰产权归属。要按照依法、自愿、有偿原则，改革完善承包土地流转制度，保障农民的土地流转权益。要加强农村土地承包经营权流转的管理与服务，建立健全土地承包经营权流转市场，引导、鼓励和规范农民以转包、出租、互换、转让、入股等多种方式流转土地承包经营权。

本研究协调人：张英洪

执笔人：刘志昌　夏　侠

2015 年 3 月 8 日

国外私有财产权保护经验

保护私有财产权是现代社会的基本价值共识。本部分着重分析近现代宪法的代表——英国宪法性文件、美国宪法及其修正案、法国宪法和宪法性文件、德国基本法和俄罗斯宪法等相关规范，展现人类保护私有财产权的宪法历程，并总结出可资借鉴的历史经验，希望有助于我国财产权保护条款的研究。

一 现代私有财产权宪法保护的世界经验

（一）英国私有财产权的宪法保护

具有近代意义的私有财产权的宪法地位最早在英国宪法中确立，英国《大宪章》对私有财产权的维护和对王权的坚决抵抗直接推动了英国和人类的宪政进程。1215 年 6 月 15 日英国约翰王签署了封建贵族集团拟订的《大宪章》，被视为该进程的起点。《大宪章》共 63 条，主要内容包括：①除国王战时被俘、册封国王长子为骑士、国王长女出嫁（以一次为限）时征收三项法定税金之外，如无全国公意许可，国王不得征收任何免役税和贡金；②在上述征收范围之外，国王如想征收免役税和贡金，必须用加盖印信的诏书送各大主教、伯爵和男爵等指明时间、地点召集会议，以获得全国公意的许可；③一切州郡、百人村、小市镇和小区均照旧章纳税，不得有任何增加；④国王的执行吏或管家吏在取得任何人的谷物或其他动产时，必须立即支付价金，经出售者准许延期付款的除外；⑤国王或者其官吏除经所有人或者自由人同意外，不得强取他人的车、马、木材等供自己私用；⑥任何自由人，未经同级贵族的依法裁判，或经国法判决，皆不得被没收财产；⑦除战时和敌对国家的人民外，一切商人在遵守旧时公正习惯的前提下，皆可免除苛捐杂税，在英格兰自由出入和经商。这些不仅是英国宪法史上最早明确保障私有财产权的法律条款，也是世界宪法史上的第一次，意义非常、影响深远。1295年，英国议会迫使英王爱德华一世签署了《无承诺不课税法》，该法规定："非经王国之大主教、主教、伯爵、男爵、武士、市民或其他自由民之自愿承诺，英国君主及其嗣王，均不得向彼等课征租税或摊派捐款。"该法以成文法形式捍卫了《大宪章》所确立的"私有财产不可侵犯"和"未经被征税者同意不得征税"的原则。1628年，英王查理一世又签署了爱德华·柯克爵士起草的《权利请愿书》，《权利请愿书》明确规定：英国人民"非经国会同意，有不被强迫缴纳任何租税、特种地产税、捐款及其他各种非法捐税之自由"；未经"适当法律程序"不得无故监禁或者处决臣民。《权利请愿书》确认了人民的财产权和人身权不受侵犯的基本原则，成为继《大宪章》之后英国宪法史上的又一份重要的法律文件。之后围绕吨税和磅税征收问题，议会与英王矛盾激化，最终爆发内战。中间有过短暂的共和时期、克伦威尔的护国时期和斯图亚特王朝的复辟时期。光荣革命后，1689年议会通过了著名的《权利法案》，确立了君主立宪体制：国王承诺绝不终止法律的实施；不经议会同意不得征税；在和平时期维持常备军须经议会批准；保证议员的言论自由；定期召开议会；等等。其中第4条规定："凡未经国会准许，借口国王特权，为国王而征收，或供国王使用而征收金钱，超出国会准许之时限或方式者，皆为非法。"至此，私有财产权不可侵犯的宪法地位在英国最终确立起来。关于《权利法案》的历史意义，马克思明确指出："回顾一下11世纪以来的英国历史，就可以十分准确地计算出，宪法上的每一个特权是牺牲了多少头颅和花费了多少英镑才取得的。"①

在英国财产法中，私有财产权在本质上是自然人的权利，是基本人权的一部分。自然法的基本理论主张民众享有普遍的天赋权利，包括生命权、自由权和财产权。该思想后来被体现在许多国家的宪法和重要的国际条约之中。②例如1948年联合国大会颁布的《世界人权宣言》声明："每个人都有独立的以及与他人共同地拥有财产的权利，任何人的财产权都不

---

① 《马克思恩格斯全集》第5卷，人民出版社，1958，第511页。
② 曹培：《英国财产法的基本原则与概念的辨析与比较》，《环球法律评论》2006年第1期。

应当被强制剥夺。"该原则在许多国家的宪法和人权法中都有所体现。财产法的基本功能是将私有财产概念具体化和细化,规范出财产权益,并保护个人所拥有、享有和处分自己财产的自由权利。英国财产法集中体现私人财产的取得、使用、消费、分配和交换等手段,法律授予权利人(在一定公法范围内)任意处置他们所拥有的财产的权利,而其他人未经许可不能对此权利有任何干涉。在正常生活情况下,财产法保证人们通过合法程序手续实现财产转让的愿望,如财产购买、投资股票股份、租赁、赠与、遗赠等。在非正常情况下,财产法保护私人财产不受侵犯,或确保该财产被侵犯后受害人得到救济和补偿。因此财产法不仅有自身完整的逻辑性,而且还能做到上与国际条约和宪法中的原则一致,下与"契约自由"的合同法紧密衔接,成为现代生活和市场经济制度的支柱法律。[1]

在英国财产法律中,凡是个人可以支配、具有使用和交换价值的东西都是法律意义上的财产,不论是有形的还是无形的。也就是说,法律上的个人财产实际上是指个人的总财富。这样的思考方式是出于保护私人财产和促进市场交易的需要。在英国财产法律中,无论是什么物体,法律一旦承认它们是"财产",也就意味着它们是有价值、可以被转让和被继承的。不论各种形式的财产如何转换,财产法都能够妥善地保护它们不受侵犯。在保护私有财产的原则中又延伸出两个原则,其一是保护个人财产所有权;其二是维护市场的公信力。后者不仅保护财产所有人个人,也保护市场交易中的善意第三者的利益。英国财产法的发展过程就是围绕上述两大原则进行的。英国法律通过规范相关市场行为,确保为所有人、出让人、受让人和善意第三人的利益设计出合理的平衡机制,并制止一切对他们财产的侵权行为。

总之,英国法律中的财产概念完全是为了保护私人财产而设计的。这个原则决定了英国法律在基本原则、概念、技术、法律渊源等方面经过几百年历史的积淀而融合在一起,成为严密的财产法统一体。因此,英国宪政逐步确立的历史就是私有财产权逐渐确立的历史,即作为地产所有者的贵族为捍卫财产自由不得不对抗专制王权的表现形式——无限征税权,进而在法律上确立征税须经大议会的同意以逐步限制王权,并随着斗争的

---

[1] 曹培:《英国财产法的基本原则与概念的辨析与比较》,《环球法律评论》2006年第1期,第16页。

胜利一步步将之转化成现代民主形式。

（二）法国私有财产权的宪法保护

在法国封建统治社会时期，私有财产权一直受到王权、领主权和教会权等三权的严重侵害，只有在法国大革命①之后，法国宪法中才确立了私有财产权，开始了对私有财产权的保护。例如，在封建统治时期，所有农民须向领主缴纳年贡、地租以及现金或实物税、土地转移和买卖税、市场税，还要向教士缴纳什一税②，农民成了"社会重负的牲畜"③。在法国封建统治时期，社会主要由三个等级组成，其中教士和封建贵族构成特权阶级，工商业资产阶级、城市工人和贫苦农民以及其他社会成员组成的第三等级处于社会的最底层，包括私有财产权在内的基本权利根本得不到保障，于是法国革命的爆发是迟早的事。

1789 年 8 月 26 日，法国国民议会通过《人权和公民权利宣言》（即《人权宣言》）。《人权宣言》明确宣布自由、平等、财产和安全是天赋的神圣不可侵犯的人权，宣布了"主权在民"的原则，宣布了私有财产神圣不可侵犯。《人权宣言》成为法国大革命彻底性和典型性的重要标志。《人权宣言》的第 2 条规定："任何政治结合的目的都在于保护人的自然的和不可动摇的权利。这些权利就是自由、财产、安全和反抗压迫。"第 14 条规定："所有公民都有权亲自或由其代表来确定赋税的必要性，自由地加以认可，注意其用途，决定税额、税率、客体征收方式和时期。"第 17 条规定："财产是神圣不可侵犯的权利，除非当合法认定的公共需要所显然必需时，且在公平而预先赔偿的条件下，任何人的财产不得受到剥夺。"

此后，上述保护自由、平等、财产和安全的规定构成法国私有财产权宪法保障制度的核心，成为法国各部宪法的基本内容。如，1791 年（9 月 3 日）宪法第一篇在保障自然权利和公民权利中明确指出："宪法保障财产

---

① 法国大革命（1789～1799 年）时期是法国乃至欧洲发生激烈的政治及社会变革的时期。法国的政治体制在大革命期间发生了史诗性的转变：统治法国多个世纪的绝对君主制与封建制度在三年内土崩瓦解，过去的封建贵族和宗教特权阶层不断受到自由主义政治组织和平民的冲击，传统观念逐渐被全新的天赋人权、三权分立等民主思想代替。

② 什一税源于旧约时代，是由欧洲基督教会向居民征收的一种主要用于神职人员薪俸和教堂日常开支以及赈济的宗教捐税，这种捐税要求信徒按照教会的规定或法律的规定，捐纳本人收入的十分之一供宗教事业之用。由征收什一税而建立的制度亦称什一税制，简称什一税。

③ 〔法〕托克维尔：《旧制度与大革命》，冯棠译，商务印书馆，1992，第 70～73 页。

的不可侵犯，或者保障对财产的公平而预先的赔偿，如果依法认定为了公共的需要而须牺牲其财产的话。供宗教支出及供一切公用事业之用的财产属于国家所有，并永远由国家支配之。宪法保障过去或今后按法律所规定的手续而转移财产的行为。"

法国 1791 年宪法与 1793 年宪法在内容上存在很大差异。正是因为这种差异的鲜明性，有学者称 1791 年宪法与 1793 年宪法体现了孟德斯鸠的自由主义权力分立与卢梭的民主主义权力集中、立宪民主主义与绝对民主主义、市民民主主义与社会民主主义的对比。例如，1793 年《人权宣言》和宪法旗帜鲜明地宣布"主权属于人民"。宣言第 1 条："社会的目的就是共同的幸福。政府是为保障人们享受其自然的和不可动摇的权利而设立的。"第 9 条："法律应当保护公共的和个人的自由来对抗执政者的压迫。"1793 年宪法体现了罗伯斯庇尔的思想，坚持人民主权，摒弃三权分立，庄严地宣布："主权属于人民。它是统一而不可分的、不可动摇的和不可让与的。"这两部宪法的差异也是法国资产阶级革命不同时期社会形势不同的反映，而且在保护个人财产权方面逐渐成熟和进步，主要体现在 1793 年宪法的以下 3 条中。第 16 条规定："所有权就是各个公民有随意使用和处分其财产、收入、劳动成果和实业成果的权利。"第 19 条规定："除非经合法认定的公共需要所必需时，且在公平而预先赔偿的条件下，任何人的财产的最小部分在未得其同意以前不得受到剥夺。"第 20 条规定："除为公共用途外不得创设任何赋税。一切公民均有权协助赋税的创设，监视其用途并了解其状况。"

(三) 美国私有财产权的宪法保护

在北美殖民地建立初期，私有财产征税事宜由各殖民地议会自行决议，英国王室并不介入。1670 年以后英国王室因财政困难，加紧了对殖民地的控制，开始逐步扩大在殖民地的税收征收力度，各种苛捐杂税相继出现，激起了殖民地人民的强烈抗议并最终导致独立战争爆发。1776 年 7 月 4 日，《独立宣言》宣告了新国家——美国的诞生。《独立宣言》提出："人人生而平等，造物主赋予他们若干不可让与的权利，其中包括生存权、自由权和追求幸福的权利。为了保障这些权利，人们才在他们中间建立政府，而政府的权力，则是经被统治者同意授予的。任何形式的政府一旦对这些目标的实现起破坏作用时，人民便有权予以更换或废除，以建立一个新的政府。新政府所依据的原则和组织其权力的方式，务使人民认为唯有这样才最有可能使他们获得安全和幸福。"其中，追求幸福的权利相当于洛克所说的广义上的财产权。美国宪政观念与实践和财产权的保护息息相关，许多制度与体制的安排都能从对财产权的保护中找到渊源。例如，《独立宣言》把财产权描述为具有持久修辞力的"追求幸福的权利"，扩大了财产权的涵盖范围，就像大法官弥勒在1873年屠宰场案判词中所说的那样：任何人"有权以不同其他人的同等权利相冲突的方式来从事任何合法的商业或职业，以增加他们的财产或发挥他们的才能以获得最幸福的享受"。宣言明确了建立新政府的基本目的"新政府的基本原则和政权组织形式，必须是最便于实现人民的安全和幸福"，并根据政府怎样增进社会福利和保障个人权利的标准来评价政府。

在阐述革命理由时，《独立宣言》提出"未经我们同意便向我们强行征税"即为革命理由的重要一条。依据税收法定原则，1787年《美国联邦宪法》第1条规定国会征税权范围为"规定和征收直接税、进口税、捐税和其他税"，但不包括人们私有财产的所得税。直到1913年2月3日第16修正案才正式规定："国会有权对任何来源的收入规定和征收所得税，无须在各州按比例进行分配，也无须考虑任何人口普查或人口统计。"对私有财产权的保护主要体现在两项宪法修正案中，如第5修正案规定："任何人……不经正当法律程序，不得被剥夺生命、自由或财产。不给予公平赔偿，私有财产不得充作公用。"第14修正案第1款也规定："任何一州……不经正当法律程序，不得剥夺任何人的生命、自由或财产。"

在保护私有财产权的法律方面，美国第5修正案和第14修正案包含的正当程序条款是1930年以后宪法的主要依据。与欧洲各国一致，美国对私有财产权的宪法保护也经历了从绝对保护到相对保护的历史转变。美国建国之初基本上采纳了洛克以来传统自由主义的观点，将财产权视为基本人权的核心。在帝国主义垄断时期，美国财产权的重要性逐步降低，其社会义务与法律限制的正当性渐渐被人们所接受，标志是确立了"优先地位说"。该理论的基本观点是，宪法赋予人身权优先于财产权的地位，法院在实施司法审查职能时需要采用双重标准。在19世纪的美国，财产权占据了统治地位。一个世纪后，关心维护人身权成为更重要的标准，关心财产权则处于次要地位。随着人们关心的焦点集中在为个性的发展提供保障方面，法官更乐于查明立法机构对有关人权而非经济方面的财产权的侵犯，即政府的作用主要在于保证每个人都有合适的生存条件，而非单纯的物质财产。财产权地位的弱化表明美国人民对其价值和地位认识的逐步深化。

美国以自然法理论建立了一个平等的、自由的宪法制度来保护财产权，财产权在这个制度体系结构中占据核心地位。美国宪法开篇就紧紧围绕维护财产权利和契约权利展开，前10条宪法修正案即《权利法案》中有数条与保障私有财产权有关。第2条赋予了人民携带武器的权利，以保障神圣的人身和财产权利。第3条规定："在和平时期，非经户主的许可，不得在任何民房驻扎军队，在战时，除非依照法律规定的方式，亦不得在民房驻扎军队。"第4条规定："人民保护其身体、住所、文件与财产不受无理搜查与扣押的权利，不可侵犯；亦不得颁发搜查证、拘捕证或扣押证，但有可信的理由，有宣誓或郑重声明确保并且具体指定了搜查地点、拘捕之人或拘押之物的除外。"第5条规定："未经正当法律程序，不得剥夺生命、自由或财产。不给予公正赔偿，私有财产不得充作公用。"第8条规定："不得规定过多的保释金，不得处以较高的罚金。"宪法中所有与商业贸易有关的条款都与保障私有财产权有直接的联系。财产权天然地具有两个维度的特征，即自我无限扩张倾向和对外防御倾向。自我无限扩张倾向决定了权力介入的必要性；对外防御倾向则构成了对权力介入及其运作的有效制约。① 这样可以保证在个人权利与政府权力之间，以及个人利益与社会利益之间达到必要的相对平衡。

总之，美国在人权制度化进程中，始终以财产权为核心，以个人拥有完整的财产权利和从事经济活动的自由为先决条件，但财产权作为个人权利与政府权力的界限发生了位移。财产权自诞生之日起就披上了神圣的外衣，财产权权格上的神圣性在实践中演变为对财产权保障的绝对性。随着社会的发展，财产权的神圣性逐渐退去，其权格表现出更强的社会性，权格的社会性导致对财产权保障的相对性。美国财产权发展的一般轨迹是从神圣性走向社会性，从绝对保障走向相对保障。

（四）德国私有财产权的宪法保护

德国近代宪法制定较晚，受英国、美国、法国财产权比较成熟的影

① 赵宗亮：《论财产权在美国的演进及保障》，载《光华法学》第3辑，西南财经大学出版社，2009，第169~170页。

响，人们对私有财产权已经有了更深层次的理解：私有财产不仅具有个体职能，还具有社会职能，其使用必须为公共福利服务。1919 年 8 月 11 日德国颁布的《魏玛宪法》成为现代宪法的典范，其第 153 条对私有财产权的社会职能做出了里程碑式的规定："①所有权，受宪法之保障。其内容及限制，以法律规定之。②公用征收，仅限于裨益公共福利及有法律根据时，始得行之。公用征收，除联邦法律有特别规定外，应予相当赔偿。赔偿之多寡，如有争执时，除联邦宪法有特别规定外，准其在普通法院提起诉讼。联邦对于各邦自治区及公益团体行使公用征收权时，应给予赔偿。③所有权为义务，其使用应同时为公共福利之义务。"该条是对私有财产权的一般规定。上述第 1 款所有权受宪法之保障和第 2 款公用征收补偿的规定，实际上仍然遵循了近代发达国家宪法保护私有财产不受侵犯的精神。第 3 款对所有权义务属性的揭示，则是适应时代发展需求所作的成功补充和创新。第 155 条私人土地的社会义务和第 156 条私人企业社会化的特别规定，则针对农业中最基本的私人财产（土地）和工商业中最基本的私人财产（企业）的社会义务做出了更具体的规定："土地之耕种及开拓，为土地所有者对于社会之义务。土地价值之增加非由投资或人工而来者，其福利应归社会。"第 155 条提出："联邦依据法律，照公用征收之规定，将私人经济企业之适合于社会化者，予以赔偿收归公有。"第 156 条修正了近代私有财产权的绝对宪法保障，体现了人类对财产权本质属性的进一步认识。

1949 年 5 月 23 日通过的《德意志联邦共和国基本法》吸收了《魏玛宪法》的有效规定和历史教训，根据时代发展需要对私有财产权做出了深入而有力的宪法规范。第 14 条规定："一、财产权及继承权应予保障，其内容与限制由法律规定之。二、财产权负有义务。财产权之行使应同时有益于公共福利。三、财产之征收，必须为公共福利始得为之。其执行，必须根据法律始得为之，此项法律应规定赔偿之性质与范围。赔偿之决定应公平衡量公共利益与关系人之利益。赔偿范围如有争执，可向普通法院提起诉讼。"第 15 条规定："土地与地产、天然资源与生产工具，为达成社会化之目的，得由法律规定转移为公有财产或其他形式之公营经济，此项法律应规定赔偿之性质与范围。关于赔偿，适用基本法第十四条第三项第三、四两段。"上述规定现已成为大陆法系国家相关规定的立法典范。《德意志联邦共和国基本法》一方面坚持私有财产权的宪法保障，以之作为基本原则；另一方面则强调了法律对财产权本身的限制，并始终坚持私有财产的公用征收和社会化的法治化路径。

共和理论正如德国基本法，将财产权视为人格独立的标志，以实现合适的自我发展以及可靠的公民资格。① 德国联邦宪法法院一向明确认为：《基本法》第 14 条中的"所有权"（或者"财产权"）这一术语比基于私法目的的德国民法典所界定的外延要宽泛。德国式的方法论避免了将财产权的定义局限在任何一个特定的历史时期，使得第 14 条的保障可以包含任何新出现的、未被先例囊括的财产性利益。联邦宪法法院认为：环境规制应以保障作为人类生存基础的自然资源为目的。② 比如，流动的水不仅在社会意义上而且在生态意义上是公共的。《基本法》第 14 条的表述是："财产权与继承权应予保障。"德国联邦宪法法院将此款解释为对财产权的制度性保障，并进一步将财产私人所有的权利定位为"一项重要的基本权利"。可见，德国宪法的理念具有一定的权变思想，即一项财产性利益越多地涉及核心宪法宗旨，就应通过征收条款或者通过实质性正当程序规则受到越严格的保障。遵循这一理念，可能使现行宪法实践中一些类别的案件得以维持，而另一些案件被改变。如果所涉财产性利益与宪法财产权条款的核心宗旨密切相关，一个更强有力的实质性正当程序规则成为需要；在其他案件中，该规则依然没有用武之地。简言之，征收条款应当继续，甚至在一些案件中可以更前进一些，而其他案件中该条款扮演的角色可以有所退缩。这些理论权变变化发生在何处，首先取决于法院对宪法化之财产权的核心宗旨的界定。对核心宗旨的甄别是一个争议重生的过程，虽然什么是核心宗旨的争议始终难以平息，但德国经验告诉我们对宪法的理解达成共识有赖于时间。

总之，在德国宪法价值中，财产权的核心功能是促进个人的自我实现，这不仅为其自身利益，而且有助于公民成为社会中有用的和富有贡献的成员。联邦宪法法院坚决捍卫财产权免受规制侵犯，主要涉及个体或社

---

① See J. G. A. Pocock, *The Machiavellian Moment*, Princeton University Press, 1975; Gregory Alexander, "Time and Property in the American Republican Legal Culture", *N. Y. U. L.*, Rev. 273, 1991.

② Gregory S. Alexander：《财产权是基础性权利吗？——以德国为比较项》，郑磊译，载胡建森主编《公法研究》第 5 辑，浙江大学出版社，2007。

会功能，而不是经济、财富创造功能。只有当法院意识到案件直接涉及的利益主要服务于前者时，才为作为基础性权利的财产权提供保护。对作为宪法价值的财产权概念进行有目的性的区分的方法，足以解释为什么德国基本法将财产权视为基础性权利，而美国宪法则没有。

（五）俄罗斯私有财产权的宪法保护

在 1991 年 12 月苏联解体之前，其宪法中关于私有财产权的规定主要是基于对马克思私有财产思想机械的教条式执行，即以消灭私有制和全民生产资料所有权（制）为立宪目的和价值取向；在苏联解体之后，俄罗斯实行激进的私有制，回归大陆法系的立法轨道，在宪法中重新认可了私有财产权的地位。

1918 年 7 月 10 日全俄苏维埃第五次代表大会通过《俄罗斯苏维埃联邦社会主义共和国宪法（根本法）》[①]，是世界上第一部所谓的社会主义性质的宪法，该宪法充分展示了不同于资本主义宪法的特色。宪法第 3 条规定："第三次全俄工兵农代表苏维埃代表大会的基本任务是消灭任何人对人的剥削，完全消除社会之划分为各阶级的现象，无情镇压剥削者的反抗，建立社会主义的社会组织，使社会主义在一切国家中获得胜利。""一、为实现土地社会化，废除土地私有制，宣布全部土地为全民财产，并根据土地平均使用的原则无偿地交付劳动者使用。二、全国性的一切森林、蕴藏与水利，全部家畜与农具，实验农场与农业企业均宣布为国有财产。三、批准苏维埃关于工人监督和关于国民经济最高委员会的法令，以便保证劳动人民对剥削者实行统治的权力，并作为使工厂、矿山、铁路和其他生产及运输手段完全转归工农苏维埃共和国所有的第一步骤。"

1936 年 12 月 5 日全苏苏维埃第八次非常代表大会通过《苏维埃社会主义共和国联盟宪法》[②] 宪法规定，苏联是工农社会主义国家。苏联的政治基础是推翻地主和资本家的政权并建立无产阶级专政而成长和巩固起来的劳动者代表苏维埃。苏联的经济基础，是消灭资本主义体系、废除生产工具与生产资料私有制和消灭人对人的剥削而确立的社会主义经济体系和

---

① 1918 年苏俄宪法，http://pub.aufe.edu.cn/wwwroot/fxyxfx/ckzl/266146.shtml。

② 1936 年苏联宪法，http://baike.so.com/doc/5696834.html。

生产工具与生产资料社会主义所有制。1936 年苏联宪法确立了社会主义经济体系的统治地位，规定了对公民个人生活资料和个体农民及手工业者小规模私有经济的法律保护，彻底否定了以防范和对抗国家公权力恣意侵犯为目的的私有财产权的存在价值。第 4 条规定："苏联之经济基础为社会主义经济体系及社会主义生产工具与生产资料所有制，此体系及所有制因铲除资本主义经济体系，废除生产工具与生产资料私有制以及消灭人对人的剥削而业经奠定。"第 5 条规定："苏联社会主义所有制表现为两种形式：国家财产（全民财产）；合作社集体农庄财产（各集体农庄财产，各合作社财产）。"第 10 条规定："公民对其劳动收入及储蓄、住宅及家庭副业、家常及日用器具、自己消费及享乐品之个人所有权，以及公民个人财产之继承权，均受法律之保护。"1918 年苏俄宪法和 1936 年苏联宪法代表了在无产阶级意识形态下，人类对私有财产权弊端的规避，是对马克思关于私有财产思想教条式解读的法律实践，它的出发点是在苏联消灭资本主义制度，但矫枉过正走上了彻底否定私有财产权的错误道路。苏联模式的公有制实践表明，企图通过废除私有财产、财产权和私有制来消灭人间罪恶的长期努力导致事与愿违的结果，它非但没有消除人间的剥削和罪恶，相反还制造了普遍的贫穷、空前的集权和新的奴役。

1991 年苏联解体，独立后的俄罗斯于 1993 年 12 月 12 日通过了《俄罗斯联邦宪法》，在宪法中重新确立了私有财产的法律地位。[①] 第 8 条第 2 款规定："在俄罗斯联邦，私有财产、国有财产、地方所有财产和其他所有制形式同等地得到承认和保护。"第 9 条第 2 款规定："土地和其他资源可以属于私有财产、国有财产、地方所有财产和其他所有制的形式。"这 2 款宪法规定土地可以成为私有财产，突破了传统宪法对土地的限制，同时私有土地和其他所有制形式同等地得到承认和保护在宪法中得到确认。第 35 条规定："（1）私有财产权受法律保护。（2）每个人有权拥有私有财产，有权单独或与他人共同占有、使用和分配这些财产。（3）任何人都不能被剥夺属于自己的财产，法院决定的除外。为国家需要而把财产强制性地划归国有，只有在事先和等值补偿的情况下才能进行。（4）继承权受保护。"第 36 条规定："（1）公民及其团体有权拥有私有土地。（2）对土地

---

① 俄罗斯联邦宪法，http://baike.so.com/doc/6518945.html。

和其他自然资源的占有、使用和分配由其所有者自由实施，但不得破坏环境和损害他人的权利与合法利益。（3）使用土地的条件和程序依照联邦法律确定。"从这些宪法条款的表述、语句、结构和体系，以及在宪法前言中提倡的"确认人的权利和自由、公民和睦与和谐，维护历史形成的国家统一，依循普遍公认的各民族平等和自决的原则"可以看出，俄罗斯1993年宪法是对《人权宣言》以来欧洲法政文明的继承，表明俄罗斯宪法回归保护私有财产权的正确轨道。

与试图通过废除私人财产和财产权来消灭人间剥削和罪恶的路径相反，另一条道路就是尊重和保障私有财产权，这已经成为当今世界各国的共同选择。与其不能将人类的自私从人性中删除，还不如顺其自然，保障个人的私有财产权，这虽是一种无奈，却是理性的选择。苏联和中国都是社会主义国家，法律都属于社会主义类型，都是在马克思主义理论指导下并根据本国国情制定了相应宪法，为此研究俄罗斯制定和变更有关宪法的历史背景和经验、教训对当前我国建立法治国家和法治建设有重要意义。

二 发达国家私有财产权宪法保护的启示

休谟指出："没有人能够怀疑，划定财产、稳定财物占有的协议，是确定人类社会的一切条件中最必要的条件，而且在确定和遵守这个规则的合同成立之后，对于建立一种完善的和谐与协作来说，便没有多少事情要做了。"① 由此可见确立私有财产权对于人类社会共同体的重要意义。根据历史进程的阶段性特征，英国宪政革命、法国大革命和美国独立战争发生在 17~19 世纪，属于近代历史进程；发生于 20 世纪的德国变革和俄罗斯巨变则属于现代历史进程。二者虽有明显的时代差异，但在私有财产权宪法保护方面具有的历史意义却是相同的。

（一）保护私有财产权是时代发展的潮流

发达的资本主义国家和第一个社会主义国家都确立私有财产权宪法保护制度的历史进程表明：保护私有财产是人类理性最终抉择的必然结果，

---

① 〔英〕休谟：《人性论》下册，关文运译，商务印书馆，1980，第 532 页。

在宪法上确立和保护公民私有财产权是人类社会文明进步的必由之路，也是人类社会民主发展的必然选择。上述五个现代国家的宪政制度史无可辩驳地证明了一个颠扑不破的真理：保护私有财产权，是实践法治、民主、人权、正义和平等等人类价值的重要基础。私有财产权是确保人类尊严和生存权的基础，它根植于人之本性，表征着人最可贵的理性品格，蕴含着自由、自主、自治的主体价值因子，彰显了人格和思想的独立，构成了各种族、民族、宗教、文明、阶层的基本价值共识；它是所有人基于常识做出的当然选择，是不容违逆的客观规律。苏联社会主义国家的解体，也从反面证明，一个不能界定、尊重并有效保护人民私有财产权的国家，一个随意侵犯人民私有财产权的政权，注定会经济衰退、社会动荡、思想僵化、民众困苦，最终走向覆亡。

卢梭认为："财产权是所有公民权利中最神圣的权利，它在某些方面，甚至比自由还要重要"，"哪里没有财产权，哪里就没有正义"。[①] 恩格斯感叹："财富，财富，第三还是财富，——不是社会财富，而是这个微不足道的单个的个人的财富，这就是文明时代唯一的、具有决定意义的目的。"[②] 可以说，财产几乎成为人类政治、经济和社会活动的中心内容。[③] 对此，摩尔根提出："终有一天，人类的理智一定会强健到能够支配财富，一定会规定国家对它所保护的财产关系，以及所有者的权力范围。"[④] 总之，五国的历史进程清晰地印证了保护私有财产权的客观必然性。

（二）宣扬和践行保护公民财产权的思想

由于人类具有珍视自我功利的天性，保护私有财产权有利于保护公民个性自由、财产尊严和人格独立。因此，加强对私有财产权的保护是现代文明的基因和基础，对于破除传统计划经济体制中"公共利益至上""公有制至上"的思想意义重大。而私有财产权在张扬公民个性的同时，强调私人利益与公共利益协调发展，是法治意识、责任意识和公民权利的重要基础。近代宪法主张对私有财产权的绝对保护，现代宪法则对私有财产权

---

① 〔法〕卢梭：《论政治经济学》，王运成译，商务印书馆，1962，第25页。
② 《马克思恩格斯选集》第4卷，人民出版社，1972，第173页。
③ 张英洪：《财产权利、个人自由与国家繁荣》，《湖南公安高等专科学校学报》2009年第2期，第11页。
④ 〔美〕路易斯·亨利·摩尔根：《古代社会》（下），杨东莼等译，商务印书馆，1977，第6页。

进行限制性保护，对私有财产权的限制不得逾越必要限度，侵害到私有财产权的内核——对经济利益的排他性占有，这种关乎切身利益的实践教育，远胜于空洞无用的意识教化。在维护公民自身私有财产的行动中，捍卫权利、制衡公权、自治自决、利益衡量、遵守规则、理性民主和自由尊严等现代文明的所有因素都可以渗入每个公民意识的深处，内化为思想意识和行为惯例。

对于当下中国，这种保护公民财产权的思想运动尤其重要。社会进步的重要标尺是人民素质的提高和思想的进步，在我国社会发展的重大历史节点上，几乎都以思想转变为先导。传统中国社会的主流价值观是崇公抑私、重义轻利，新中国成立后把马克思主义与保护私有财产绝对对立，这两方面严重压抑了私有观念和私有财产的生存空间，遏制了公民个性和人格发展，是当代中国经济社会发展的重要障碍。在宪法上确立公民财产权不可侵犯、非依法律并循法定程序不得限制，且限制本身必须受到严格限制的制度，能迅速普及依法行政、程序正当、补偿公正等法治理念，从而极大地推进思想解放、实事求是的广度和深度，进一步推动我国的改革开放事业。

财产权是市场经济的基础，市场交易实质上是财产权的交易。卢梭认为财产是政治社会的真正基础，是公民订约的真正保障。没有财产权，就没有市场经济，没有自由和繁荣；没有财产权，就没有民主政治，没有法制和宪政；没有财产权，就没有和谐社会，没有道德和文明。[①] 中国保护公民财产权虽已写入宪法，但要走的路还很长。

（三）推进政治体制改革是保护私有财产的前提

哈耶克断言："如果没有一个把保护私有财产作为自己主要目标的政府，似乎不太可能发展出先进的文明。"时序上的前后也指明了建设法治国家的可行路径。前述英国的历史，更是确证了这一点。因为，政治革新的关键在于有效制约国家公权力。而确立私有财产权的基本人权属性（如固有性、基础性、至高性、不可侵犯性），自然会有效防止国家公权力的过度膨胀。缺乏经济和物质基础的国家公权力自然退去了傲慢、专横和恣

---

① 张英洪：《财产权利、个人自由与国家繁荣》，《湖南公安高等专科学校学报》2009 年第 2 期，第 14 页。

意，服膺于民意和民权。上述五国的宪政历史实践表明，私有财产权中蕴含的人的理性、尊严、自由、独立，是形塑社会必需的观念资源，保护私有财产权的观念不断普及和落实，进而完成宪政准备，开启政治革新。政治学家认为财产权构成对国家专横权力的制约，是人类自由与尊严的保障。财产权、生命权与自由权构成三项最基本的人权。米瑟斯认为，私有财产制度为个人创造了一个不受国家控制的领域，它对政府的意志加以限制，成为所有不受国家和强权控制的生活基础，成为自由、个人自治赖以植根和获取养料的土壤。那些想以其他的生产和分配方法取代私有财产的尝试，都很快就被证明是荒谬的。①

（四）推进循序渐进式社会演进改革模式

总结前述五国的历史发展脉络可以发现建构私有财产权宪法保护制度的路径无非是两种：暴力的革命或者非暴力的改良。前者以法国大革命为代表，后者以英国宪政改革为典型，二者殊途同归。选择何种方式主要取决于各国的具体历史条件，但就整体而言，渐进式的改良和革新所付出的社会成本较低，"性价比"高。颠覆性的革命带有强烈的冲击力，虽能迎合民众的变革快感，但如操控不当，便会对社会的存量资本极具破坏性，不到迫不得已不应轻易使用。而渐进式的改良需要耐心和毅力，日久天长，积量变而成质变。当代中国面临的挑战和问题错综复杂，精英阶层和普通民众都应保持头脑冷静，全面分析其他国家私产保护制度演进上的成败得失，结合我国的实际，精准地寻找具体的制度突破点，掌控改革的时点、节奏、力度，借助一个个具体的制度变革，最终汇聚成令世人惊叹的社会转型。我国改革开放以来的成功实践，就是最好的例证。

参考文献

［1］〔法〕卢梭：《论政治经济学》，王运成译，商务印书馆，1962。
［2］《马克思恩格斯选集》第4卷，人民出版社，1972。
［3］〔美〕路易斯·亨利·摩尔根：《古代社会》（下），杨东莼等译，商务印书馆，1977。

---

① 〔奥〕路德维希·冯·米瑟斯：《自由与繁荣的国度》，韩光明等译，中国社会科学出版社，1994，第104~105页。

［4］刘军宁：《风能进，雨能进，国王不能进》，载《自由与社群》，三联书店，1998。

［5］〔美〕科斯、阿尔钦、诺斯等：《财产权利与制度变迁——产权学派与新制度学派译文集》，刘守英等译，上海三联书店、上海人民出版社，1994。

［6］韩钢：《当代中国私有财产权的宪法保护及其制度建构——基于马克思私有财产思想的分析》，陕西师范大学博士学位论文，2013。

［7］〔美〕伯纳德·施瓦茨：《美国法律史》，王军等译，法律出版社，2007。

［8］张英洪：《财产权利、个人自由与国家繁荣》，《湖南公安高等专科学校学报》2009年第2期。

［9］〔美〕乔治·埃尔斯特：《宪政与民主：理性与社会变迁研究》，潘勤、谢鹏程译，生活·读书·新知三联书店，1997。

［10］赵宗亮：《论财产权在美国的演进及保障》，载《光华法学》第3辑，西南财经大学出版社，2009。

课题负责人：张英洪

课题组成员：王　飞　　陈晓红　刘　凯　　徐丽娜　任晋锋　孙日焱

　　　　　　　陈少天　闵施阳　刘雪艳　陈亚青　刘　胜　池章铭

　　　　　　　高亚琳　张佳莹　韩云飞　王思奇

执笔人：刘　伟

2014年12月

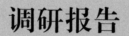

调研报告

北京市昌平区海鹠落村集体产权改革调查报告

进入 21 世纪后，随着昌平区农村城镇化的快速发展，农村集体财富迅速积累，由此也暴露了很多因集体产权权属不清带来的农民财产权益受侵害问题，如农村集体土地承包经营权、收益权没有充分落实，农村集体资产在使用、流转和变现过程中农民权益难以保证，村干部侵占集体资产等。2002 年，昌平区信访量最大的问题就是举报村干部侵害农民的权益，占信访总量的 50%，其中 70%~80% 是关于村干部侵吞集体资产的。2003年，昌平区委、区政府率先在北七家镇白坊、狮子营两个城镇化进程较快的村开展集体经济产权制度改革试点，探索通过引进现代企业产权管理制度，把农村集体资产变成股权，让农民成为股东，把资产收益权利交给农民。此后，在两个试点村的基础上，昌平区继续扩大试点范围，在城南街道办事处凉水河村、山峡村、介山村、化庄村，百善镇泥洼村，回龙观镇南店村，小汤山镇大柳树村，东小口镇店上村，沙河镇小沙河村进行扩大改革试点。在试点的基础上，全面推进农村集体产权制度改革。2010 年 6月，北七家镇海鹠落村依据北京市相关政策法规和昌平区相关政策文件，结合本村实际，制定了集体产权制度改革方案，开始推进农村集体产权制度改革。

一 海鹠落村农村集体产权制度改革的主要举措

（一）清算资产、核查人口

海鹠落村自 2010 年 3 月 7 日开始，在区、镇农村集体经济产权制度改革工作队的指导下，经村民代表会议通过，成立了产权制度改革领导小组，领导小组下设宣传小组、清产核资小组和人口清查小组。

首先是清算资产。经清产核资小组对海鹃落村农村集体资产认真清理、核实，报北七家镇人民政府和昌平区农村合作经济经营管理站审核认定，截止到基准日（2010 年 3 月 31 日 24 时，下同），该村资产总额为26004.17 万元，其中净资产 14839.61 万元，土地作价 11164.56 万元。

其次是核查人口。人口清查小组对该村自 1956 年合作化以来，截止到基准日户口在本村并参加集体经济组织生产的劳动人员进行了细致清查、登记并张榜公布。截止到 2010 年 6 月 8 日清查登记结果公示，全村共2209 人，享受户籍股 1260 人，享受劳龄股 2064 人，享受独生子女父母奖励股 620 人。

（二）量化配股

海鹃落村在资产清算和人口核查的基础上，将集体净资产总额26004.17 万元全部量化到村集体和个人。其中，把集体净资产的 30 %（7801.25 万元）量化为集体股，集体股入股股份合作社，作为本村劳动群众集体共同共有资产。把集体净资产的 70 %（18202.92 万元）量化为个人股。个人股为本村按规定享受量化配股资格的个人所得股份，归个人所有。主要按照户籍股、劳龄股和独生子女父母奖励股三种股份进行量化配股，其中户籍股占 35%，劳龄股占 60%，独生子女父母奖励股占 5%。

1. 户籍股

海鹃落村户籍股量化资产总额为 63710226.97 元，占个人股总资产的35%，海鹃落村符合条件可以享受户籍股的人数为 1260 人，单位户籍股资产为 50563.67 元/人。根据改革方案，户籍股为以下七类人员享有。

第一类，本村在册的农业户口人员（因子女接班非转农人员除外、1985 年 12 月 31 日以后非政策性迁入本村的农业户口人员除外、空挂户除外）。

第二类，升学前是本村农业户口，后因升学转为非农业户口（指考入中专、大专、大学）的截止到改革基准日仍在校的全日制学生。

第三类，入伍前是本村农业户口的，改革基准日前未提干的现役军人。

第四类，父母一方为本村农业户口，改革基准日前未满 18 周岁、户口在本村的非农业户口的未成年人。

第五类，被强制劳动教养和被强制劳动改造期间原本村农业户口人员。

第六类，改革基准日前出生，且父母一方为本村农业户口并符合相关政策的未办理户口登记的新生儿。

第七类，在产权制度改革过程中，对于非政策性迁入北七家镇的农业户口人员，在北七家镇履行了村民服兵役的义务，按照《北京市拥军优属工作若干规定》给予适当照顾。本人及其农业户口的直系亲属可以享受户籍股。

明确改革基准日前，已死亡未办理户口注销手续的人员，不享受户籍股。

2. 劳龄股

海鹋落村对 1956 年 1 月 1 日至改革基准日享有配股人员在农业户籍期间劳龄（男年满 16~60 周岁；女年满 16~55 周岁）进行造册登记。劳龄以年为单位计算，不满一年的按一年计算。海鹋落村劳龄股资产总额 109217531.93 元，占量化个人股总资产的 60%，海鹋落村符合条件可以享受劳龄股的人数为 2064 人，全村总劳龄为 36612 年，单位劳龄股股权为 2983.11 元/年。以下四类人享受劳龄股。

第一类，本村农业户口人员，其劳动力年限计为劳龄（包括 1985 年 12 月 31 日以后非政策性迁入本村的农业户口人员，但空挂户除外）。

第二类，农转非人员，转非前在本村的劳动力年限计为劳龄。

第三类，原是本村农业户口（含非政策性迁出本村人员），因升学农转非的人员（专指考入中专、大专、大学），至改革基准日仍在校的，在校学习期间从年满 16 周岁开始计算劳龄至改革基准日。

第四类，农转非前曾以农业户口身份在区、镇（乡）集体企业（以下简称上述单位）工作的合同工、临时工、协议工、农民工。

并明确以下六种情况的相关时间段不计劳龄。

第一类，因子女接班而非转农的人员，非转农后的时间不计算劳龄。

第二类，因婚姻关系户口迁出后又迁回本村的，迁出期间不计算劳龄。

第三类，被强制劳动教养和被强制劳动改造期间不计算劳龄。

第四类，改革基准日前死亡人员不计算劳龄。

第五类，现役军人提干以后不计算劳龄。

第六类，改革基准日前已毕业，且现为本村非农业户口的人员（指曾经为中专、技校、大专、大学的学生），其在校学习期间，不享受劳龄股。

3. 独生子女父母奖励股

海鹋落村对有本村户籍，并符合独生子女条件的父母，一方或双方给予配股奖励。并规定，享受独生子女父母奖励股的父母一方或双方，在享受奖励后，违反计划生育政策超生的，其奖励股由集体收回，纳入集体共有资产中进行管理。海鹋落村独生子女父母奖励股资产总额为9101461元，占量化个人股总资产的5%，海鹋落村符合条件的独生子女父母共620人，独生子女父母奖励股共310个，单位独生子女奖励股股权为29359.55元/股，合股权14679.78元/人（单亲或父母有一方不符合条件）。

海鹋落村集体资产股权量化情况见表1。

表1　海鹋落村集体资产股权量化情况

	占比（%）	实际金额（元）	享受人数（人）	量化金额（元·人·年）
户籍股	35	63710227	1260	50563.67
劳龄股	60	109217532	2064	2983.11
独生子女奖励股	5	9101461	620	14679.78

（三）"三股合一"

为方便计算，海鹋落村采用了"三股合一"的办法，具体来说，就是以劳龄为单位，单位劳龄股权为一股，即2983.11元/股。则每一个户籍股金额50563.67（元）÷2983.11（元）＝16.95（股）；每一个独生子女父母奖励股金额14679.78（元）÷2983.11（元）＝4.92（股）。

经折合计算，享受户籍股1260人，合计21357股；享受独生子女奖励股620人，合计3050股。加上劳龄36612股，全村共计61019股，按照全村人口2209人计算，海鹋落村人均27.62股。

（四）成立股份合作社

海鹋落村对集体资产按份量化后，成立了海鹋落村股份合作社，村集体股东和村民个人股东分别按照30%、70%出资，总股本金26004.17万元。按照有关法律法规和政策要求，股份合作社设立了股东大会、股东代表会，完善了治理结构，建立了合作社依法自主经营的管理体制。通过集体产权制度改革，建立起产权清晰、权责明确、管理民主的新型农村集体经济组织。

按照出资确定收益分配比例。合作社全年总收益的 30% 归集体股所有，为本村集体共同共有资产，主要用于村级事务管理支出和本村公益性事业开支等，70% 归村民个人股所有。2014 年，海鹛落村集体经济组织成员分红能够达到 260 元/股，人均分红 7181.95 元。以 1940 年出生本村户籍男性村民享受满股为例，从 1956 年年满 16 周岁开始计算劳龄，到 2010年，该村民享有 44 股劳龄股，1 股户籍股（折合劳龄股为 16.95 股），如果享受独生子女奖励股（折合劳龄股为 4.92 股），其共持有 65.87 股，按2014 年分红 260 元/股计算，该村民年底可分红 17126.2 元。

海鹛落村在集体产权制度改革的基础上，大力发展农村集体经济。海鹛落村是北京市最早利用农村集体建设用地发展租赁房项目的村之一，项目一期已基本建成，共有 9 栋楼，可提供租赁住房 1837 套，项目已投入资金约 57569 万元。二期项目已完成设计方案，设计总建筑面积为143269.54 平方米，其中地上建筑面积约 121269.54 平方米，地下建筑面积约 22000 平方米。海鹛落村第一、二期租赁住房建成之后，能增加 4000套租赁房。租赁房项目租金收益归海鹛落村股份合作社所有，其中 70% 的收益将以股份分红的形式分给成员，农民收入大幅度提高。第一期公租房能为该村带来 3500 万元的年收入，农民人均收入至少翻一番。第二期租赁房建成之后，年收入将增加到 6000 万元，农民人均收入将再翻一番。

二 存在的问题

（一）土地资源作价偏低

海鹛落村在资产核算时，共有 3721.52 亩土地，并以 3 万元/亩价格进行计算，土地资源作价偏低。《北京市建设征地补偿安置办法》（北京市人民政府令第 148 号）第 9 条规定：征地补偿费最低保护标准要以乡镇为单位结合被征地农村村民的生活水平、农业产值、土地区位以及本办法规定的人员安置费用等综合因素确定。随后，北京市国土资源局印发《北京市征地补偿费最低保护标准》（昌平区部分）规定海鹛落村所在的北七家镇最低标准为 8 万元/亩。可见，该村在资产核算时土地价格计算偏低，在不考虑近年来经济发展土地升值的情况下，若按照 8 万元/亩计算，则多出集体资产 18607.6 万元，按照全村 2209 人计算，全村人均多出 8.42 万元。实际上，海鹠落村第一期租赁房项目附近商品房地价 2015 年已经上涨到 800 万元/亩，农村集体土地价格更高。

（二）集体股占比过高

第一，在财政尚未完全覆盖农村的情况下，集体股收益用以支付村公共公益事业等，设置集体股确有必要。但从长远看，当地农村的常住居民不一定是农村集体经济组织成员，水电路、环境绿化保洁等方面的支出不应由农村集体经济组织成员承担，应除去集体股收益在这方面的投入。第二，海鹠落村第一、二期租赁房建成之后，村年纯收益将增加 6000 万元，村集体的年收益将达到 1800 万元（集体股占 30%）。如何规范使用、合理分配留给村集体的 30% 的巨额收益，将是海鹠落村面临的重要挑战。第三，上海、江苏等地集体股比例很低，或者已经不再设立集体股，随着集体经济的壮大和股权结构的日趋复杂，可能会再次出现集体股权归属不清的问题，需要进行二次改革。

（三）政经不分

根据北京市昌平区农村集体经济产权制度改革办公室发布的《关于农村集体经济产权制度改革有关问题的指导意见》（昌农改办发〔2009〕1号），海鹠落村采取股份经济合作社领导班子与村两委班子交叉、同步任职的办法组建合作社领导班子。村级"两委"班子主要领导兼任股份合作社董事长和监事长；两委班子成员兼任董事和监事。海鹠落村村支书兼任股份经济合作社董事长。股东代表与村民代表交叉任职，具有股东身份的村民代表直接过渡为股东代表。这就容易造成村两委与集体经济组织职能不分。村两委往往代行集体经济组织的权力和职能，但村民委员会是村民自治组织，村支部是党的基层组织，与农村集体经济组织分工不同、职能不同，交叉任职会带来农村"政经不分"问题。

（四）成员股权权能受限

海鹠落村产权制度改革方案规定："个人股份可以依法继承（独生子女父母奖励股除外），可以在股份合作社内部转让，但不得向社会法人和社会个人转让。"而从股份的继承权、转让权和赠与权三个重要处置权看,村民只获得了股份的有限处置权,股份难以转化为资本。实际上,根据2012年对昌平区320户农户的调查:在转让权方面,73.78%的农户表示他们并没有土地的转让权;在赠与权方面,77.62%的农户表示不拥有土地的赠与权;在继承权方面,进行回答的99%的农户即285户认为拥有继承权。在转让权和赠与权尚未落实的情况下,村民手里的股份难以转化为资本。

三 对策建议

(一) 合理核算土地价值

土地是农村最大的资产,北京市昌平区农村集体土地有167.3万亩,占昌平区土地面积的83%,占昌平区农村集体资产的70%以上,是农村集体的主要资产。叶兴庆、伍振军测算出我国农村总净资产达127万亿元,其中土地资产88.81万亿元,占总资产的69.93%。北京市在农村集体股权改革过程中,存在股份价值普遍被低估的现象,关键就是农村集体土地价格被低估,部分村甚至没有将集体土地等资源性资产量化。北京市奥运村乡集体经济组织改制而成的北京世纪奥辰科工贸经济开发总公司,股东959个,每股账面价值8128元。2013年该公司的分红率为20%,一股可分红1625.6元,按照存款利率5%计算,每股实际价值3.3万元,也是账面价格的4倍。股份升值主要来自土地升值。应引入第三方评估机构,客观评估集体土地的增值前景和真实价值,避免集体经济组织成员在信息不对称的情形下进行股权流转交易,遭受不必要的损失。

(二) 政经分开

从调研情况看,海鹃落村存在三类组织,即党组织、村民自治组织、集体经济组织。这三类组织职能和定位不同,应有明确分工。村支部是党的基层组织,主要负责农村党务工作。村民委员会是村民自治组织,承担社区自治、公益事业、文教卫生、计生等职责,政府应该为村民委员会从事公共服务提供必要的支持。集体经济组织完全由村民自主管理,政府行政上不干预,但应提供指导和服务。农村集体经济组织与村支部、村民委员会的管理方式不同、组织机构不同,应当合理分开,让农村集体经济组织转型成独立核算、正式经营、按章纳税的经营实体,完全以公司化运作的方式进行经营。

（三）村集体股份继续量化

包括海鹋落村在内的昌平区农村集体拥有巨额的集体土地资产,按照村集体占30%的股份计算,村集体股份价值100亿元以上。随着城镇化进程的加快,昌平区农村集体资产价值更高,而这些资产最终应归集体经济组织成员所有。从长远来看,一是当地农村的常住居民不一定是集体经济组织成员,水电路、环境绿化保洁等方面的支出不应由集体经济组织成员承担。二是村干部岗位工资已经由财政覆盖,不需要集体股收益的支出,集体股没有存在的必要。目前根据北京市的有关规定,农业户籍村书记的月工资为2000元（每年共2.4万元）,如果是书记、主任一肩挑,每年增加2.4万元,此外还有年终奖金2万元,以上6.8万元均由财政支付。另村书记每月150元的电话费由村集体承担。三是从其他地方的实践看,广东、江苏等地区集体股占比很低,甚至完全没有集体股,苏州村集体就只保留8%的股份。因此,应继续深化集体产权制度改革,对集体股份进行二次、三次量化,使其比重逐步降低,直至把股份和收益全部分配给集体经济组织成员,最终完善村集体经济组织、成员之间的股权和收益分配机制。

（四）赋予集体产权股份充分权能

集体产权制度改革实践反复证明,产权越明晰越好,产权主体越具体越好,产权处置权越落实越好。集体资产股份权能残缺,不仅影响农村集体经济的发展,也不利于社会主义市场经济的总体发展。对农村集体资产赋权扩能,应该是新时期释放农村活力的重大改革举措。应赋予集体经济组织完整的资产所有权和充分的处置权,让集体资产和国有资产、私有资产一样拥有平等的市场地位,可以自由地参与各类市场活动。应赋予集体经济组织对其资产尤其是集体土地充分的、完整的、自由的、开放的、全面的所有者权利,只要符合国家法律法规政策、符合城镇建设和土地利用规划、符合土地用途管制、符合集体资产管理规章,集体经济组织就有权自主自由地参与市场交易和投资活动,有权经过集体内部决议后扩充或处置自身资产,有权直接从事土地交易和开发,有权从事集体资产抵押贷款等金融活动。也应赋予集体股份占有、使用、收益、处置等权能,特别是处置权中最为重要的转让、赠与权利。在风险可防可控的情况下，允许个人股权自由流通，让股份在流通中升值，充分实现股份的市场价值，让股份转变为资本。

调研人员：伍振军　张英洪　高　强　李德想　杨芹芹
　　　　　刘　雯　范晓婧
执笔人：伍振军　张英洪　李德想

北京市海淀区加强农村"三资"监管调研报告

随着城镇化的推进，海淀区农村土地等资源性资产加速升值和变现，农村集体经济快速发展，规模迅速扩大。为了进一步加强农村"三资"（资金、资源、资产）管理，保障集体资产高效顺畅运转，2013年底海淀区借鉴国资委管理模式，成立全国首家农村集体资产监督管理委员会（以下简称农资委），以理顺制度、明确责任、加强监管，让农村集体资产在阳光下运营。

一 海淀区成立农资委加大"三资"监管的必要性

一是农村集体资产规模大、增速快。得益于合理的产业布局和城乡一体化的快速推进，海淀区农村集体资产规模逐渐壮大。截至2013年底，海淀区农村集体资产总额高达891亿元，占北京市农村集体资产总额5049亿元的17.6%。近些年，海淀区农村集体资产保持着较高的增长速率，近8年的年平均增长率为16%；并且，海淀区农村集体净资产总额323亿元，居北京十几个区县首位。海淀区农村集体资产规模日益扩大，且增速较快，给监管带来巨大挑战。

二是农村"三资"管理情况复杂，监管难度大。长期以来，海淀区各乡镇的发展阶段、核算体制、管理基础等存在极大的差异，加上征地拆迁、农转居、产业发展、产权改革和其他农村长期积累的历史遗留问题相互交织，农村"三资"管理日趋复杂。"三资"被蚕食的现象屡见不鲜，腐败手段呈现多样化：由以前的直接贪污变为造假账骗钱、由直接受贿变为事后期权交易、利用项目工程套现后私分、利用重复支付工程款贪污、擅自出借农村集体资金给企业。如海淀区西北旺镇皇后店村会计陈万寿挪用集体资金1.19亿元,影响极为恶劣。这些都加大了监管难度,使农村集体资产管理面临更大的挑战。

三是农村"三资"监管力度不足,暴露的问题较多。农村"三资"管理问题,涉及组织成员的切身利益,是农村广大干部群众普遍关心的热点、焦点问题。2012年,海淀区引入社会审计机构对所有村集体的财务收支管理情况进行了全面的审计。审计结果显示,由于制度不完善、运作不规范、监管不到位,部分村财务管理混乱、资产管理无序、资源处置不当。在征地补偿费管理、工程项目管理、经济合同管理、投资管理、固定资产管理、内部控制管理等方面普遍存在问题,严重影响了农村集体经济的健康发展与社会稳定。

基于海淀区农村"三资"规模和监管中存在的问题,海淀区成立了农资委,以强化农村集体资产的管理,保障农村集体资产高效透明运营。

二 农村"三资"监管制度创新

海淀区成立农资委的总体思路是整合资源、理顺关系、强化监督。目标是明确农经管理职责,强化农经管理权威,加强农经管理队伍建设,完善工作机制,提高运行效能,切实履行资产审计、合同清理、土地监管等职责,确保农村集体资产安全运行,保值增值。为此,海淀区积极探索,进行了相应的制度创新。2014年,海淀区被农业部认定为第二批全国农村集体"三资"管理示范县,农村集体"三资"管理工作受到肯定。

(一)设立农资委,理顺管理体制

海淀区设立了区、镇两级"三资"监管组织机构。2013年海淀区成立区级农资委,作为全区农村集体资产监管的协调议事机构,区农资委主任由副区长兼任,副主任由区农工委书记、农委主任、农经站站长兼任,各镇为农资委成员单位,农经站作为农资委办公室负责日常工作。2014年海淀区东升镇成立镇级农资委,镇党政一把手兼任镇农资委主任,镇农资办设在镇经管站。区、镇两级农资委的成立,形成了协调统一、上下联动、齐抓共管的工作机制。

（二）明确农资委管理职能

农资委明确定位为农村集体资产监管的专门机构，主要负责全区农村集体资产的统筹监管。同时，区、镇两级农资委的分工明确，二者相对独立、相互配合。区农资委负责农村集体经济组织建设，监督指导农村集体资产管理，完善农村基本管理制度和政策；镇党政部门履行辖区内农村集体资产监管职责，与此同时，监督指导各村的资产管理工作。区农资委对镇农资委的村集体资产管理和监管成效进行定期考评。

（三）强化农资委管理权威

海淀区充实和调整监管力量，配备了专业的监管人员，增设考核评价和审计两个科室，为农村集体资产的监管提供智力支持；同时，农资委结合地方农村经济发展的实际情况和农经监管目标，建立了完善的绩效考核机制、评价机制、报告机制等约束性管理机制，构建了科学合理的管理体系，不仅让农经监管工作的开展有据可依，而且有助于督促相关部门加大监管力度，树立农资委的农经管理权威。

三　海淀区农村"三资"监管工作进展及成效

（一）完善制度体系

海淀区农资委针对监管制度上的漏洞，近两年连续出台了《关于进一步加强海淀区农村集体资产管理工作的实施意见》《关于进一步加强全区农村集体资产管理工作的落实方案》《海淀区农村集体资产监督管理委员会工作细则》《关于开展农村集体财务审计的工作》等12项政策文件，涵盖产权改革、土地、征地补偿款、资产、合同、财务和农村审计等方面，不断完善农村"三资"监管制度体系。

（二）创新顶层设计

在密集出台大量相关政策的同时，海淀区农资委立足农村"三资"监管，结合自身实际，探索顶层设计方案，力争实现农村集体资产监管的合理化、规范化和科学化。农资委联合高校，探讨"股份制法人治理机构"等农村集体组织的主体定位、研究"村股份社与村委会财务分离、加强集体财务信息分析"等农村经济组织财务管理问题、寻求"集体资产行政监管的法理基础"等监管机构的法律支持，不断寻求农村"三资"监管问题的解决途径，努力使农村"三资"监管不断完善，有法可依，有章可循。

（三）加强土地使用管理

农村土地是农村资产的最为重要的组成部分，为了更清楚地了解农村集体土地的使用情况，海淀区农资委联合农委、农经、国土、规划等相关部门开展了海淀区农村集体土地资源清查工作。利用国土部门信息资源、农经合同管理平台信息，结合实地勘察进行了全面的清查。摸清了镇、村两级集体土地使用现状、确利确股土地流转收益兑现情况、农用地经营情况、经营性建设用地使用情况和农村宅基地使用情况等；并对部分过期合同、空头合同、改变农用地用途等无效合同进行了清理，进一步完善了海淀区土地利用和管理制度。

（四）规范资金管理使用

近年来海淀区发展速度较快，大量农村土地被征用，产生了可观的征地补偿收益。为了监督这部分资金的管理使用情况，海淀区农资委聘请社会中介机构对辖区内各镇、村及玉渊潭农工商总公司2012～2013年集体征地补偿费的收支情况、专户管理、转账核算、三方监管等事项进行了重点检查。通过摸底检查，发现资金管理中存在的问题，完善相关监管制度，防范并化解风险，保障资金安全，提高资金使用效率，切实维护农村集体经济组织权益。

（五）促进集体财务规范化

农村集体财务规范化是农村"三资"监管的前提条件，为了全面了解农村财务的规范化程度，海淀区农资委对部委文件贯彻落实、农村财会基础工作、农村审计工作、农村财会队伍建设、村级财务民主监督落实等情况进行了重点检查。并且，海淀区农资委结合海淀区实际情况，对各镇财务人员、村账托管和财务公开等情况进行了摸底调查，探索切实可行的财务管理模式。

四 农村"三资"监管面临的挑战

（一）监管机构性质与工作职能不匹配

海淀区农资委的主要职能是农村"三资"监管、新型集体经济组织规范化建设、经济合同监管、农村土地承包纠纷仲裁、农村统计、农村信息化管理、农民专业合作社服务体系建设等，涵盖了农村经济发展的方方面面。农资委的工作性质也由最初的指导服务型向行政执法、行政管理和行政监督转变。但农资委办公室设在区农经站，农经站是事业单位，不具备行政职能，导致农资委的机构性质和工作职能不匹配。

（二）监管工作复杂烦琐，难度很大

海淀区农资委的工作定位是"监管"，而不是简单直接的"管理"。当前，农村集体资产监管工作与征地、拆迁、农转居、就业、社保、产业发展、产权改革、基层治理、惠农政策等各种农业农村问题交叉缠绕在一起，错综复杂，工作量很大，工作难度也不小，对农资委提出了挑战。

（三）监管队伍建设有待加强

海淀区农资委办公室设在区农经站，领导多由区农委、区农经站领导兼任，具体的工作也由农委、农经站承担，而这两个部门也有本职工作需要完成。并且，农村"三资"监管工作政策性和专业性较强，对管理人员的要求较高，目前监管队伍的结构有待调整和优化，人员专业素质有待提升。

（四）监管方式过于单一

海淀区一般通过外聘社会审计机构对农村"三资"收支管理进行审计，以发现农村集体资产管理方面存在的问题，然后逐一解决。通过社会审计的方式，虽然可以对农村集体经济运行状况进行较为全面的把握，但形式过于单一，且有滞后性，可能在问题发生很久后才能显现，难以及时高效解决，影响集体经济的健康发展。

五 对策建议

（一）将农资委转变为政府行政管理机构

从工作职能上来看，海淀区农资委是农村集体资产监管的专门机构，负责全区农村集体资产管理的统筹指导工作，若定位为事业单位，则影响其职能行使。2006 年国务院下发了《关于深化改革加强基层农业技术推广体系建设的意见》（国发〔2006〕30 号），意见明确指出："农村土地承包管理、农民负担监督管理、农村集体资产财务管理等行政管理职能列入政府职责，确保履行好职能。"海淀区可以此为依据，积极探索将农资委核定为政府行政管理机构的可能性，保障监管工作的顺利开展。

（二）完善农资委工作职能

考虑到海淀区农村资产管理工作的综合性、复杂性和特殊性，应进一步强化农资委的法律地位，对农资委的职能进行清晰界定，明确农资委的行政权力界限，完善农资委的职责，避免部门之间产生矛盾。同时，在目前区、镇两级"三资"监管组织的基础上，设立区、镇、村三级"三资"监管组织，完善农资委三级管理机构，明确村支书、村主任、合作社董事长对农村集体资产管理的主要责任。

（三）加强监管工作队伍建设

鉴于农村"三资"监管的复杂性和专业性，海淀区应高度重视农村资产监管工作，加大对专业人才的引进和培养力度，保障农村集体资产监管中心人员的待遇，稳定工作队伍。在此基础上优化监管工作队伍的结构，提高工作人员的专业素质，保障农村"三资"监管工作的顺利进行。

（四）创新信息化监管模式

为了解决外聘审计监管的时滞性难题，海淀区应积极探索农村"三资"监管新模式，搭建信息化监管平台，构建区、镇、村三级网络监管体系，将全区农村财务收支管理资料公开化透明化。鼓励和支持村民实时监督，随时举报，健全镇级村级财务制衡监督机制。及时组织审计人员对出现的问题进行审核，部分解决审计监管的时滞性问题，推动财务管理制度化、规范化、信息化。

调研人员：张英洪　伍振军　高　强　李德想　杨芹芹
执笔人：伍振军　张英洪　杨芹芹

北京市平谷区农村产权流转交易调查报告

平谷区地处北京、天津、河北三个省市的交界处，总面积 1075 平方公里，东、南、北三面环山，山区、浅山区、平原各占 1/3，其中山区面积约占 59.7%。平谷区现有 17 个乡镇（街道），275 个村，113.2 万亩农用地，其中，耕地 18.01 万亩，山地 95.01 万亩，农村资产 286.43 亿元（不包括农民存款及乡镇企业资产等）（见表 1）。为了推进农村集体产权制度改革，避免土地等生产要素长期被低租金占用，实现农村生产要素价格变现、流转交易和资源高效配置目标，平谷区自 2010 年起开始探索农村产权流转交易模式。

表 1 平谷区农村净资产估算

集体资产	面积（万亩）	价格（元/亩）	价值（亿元）
耕地	18.01	30186.13	54.37
山地	95.01	5032.38	47.81
建设用地	15.36	217796	33.45
农户房屋	1.88	796844	149.8
集体净资产	—	—	1.00
合计	—	—	286.43

一 平谷区农村产权流转交易市场建设状况

平谷区农村产权交易服务中心是由平谷区经管站与北京农交所合作

成立的，是北京农交所第一家分支机构。平谷区农村产权交易服务中心现有工作人员 3 人，全部为事业编制，年办公经费约 15 万元。另有乡镇经管科及 300 余名村级信息员，形成了三级服务体系。交易品种主要包括农用地及未利用地、林权、涉农企业股权、实物资产、涉农知识产权等。

（一）建立农村产权流转交易有形市场

平谷区主要采取以下四项措施建立农村产权交易市场，规范农村产权交易行为。一是健全机构设置，配备人员。平谷区政府成立了规范农村产权交易工作领导小组，并按照科级建制组建区产权交易服务中心。二是加强培训，提高人员素质。聘请市农村产权交易所专家，对 300 名信息员和 270 名村支书进行系统培训，使他们熟练掌握规范农村产权交易工作的相关政策和操作规程。三是制定政策，规范管理。平谷区委、区政府于 2010 年 12 月制定下发《关于规范农村产权交易工作的意见》（京平发〔2010〕24 号），明确了全区农村产权交易的范围、交易原则和交易流程等。四是明确责任，实施奖惩制度。平谷区将规范农村产权交易工作量化，纳入基层党委政府考评范围。明确规定，凡是农村集体资产交易都必须通过农交所进行，能够落实的予以适当奖励，违规操作的酌情处罚。

（二）规范农村产权流转交易流程

平谷区农村产权流转交易主要包括四个步骤。第一步是村集体根据具体发包或出租项目召开村民代表大会，经 2/3 村民代表表决通过，将会议决议和对外发包或出租的请示提交乡镇政府。第二步是乡镇政府对具体项目的真实性和合法性进行初步审核。合格后，出具同意进行产权交易的批复，并连同全部材料提交区产权交易服务中心。第三步是区产权交易服务中心对项目进一步审核并出具批复，后将所有材料与批复送北京产权交易所平谷办事处。第四步是北京产权交易所与该村就交易项目进行进场程序和挂牌交易（见图 1）。

二 平谷区农村产权流转交易取得的成效

平谷区农村产权交易服务中心自 2010 年 12 月成立以后，截至 2014 年底

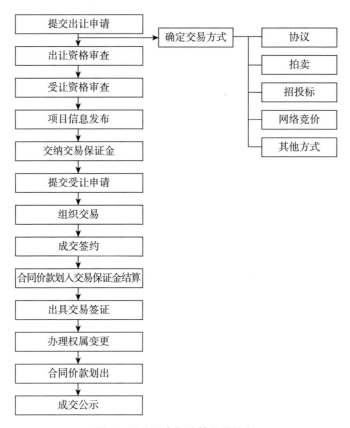

图 1　平谷区产权流转交易流程

（产权流转交易一般集中在年底合同到期前，2015 年暂未统计），已成功受理 128 宗农村产权交易，涉及耕地 15919 亩、山场 7679.52 亩、实物资产 2578 万元等，共有 11 笔交易金额超过 1000 万元，总交易额达 34695.9 万元，溢价 5951.7 万元，溢价率达 20.71%。

从交易品种看，包括耕地、山场、养殖水面、实物资产、承包经营权和重大经济事项。其中耕地交易额 25228 万元，占总交易额的 72.71%。山场主要是四荒山、果园和林地，交易额 2029.5 万元，占总交易额的 5.85%。实物资产具体包括房屋厂房（主要是养鸡养鸭场、闲置校舍和工厂等）、换代农用机械设备等，成交额 2578 万元，占总交易额的 7.43%。两笔承包经营权流转分别是"京东淘金谷"景区经营权和大华山镇金鸡峪土地承包经营权，成交额共计 4600 万元，其中，"京东淘金谷"旅游风景区 70 年经营权成交金额达到单笔最大 4000 万元。重大经济事项主要是农村公共基建工程，2014 年两笔交易共 195 万元（见表 2）。

表 2　平谷区 2011～2014 年产权交易情况统计

项目	交易情况	2011 年	2012 年	2013 年	2014 年	总计
耕地	成交次数（次）	9	10	18	17	54
	面积（亩）	2734	3115	646	9424	15919
	成交金额（万元）	5859	5748	683	12938	25228
	占总耕地面积比例（%）	1.52	1.73	0.36	5.23	8.84
山场	成交次数（次）	5	2	20	1	28
	面积（亩）	3310	167	4202	0.52	7679.52
	成交金额（万元）	992	417	619	1.5	2029.5
	占总山场面积比例（%）	0.35	0.02	0.44	0	0.81
养殖水面	成交次数（次）	0	0	3	2	5
	面积（亩）	0	0	58.4	7	65.4
	成交金额（万元）	0	0	73.5	4.2	77.7
实物资产	成交次数（次）	0	0	29	6	35
	成交金额（万元）	0	0	1621	957	2578
承包经营权	成交次数（次）	0	1	0	1	2
	成交金额（万元）	0	4000	0	600	4600
重大经济事项	成交次数（次）	0	0	0	2	2
	成交金额（万元）	0	0	0	195	195

三　面临的问题

（一）通过产权市场交易的产权比例较低

平谷区在促进农村产权流转交易方面做了大量工作，也取得了较好的成绩。在激励制度方面，为充分调动各乡镇的积极性，加大农村产权交易工作的推动力度，平谷区将规范农村产权交易工作纳入 2011 年农村党的建设"三级联创、'五个好'乡镇党委"考评范围。在政策扶持方面，为推动农村产权交易，专门出台了《平谷区促进农村土地承包经营权流转奖励政策》，对按照规定实现土地流转的农户，给予一定金额的奖励，四年来平谷区农村产权总交易额达 34695.9 万元。从数据看，相对于农村集体资产来说，平谷区通过农村产权流转交易市场流转的比例仍然较低，平谷区农村产权市场流转交易总金额为 3.47 亿元，但平谷区现有农村集体净资产 286.42 亿元。其中，平谷区耕地成交面积仅占总面积的 8.84%，山场成交面积仅占总面积的 0.81%。可见，平谷区绝大多数农村资源、资产仍未通过有形市场流转起来。

（二）纠纷处置法律之间存在冲突

平谷区黄光峪村两农户因土地承包经营权问题，产生纠纷。根据《农村土地承包法》第五十一条，因土地承包经营发生纠纷，当事人不愿协商、调解或者协商、调解不成的，可以向农村土地承包仲裁机构申请仲裁，也可以直接向人民法院起诉。根据《农村土地承包经营纠纷调解仲裁法》第二条，农村土地承包经营纠纷调解和仲裁，适用本法。农村土地使用经营权纠纷属于仲裁法范围，仲裁委认为涉及土地承包经营权问题适用《农村土地承包法》。平谷区农村土地承包仲裁委介入，但农户对仲裁结果不满意，根据《农村土地承包法》第五十二条，当事人对农村土地承包仲裁机构的仲裁裁决不服的，可以在收到裁决书之日起三十日内向人民法院起诉，于是农户向人民法院起诉。农户上诉后，法院即根据《土地管理法》第十六条"土地所有权和使用权争议，由当事人协商解决；协商不成的，由人民政府处理"，认为农户之间土地使用权的纠纷由乡镇人民政府解决。2003 年 1 月 3 日国土资源部令第 17 号《土地权属争议调查处理办法》第九条规定，当事人发生土地权属争议，经协商不能解决的，可以依法向县级以上人民政府或者乡级人民政府提出处理申请。但第十四条第（四）项也明确规定，农村土地承包经营权争议案件不作为争议案件受理。可见，农村土地承包经营权纠纷案件不属于县级以上国土资源行政主管部门和乡级人民政府受理土地权属争议的案件范围。因此，农村土地承包经营权权属争议，乡级人民政府可以根据当事人的请求组织双方进行调解，如果调解不成，当事人应通过仲裁或民事诉讼途径解决争议。《农村土地承包法》《土地管理法》等相关法律及规章并没有赋予行政机关对农村土地承包经营权争议进行裁决的职权。乡镇政府据此认为，土地承包经营权问题不在政府管理范围内，超出政府职能权限，对法院判决拒绝执行。根据相关法律规定，法院立案后仲裁委不再介入，当地政府又拒绝执行法院判决，目前该案件处于法院、基层政府、仲裁委三方都不管理、暂时搁置的状态。

（三）土地流转期限超过承包期的剩余期限

据调研，平谷区土地流转期限超过承包期的剩余期限的现象仍然存在。平谷区某村村干部将 2028 年到期的山场的经营权延展到了 2063 年，超过二轮承包期 35 年，以获取额外的租金，维系该村公共事业和日常运行。根据 2005 年农业农村部颁布的《农村土地承包经营权流转管理办法》第三条，农村土地承包经营权流转期限不得超过承包期的剩余期限。山场流转超过二轮承包期 35 年，是明显的违背行政法规的行为。

（四）合同到期后集体土地难以收回

土地流转给农户之后，农户利用土地发展农业产业，部分土地上建有大棚、种植了花卉果树等，合同到期后，对地上物的处置和补偿往往难以达成一致意见，造成集体和农户土地难以收回。平谷区北寨村位于平谷区南独乐河镇最北端，地处深山区，海拔 135～151 米，地理位置、土壤条件和气候环境独特。北寨村在 2000 年前后曾有大片山场抛荒，于是村委会将抛荒山场承包给 80 多个农户种植红杏。如今北寨红杏已是全国地理标识产品，口感较好，市场价格高出同类产品 3 倍左右。15 年租赁期结束后，北寨村其余农户要求终止合同返还山场。但当年的大片抛荒山场也因为杏农土壤改造、种植杏树而大幅度升值。北寨村与 80 多个农户之间经济补偿标准难以达成一致，土地承包经营权难以收回。平谷区小北关村是山区村，1970 年因干旱缺水整村搬到平原村，原有村集体土地和废弃房屋所有权都归平原村所有。之后，平原村将小北关村集体土地和废弃房屋承包给 40 个农户发展旅游经济。发展到目前，整个小北关村资产提升到 5 亿元左右。合同到期后，平原村若要收回小北关村村集体土地及地上物，需向承包户支付 5 亿元补偿资金，该村难以支付，集体资产也收不回来。

四　政策建议

（一）扩大产权交易比例和范围

平谷区资产通过产权服务中心进行流转交易的比例较低，总体比例只有 1.21%。耕地流转交易不足总面积的 10%，山场流转交易不足总面积的 1%。且占比超过一半的农村资产、农民房屋及宅基地资产没有流转起来。促进农村生产要素流动，需要进一步扩大产权交易比例和范围。一是充分利用北京近郊区的位置优势和生态环境优势，在生态涵养发展区的产业定位基础上，吸引更多的生态农业、生态旅游业乃至会展等更高端的产业落户平谷，使林地、山场、荒山等资源得到充分、高效利用。二是加大资金投入、政策支持力度，引导农村闲置资源通过产权交易中心充分流动起来，相关部门和机构应为农户要素流转提供必要的支持和帮助。三是在现有交易品种基础上继续扩大范围，平谷区农村产权品种较多，农村房屋所有权、农业生产性设施使用权、农业技术及科技成果、知名品牌的农产品交易以及农民房屋、宅基地使用权等，都应逐步纳入农村产权流转交易范围。

（二）适当修改土地相关法律法规之间的冲突条款

应在现有法律体系的基础上，对涉及农村土地承包经营权纠纷处置的法律进行调整。第一，明确规定《土地管理法》及《土地权属争议调查处理办法》不作为农村土地承包经营权纠纷处置的法律依据。第二，将《土地管理法》第十六条"土地所有权和使用权争议，由当事人协商解决；协商不成的，由人民政府处理"修订为"土地所有权和使用权争议，不包括农村土地承包经营权争议，由当事人协商解决；协商不成的，由人民政府处理"。如此修订之后，就与《土地权属争议调查处理办法》第十四条第四项规定"农村土地承包经营权争议案件不作为争议案件受理"一致。第三，明确规定农村土地承包经营权纠纷处置的法律依据为《农村土地承包法》和《农村土地承包经营纠纷调解仲裁法》。第四，赋予基层政府及县级农业行政机关对农村土地承包经营权争议进行裁决处理的职能。将《农村土地承包法》第五十一条"因土地承包经营发生纠纷的，双方当事人可以通过协商解决，也可以请求村民委员会、乡（镇）人民政府等调解解决。当事人不愿协商、调解或者协商、调解不成的，可以向农村土地承包仲裁机构申请仲裁，也可以直接向人民法院起诉。"修订为：因土地承包经营发生纠纷的，……当事人不愿协商、调解或者协商、调解不成的，可以向农村土地承包仲裁机构申请仲裁，可以向县级以上人民政府农业部门或者乡级人民政府提出处理申请，也可以直接向人民法院起诉。

（三）尽快完成确权登记，加强"三资"监管

土地流转期限超过承包期的剩余期限，主要原因在于山场林地属集体所有，没有承包到户。集体所有导致权利主体不明确，为村干部违规操作留下空间。据介绍，目前平谷区仍有 7 万亩左右山场没有确权登记，占山场总面积的 7.35%。未被确权的山场处于"人人所有，人人没有"的尴尬境地。应尽快完成农村山场林地的确权、登记和颁证，做到产权明晰，赋予农户占有、使用、收益、处置各项权能，处理好集体成员和集体经济组织之间的权责关系，构建归属清晰、权责明确、保护严格、流转顺畅的现代农村产权体系。同时，还需要加强农村"三资"监管，加强对村干部的法治教育，杜绝村干部利用职务之便，违规处理集体经济组织共有财产的情况。

（四）完善农村产权流转交易配套制度

第一，完善农村产权流转交易审核制度。对农村产权流转交易范畴、农村产权尤其是农村土地受让人、农村土地及农民房屋用途等要有相应的审核制度。对擅自改变土地用途的行为严格处理。第二，管理部门要进一步完善政策法律支撑、政策法律信息咨询、产权确权登记、资产评估、产权抵押质押、纠纷处理和仲裁等至关重要的制度，指导农户做好流转合同签订前的工作，对已签订合同进行登记备案，对合同到期后可能涉及的地上物的问题提前告知。第三，对于集体所有权和农户的承包权难收回问题，主管部门需研究制定相关返还补偿的指导意见，作为土地流转的配套规定，解决好承包合同的遗留问题。

调研人员： 张英洪　伍振军　高　强　李德想　杨芹芹
执笔人： 伍振军　张英洪　李德想

集体建设用地发展公租房值得探索

——北京市的调查与启示

2011 年 9 月国务院办公厅发布《关于保障房建设和管理的指导意见》，要求重点发展公共租赁住房，国土资源部于 2012 年 1 月批复北京市、上海市成为集体建设用地建设公租房首批先行试点城市。2012 年 6 月，进展较快的北京市昌平区海鹠落村公租房第一期项目，9 栋高层楼房中有 6 栋已经封顶，很快就可以投入运营。为了了解集体建设用地发展公租房情况，国务院发展研究中心农村经济研究部"农村集体土地确权与流转问题研究"课题组对北七家镇海鹠落村进行了调研。

一 海鹠落村集体建设用地发展公租房的背景

（一）集体建设用地长期闲置

海鹠落村除了耕地、农民宅基地之外，尚有集体建设用地 1995.6 亩，大部分土地长期闲置，小部分栽了果树，但无人管理，经济收益很低。海鹠落村地理位置优越，处于昌平区新城产业集聚区，是中关村北部研发服务和高新技术产业集聚的核心区域，经济发展很快。但集体建设用地长期闲置、利用效率很低，相比于周边的羊各庄、东小口等经过旧村改造的村庄，海鹠落村村民收入较低、增收乏力。

（二）周边租房需求大

海鹠落村处于北七家镇南部核心地带，南距地铁 5 号线只有 3 公里，距大型生活社区天通苑仅 5.9 公里，交通便捷。而北七家镇地处北京市北部城乡结合部，经济发展很快，外来人口很多。第六次人口普查数据显示，本地户籍人口近 5 万，而外来人口已达 27 万，是重要的外来人口聚居区，这部分人已在当地形成较大的租房需求。据统计，集体经济收入的90% 来自房屋和土地出租，农民经济收入的 70% 来自农宅出租。距海鹊落村 3 公里的国家级高新科技研发基地——未来科技城于 2009 年 7 月开始建设。据了解，第一批落户未来科技城的 15 家央企项目已全面开工，预计不久便将全部投入运营，届时将吸引至少 2 万名科研及相关人员入住，在当地创造新的中高档租房需求。

（三）村民迫切要求获得长期、稳定、可持续性收入

海鹊落村在 2003 年某房地产开发项目和 2009 年未来科技城项目大规模征地之后，产生大量失地农民。村民拿到一次性征地补偿金后，没有好的投资渠道，容易"坐吃山空"，产生了获得长期、稳定、可持续性收入的强烈愿望。2010 年 3 月 15 日、16 日（在国务院办公厅发布《关于保障房建设和管理的指导意见》1 年零 3 个月之前），根据北京市研究制定的公租房发展政策，海青鹊落村分别召开村"两委"会和村民代表大会，皆全票通过"利用部分集体建设用地发展公租房，获取土地收益"的决议。海青鹊落村村民代表会议决议中明确：公租房建成后属村集体资产，只用于出租，不对外出售。公租房只租不卖，不违反国家土地政策。由村民自主入股筹集部分资金，加上征地拆迁款和集体资产积累，全力发展公租房项目。公租房形成的大部分收益每年以股份分红的形式分给村民，如此村民就可以获得长期、稳定、可持续性收入。

二　集体建设用地发展公租房利国利民

（一）农民集体土地收益和财产性收入大幅度提高

2009 年未来科技城项目中，海鹊落村被征地 1530 亩，总计补偿 33120万元，平均每亩征地补偿 21.6 万元。而发展公租房土地净收益预计达到1611 万元/亩。海鹊落村第一期公租房占地 90 亩，建成后总建筑面积约14.68 万平方米，共 1837 套，总投入为 5.5 亿元。从收益看，根据北京市相关规定，公租房租金标准暂定为当地市场价下调二至三成，预计为每月28 元/平方米。按照出租率为 70% 计算，年租金收入现值约为 3500 万元，预计 16 年左右全部收回投资。若按照公租房使用年限 70 年，16 年之后的

54 年收取租金，收益为 18.9 亿元，除去资金成本 4.4 亿元，净收益达 14.5 亿元，摊在 90 亩土地上，每亩收益达到 1611 万元，比征地补偿提高了 73.6 倍。相应地，海鹋落村村民人均收入迅速提高。第一期公租房年收益 3500 万元，除去分摊的成本，每年净收入为 2714 万元，该村人口只有 1219 人，年人均收入可增加 2.2 万元。

（二）农民有工作、有产业、有资本

一是有工作。公租房项目日常运营需要一定的物业管理人员，如经理、会计、营销人员等；小区基础设施建设维护也需要大量的装修、绿化、保洁、水电维修等人员。将满足当地不同年龄和文化层次农民的就业需求。二是有产业。集体建设用地公租房项目建成之后，大量人口入住，将有力地促进洗衣、餐饮、网络等服务业发展。农民有了自己的产业，长期发展有了保障。三是有资本。根据集体产权制度改革的要求，分配给村民的公租房股份可继承、转让、赠与，真正解决了村民从农民转为居民后，失去农村资产的后顾之忧，帮助农民实现了带着资产进城的愿望。

（三）有效解决了地方政府建设公租房缺土地、缺资金的问题，拓宽了公租房供应渠道

一是解决了公租房建设的土地供应不足问题。根据北京市《2012 年度国有建设用地供应计划》，昌平区 2012 年计划供应公租房用地只有 210 亩，土地供应很少。而海鹋落村公租房项目第一期用地 90 亩，第二期规划建设用地面积 71.4 亩，合计 161.4 亩，仅一村就可为昌平区增加 76.9% 的公租房土地供应。有效解决了公租房的土地供应紧张问题。

二是缓解了地方政府资金投入压力。公租房产权无法转让、租金回报较低、投资回收期长（长达 10～20 年），很难吸引社会资金，主要由政府投资。据住建部数据，截至 2012 年 6 月，财政部下拨专项资金达到 977 亿元；2012 年全国有 200 多万套公租房需要政府直接投资，总额达 1500 亿元，仍存在较大的资金缺口。而海鹋落村公租房建设项目一期投资 5.5 亿元，资金全部由村集体自筹，有效缓解了当地政府公租房建设的资金压力。

三是拓宽了公租房供应渠道，缓解了城市住房压力。根据第六次人口普查数据，昌平区常住人口 166.05 万，其中外来人口超过 100 万。外来人口迅速增长，住房压力巨大。但在未来两三年内，昌平区计划投入使用的

公租房也只有 8000 套左右，供需缺口很大。海鹋落村第一、二期公租房建成之后，将会增加 4000 套左右的公租房，在很大程度上缓解了外来人口的住房压力。

三 目前面临的问题

（一）与现行《土地管理法》相关规定不符

《土地管理法》第四十三条规定："任何单位和个人进行建设，需要使用土地的，必须依法申请使用国有土地；但是，兴办乡镇企业和村民建设住宅经依法批准使用本集体经济组织农民集体所有的土地的，或者乡（镇）村公共设施和公益事业建设经依法批准使用农民集体所有的土地的除外。"可见，农村集体建设用地用途被严格限定在兴办乡镇企业、乡村公共设施、公益事业和农民住宅上，范围有限，而其他建设项目占用土地，包括公租房建设用地，都应该是国有用地。尽管国土资源部在北京市、上海市开展试点，但在《土地管理法》没有修订的情况下，集体建设用地建设公租房缺乏合法性。

（二）具体配套政策没有落实

海鹋落村集体建设用地发展公租房项目，在 2010 年 7 月被确立为"北京市利用集体土地建设公租房"试点项目，但在项目审批、立项、建设过程中遇到了一系列配套政策缺位的问题。

一是控规（控制性详细规划）整合难以批复。昌平区规划条例里没有集体建设用地建公租房的编号。在实际操作中，农村集体建设用地原来规划为乡村产业用地，而公租房实际上属于居住用途，在控制性详细规划中需要确定建筑密度、建筑高度、容积率、绿地率，水、电、交通等市政公用设施，便民服务、文体基础设施配套等，涉及部门多、手续繁杂，导致海鹋落村公租房项目的控规整合迟迟得不到批复。

二是难以通过国土部门的审批。北京市、区国土部门没有利用农村集体用地建设公租房的专项指标，而按照以往的规定，公租房应建在国有土地上。此外，北京市每年建设用地供应总体指标有限，若把集体建设用地指标加进去，势必挤占国有建设用地指标。因此，该项目用地在国土部门难以审批通过。

三是无法在区发改委立项。北京市、区两级政府没有针对集体建设用地建公租房的立项指导意见，导致海鹣落村公租房项目无法在区发改委办理立项手续。

（三）项目投入大、回收期长

村集体公租房建设投资巨大，全靠农民通过各种途径自筹资金，加上村集体资产积累进行投资。集体建设用地无法抵押，不能以公租房项目向银行申请贷款，难以获得金融支持。公租房租金较低、投资回收期长，也很难吸引社会资金参与。这些因素使得村集体建设公租房蕴藏很大风险。海鹣落村经过两次征地之后，获得了一定的征地补偿，村集体也有一定的资产积累，经济实力较强，但承担的风险仍然很大。海鹣落村第一期公租房项目建设投资总额 5.5 亿元。资金来源：一是未来科技城项目的 3 亿元征地补偿金，是由开发商根据征地拆迁、科技城建设情况逐步偿付的；二是 2003 年北京洋房房地产项目拖欠海鹣落村征地补偿金连本带息近 2 亿元。一旦征地补偿金不能及时到位或欠款不能收回，海鹣落村公租房建设项目就存在资金链断裂的风险。

（四）收益分配机制有待建立

公租房建成之后，将产生巨额收益，如何在村集体和村民之间进行分配是其面临的重要挑战。海鹣落村已经完成集体产权制度改革，已把集体建设土地、集体资产积累和征地补偿金等转化为股份，其中 30% 的股份留给集体，70% 的股份量化给村民。而海鹣落村第一、二期公租房建成之后，年纯收益将增加 6000 万元，若每年把 30% 的收益留给村集体，村集体的年收益将达到 1800 万元。如何规范使用、合理分配留给村集体的巨额收益将是海鹣落村面临的重要挑战。

（五）公租房经营管理面临挑战

如何提升管理人员素质，引入市场化的经营管理方式，确保村经营性集体资产保值增值，保障村民权益也是农村村集体经营公租房面临的挑战。海鹣落村公租房项目运行主要由村"三套班子"实际上是"一套人马"负责。"三套班子"，即村委会、村支部和村董事会，其实全部是由村支书、村主任等五人组成，缺乏项目管理、运行、营销等专业团队。公租房项目建设投入巨大、周期很长、经营内容多元，对海鹣落村管理人员的素质、管理方式等提出了挑战。

四　启示

（一）集体建设用地发展公租房值得继续探索

在当前征地制度下，尽管农民集体对土地享有所有权，但难以享受定价议价的权利，极大地损害了农民的利益。允许农民在集体建设用地发展公租房，盘活农村集体建设用地，本质上是赋予农民土地发展权利，让农民获得长期、稳定、可持续性收入，保障农民的土地财产权益，有助于集体建设用地实现与国有土地的平等权益，逐步建立城乡统一的建设用地市场。

（二）《土地管理法》修订时应把"集体建设用地发展公租房"纳入考虑范畴

现行《土地管理法》对农村集体建设用地四种用途的限制，实际上是限制了农民集体土地财产权的实现。为巩固农村集体建设用地发展公租房试点成果，以法律的形式保障农民土地开发的权利，在《土地管理法》修订时应考虑增加"集体建设用地发展公租房"的条款。从长远来看，《土地管理法》还需放宽对农民集体利用建设用地进行经营性开发的限制。

（三）完善配套政策措施

一要尽快出台集体建设用地发展公租房的总体指导意见。规划、国土、发改等部门要相应出台具体政策，对集体建设用地发展公租房的规划、用地、项目立项等进行规范和指导；对建成后的公租房市政公用设施、交通基础设施、文化体育设施等予以支持。

二要加强公租房建设管理。对昌平区其他村庄的调查发现，很多城乡结合部的村庄具有利用集体建设用地发展公租房的强烈需求。在考虑扩大试点范围时，应满足两个条件：一是二线以上的大城市郊区；二是已有城乡统一的建设用地规划。同时，还要对当地的公租房需求情况做详细的市场调查，确保有需求才审批才立项才建设，防止盲目上项目，避免公租房建成后大量空置而损害村民的利益。

三要加强公租房项目运营指导。要把公租房建设好、经营好、管理好，发展配套商业设施，做大做强集体经济，增加村民收入，就需要指导村集体运用现代企业经营管理理念，聘请专业经营管理团队对公租房项目进行经营管理，确保集体资产保值增值。

四要给予财政、金融支持。村集体在自主筹资建设公租房的过程中，需要投入大量的财力、物力，风险很大。在集体建设用地发展公租房取得合法性之后，建议地方政府出台支持集体建设用地公租房进行贷款抵押的指导意见，鼓励金融机构为公租房项目提供贷款支持，降低资金供应不足的风险。此外，地方财政还要给予贷款贴息支持，降低公租房建设成本。

五要深化集体产权制度改革，完善收益分配机制。要想使发展公租房的巨额收益在村集体、村民之间分配好，就必须深化公租房集体制度改革，进一步完善收益分配机制。公租房建成之后将产生巨额收益，从长远来看，村干部工资，用车支出，保洁、绿化、联防人员劳务费，村水电费用以及招待费用等不应由村民承担，所以，理论上可以大幅度减除公租房收益在这方面的投入。因此，要进一步深化集体产权制度改革，完善村集体、村民之间的收益分配机制。

执笔人：伍振军　张云华　张英洪　冯效岩

北京市昌平区海鹛落村利用集体建设用地发展租赁房试点再调查

2013 年 3 月，课题组对北京市昌平区海鹛落村利用集体建设用地发展公租房的情况进行了实地调研，形成了《集体建设用地发展公租房值得探索——北京市的调查与启示》的调研报告，受到北京市委市政府主要领导的重视和批示。北京市相关部门根据此报告提出的问题与建议，出台了一系列政策文件，对集体建设用地发展公租房进行规范和引导，取得了一定成效。2015 年 8 月，课题组对海鹛落村利用集体建设用地发展公租房的进展再次进行调研，发现北京市利用集体建设用地发展租赁房的探索值得肯定和推广，但也仍然面临一些问题，现将情况汇报如下。

一 集体建设用地发展租赁房的前期探索及遇到的关键问题

北京市昌平区海鹛落村，集体建设用地长期闲置，村庄周边租房需求巨大，村民迫切要求获得长期、稳定、可持续性收入。2010 年海鹛落村村民代表大会全票通过关于"利用部分集体建设用地发展公租房，获取土地收益"的决议，由村民自主入股筹集部分资金，加上征地拆迁款和集体资产积累，全力发展公租房项目。

从我们 2013 年的调研来看，集体建设用地发展公租房可有效解决地方政府建设公租房缺土地、缺资金的问题，拓宽公租房供应渠道，大幅度提高农民收入，利国利民。当时计算两三年内，昌平区计划投入使用的公租房只有 8000 套左右，供需缺口很大。而海鹛落村第一、二期公租房建成之后，就能增加 4000 套公租房。并且，集体建设用地发展公租房能够大幅度提高农民收入，第一期公租房建成运营之后，能为该村带来 3500 万元的年收入，农民人均收入至少翻一番。第二期公租房建成之后，村年收入将增加到 6000 万元，农民人均收入将再翻一番。

课题组调研后也发现，北京市集体建设用地发展公租房面临与法理不符和配套政策不完备两大难题。一方面，集体建设用地发展公租房与法理有两处不符。第一，按照规定，公租房只能建在国有建设用地之上，在集体建设用地上建公租房不符法理。第二，根据《土地管理法》，农村集体建设用地用途被严格限定在兴办乡镇企业、乡村公共设施、公益事业和农民住宅上，不能建设用于出租的住宅。另一方面，具体配套政策不完备。主要是控规整合难以批复，农村集体建设用地原来规划为乡村产业用地，而公租房实际上属于居住用途。难以通过国土部门的审批，公租房应建在国有土地上。无法在区发改部门立项，北京市、区两级政府没有针对集体建设用地建公租房的立项指导意见，海鹊落村公租房项目无法在区发改部门办理立项手续。

二 北京市进一步推动集体建设用地 发展租赁房的主要举措

北京市充分认识到集体建设用地发展公租房对完善农村集体建设用地利用机制，拓宽租赁住房建设渠道，发展农村集体经济，促进城乡统筹发展的重要意义，也认识到集体建设用地发展公租房所面临的法理和配套政策两大难题。2013 年北京市相关部门组织各个部门广泛调研，积极推进集体建设用地发展公租房项目。2014 年 4 月，北京市国土资源局印发了《关于转发市政府〈关于加快完善保障性安居工程项目用地手续有关问题的请示〉批示的函》，将昌平区海鹊落村集体建设用地发展公租房项目列入《北京市 2011—2012 年保障性安居工程计划供地清单》（第一批），2014 年10 月，北京市国土资源局、发改委、规划委等 7 个部门联合出台了《关于印发北京市利用农村集体土地建设租赁住房试点实施意见的通知》等政策文件，对集体土地建设租赁住房试点做出了明确规定，力求解决法理和政策两大难题，推进农村集体建设用地入市。

（一）重新定义租赁房，解决公租房不能建设在集体建设用地上的问题

按照规定，公租房建设土地应该是国有建设用地，若是集体建设用地，则必须通过征地程序才能建设公租房。那么昌平区海鹋落村在农村集体建设用地上建设用于出租、租赁的住房，不能称为公租房。为了解决这个矛盾，北京市 2014 年 10 月出台《关于印发北京市利用农村集体土地建设租赁住房试点实施意见的通知》，将之前关于集体建设用地发展公租房的提法，比如北京市住保办《关于明确北七家镇海鹋落村试点建设租赁房项目的意见》（京住公租字〔2010〕149 号）、北京市昌平区人民政府《关于将昌平区北七家镇海鹋落公租房项目纳入北京市利用集体土地建设公租房试点项目的函》（昌政函〔2012〕1 号）等，统一修订为"集体建设用地发展租赁房"（此后将"集体建设用地发展公租房"的提法修订为"集体建设用地发展租赁住房"）。此后，北京市将利用农村集体用地建设用于出租、租赁的住宅统一称为租赁房。相应地，昌平区海鹋落村集体建设用地建设公租房项目，也改为集体建设用地建设租赁住房项目。

（二）明确土地及房屋所有权主体

北京市进一步明确农村集体经济组织为集体建设用地及租赁住房的所有权人。在项目建成之后，农村集体经济组织可以办理农村集体建设用地和租赁住房的登记手续，取得农村集体建设用地土地使用权证，以及房屋所有权证。并规定土地使用权证按照项目整体核发，土地使用权证要注明：仅用于租赁住房建设，未经批准，不得出让、转让、抵押，不得转租，不得改变土地用途。房屋所有权证按幢核发，房屋所有权证要注明：不得转让和抵押。

（三）由政府授权市场主体统一运营管理

北京市政府认为不管是国有建设用地建设公租房，还是集体建设用地建设租赁住房，最终都是为了解决住房需求问题，都应纳入租赁住房管理范畴。北京市授权农村集体经济组织利用集体建设用地建设租赁住房，待建设完成之后，就将这些租赁住房统一纳入北京市公共租赁住房房源范畴，由政府授权企业等主体按照规定进行租赁和运营管理。农村集体经济

组织作为租赁住房所有权人，每年从租赁住房运营机构领取租金，妥善解决了公租房来源及租赁物业运营管理问题。

（四）相关配套支持政策全部落实

2013 年之后，针对农村集体建设用地发展租赁房问题，北京市相继出台一系列新政策新文件，明确相关部门的管理权限和职责，促进支持政策落地。根据新政策，北京市国土部门将具体负责集体建设用地发展租赁住房用地管理、审核等工作，解决用地问题。北京市发改部门负责项目建设立项审批、投资计划办理等工作，解决关键立项问题。北京市规划委负责相关区域集体建设用地租赁住房规划工作，解决控规整合问题。北京市住建部门对租赁住房的建设施工、房屋产权、房屋租赁、房屋建筑结构安全等方面进行监督管理。北京市农委负责指导农村集体经济组织对集体建设用地建设租赁住房产生的收益进行合理分配等。至此，相关配套支持政策全部落到实处。

三 北京市进一步推动集体建设用地发展租赁房面临的问题

（一）仍然与现行《土地管理法》相关规定不符

尽管北京市已经把"集体建设用地发展公租房"修订为"集体建设用地发展租赁住房"，解决了公租房必须建设在国有建设用地上，农村集体建设用地不能建设公租房的问题，但农村集体建设用地建设租赁住房用于出租、租赁，也与现行《土地管理法》规定不符。根据《土地管理法》，农村集体建设用地用途被严格限定在兴办乡镇企业、乡村公共设施、公益事业和农民住宅上。在《土地管理法》没有修订的情况下，无论是集体建设用地建设公租房，还是集体建设用地建设租赁住房，都缺乏合法性。

（二）集体土地及房屋权能有限

北京市允许农村集体建设用地建设租赁住房，允许集体经济组织通过租赁住房出租获得长期收益，已经在拓展农民土地及房屋权能上向前迈了一大步。尽管规定项目建成之后，农村集体经济组织可以取得农村集体建设用地土地使用权证，以及房屋所有权证，但土地使用权证只能按照项目整体核发，仅用于租赁住房建设，未经批准不得出让、转让、抵押，不得转租，不得改变土地用途，土地权能极其有限。租赁房屋所有权证按幢核发，房屋所有权不得转让和抵押，权能也受到极大限制。

（三）缺乏发展集体物业的必要资金

在集体建设用地上建设住宅或商业物业，需要大量的资金投入。但集体建设用地不能担保抵押，无法获得金融机构的支持，若缺乏长期资金积累，农民还是只能"望地兴叹"。海鹠落村租赁房两期项目总投资估算为109578万元，其中土地取得费用814万元，工程费97259万元，工程建设其他费6326万元，基本预备费5179万元。海鹠落村第一期公租房项目的5.5亿元建设投资，主要来自征地补偿以及欠款回收，这些资金成了海鹠落村关键的发展资金，尽管征地补偿款很高，但海鹠落村现在已经拖欠施工单位近1亿元，资金筹集仍然困难。没有长期的资金积累，缺乏金融机构支持，农民及农村集体经济组织要在集体建设用地上发展物业产业，获得长期收入，几无可能。

（四）股份权能有待完善

海鹠落村产权制度改革方案规定："个人股份可以依法继承（独生子女父母奖励股除外），可以在股份制合作社内部转让，但不得向社会法人和社会个人转让。"而从股份的继承权、转让权和赠与权三个重要处置权看，村民只获得了股份的有限处置权，股份难以转化为资本。长远来看，股权将成为农民手里最大的"沉睡资产"。第一、二期租赁住房建好之后，海鹠落村农村集体经济组织股权价值将获得极大提升。海鹠落村两期项目的土地面积150亩，价格约800万元/亩（参考周边商业住宅价格），土地资产高达12亿元。两期租赁房建设投入高达11亿元，合计高达23亿元。按照海鹠落股东2100人，股份4万股计算，每股高达5.75万元。实际上，我国政策文件对非集体经济组织成员资格者受让集体经济组织股权做了严格限制。集体经济组织股权只能在集体经济组织内部流转，还不能在集体经济组织之外流转交易，集体经济组织股权价格难以反映其真实价值。随着时间的推移变化会很大，股东股份权益如何保障也是将要面临的问题。

四 建议和启示

（一）建设租赁住房是农村集体建设用地入市的较好途径

在符合规划和用途管制的前提下，应允许农民在集体建设用地上建设租赁住房，通过市场渠道进入房屋租赁市场。实际上，不仅是让农民房屋平等进入房屋市场，更重要的是让农村集体建设用地与国有土地平等进入市场。这不仅有利于保障农民的土地财产权益，也有利于建立城乡统一的建设用地市场。建议在全国开展农村集体建设用地建设租赁住房试点工作，解决公租房建设缺钱、缺地问题，并积累经验、总结教训，为下一步土地制度改革和相关法律修订奠定基础。

（二）修订《土地管理法》，放宽对农民利用集体建设用地进行经营性开发的限制

《土地管理法》应把"集体建设用地发展住宅和商业物业"等纳入考虑范畴。多数学者认为，现行《土地管理法》对农村集体建设用地四种用途的限制实际上是限制了农民集体土地财产权的实现。从长远来看，《土地管理法》还需放宽对农民利用集体建设用地进行住宅及商业物业经营性开发的限制。农村集体建设用地不仅可以用于租赁住房建设，经批准还可以改变用途，可以出让、转让、担保、抵押。

（三）拓展集体建设用地使用权及地上物业的权能

第一，农村集体经济组织取得农村集体建设用地使用权证之后，使用权证可以按照项目整体核发，也可以根据农村集体经济组织意愿分地块核发，甚至可以根据农村集体经济组织成员意愿，参照经济适用房管理办法，按每套房屋所占面积分割核发土地使用权证。第二，租赁住房所有权证可以按幢核发，也可以根据农村集体经济组织和成员要求，按套分割核发，房屋所有权证应可以抵押、担保。

（四）深化农村集体产权制度改革，完善股份权能

应明确集体经济组织股权的权利内涵和实现形式，进一步明确集体经济组织股权的使用权、收益权、处置权，甚至继承权、赠与权等，支持农民实现集体经济组织股权财产权。逐步打破对"集体经济组织股权可以在

股份制合作社内部转让，但不得向社会法人和社会个人转让"的限制，有
条件、有范围地放开农户流转，打破集体经济组织股权的村社边界，逐步
实现成员对集体经济组织股权的完整用益物权。

  调研人员：张英洪 伍振军 高 强 李德想 杨芹芹
      刘 雯 范晓婧
  执笔人：伍振军 张英洪

征地拆迁、整建制转居与农民财产权

——北京市大兴区北程庄村调查

一 引言

改革以来，城市化步入快车道。城市的扩张必然导致城郊农村地区的城市化，特别是 20 世纪 90 年代以来，特大城市城乡结合部地区的农村，不断被迅猛向外扩张的城市所吞并，不少村庄成为城市"肌体"的一部分。在城市化进程中，农村地区的城市化是不可避免的，也是经济社会发展的必然规律，这本身无可非议，值得关注和思考的问题在于在我国特有的城乡两种土地公有制以及城乡二元性的户籍身份制度、社会保障制度、社区管理制度等基本制度结构中，政府主导的征地拆迁城市化模式，是如何对待和处置农民集体财产的，以及农民是如何实现市民化的。换言之，在城市化进程中，农民的财产权利是如何维护和发展的。这是一个重大的社会实践问题，也是一个重大的公共政策问题和事关城乡融合发展的重大理论问题。

正是带着这些问题，我们对北京市大兴区黄村镇北程庄村进行了调查。希望通过解剖北程庄村这只"麻雀"，认识和把握城市化进程中维护和发展农民财产权利的现实路径和基本经验，分析其成败得失，思考和探索在保障农民财产权利的基础上实现更加公平合理的城乡善治之路。

黄村镇是大兴区委区政府所在地，北程庄村作为黄村镇的一个行政村，地处大兴区新城北区，距离大兴区政府 6.3 公里。该村在 2010 年 3 月底前，先后完成了土地全部征占、整建制转居和集体经济组织产权制度改革，属于无农业、无农村、无农民而只有集体经济组织即北程庄村股份经济合作社的"三无村"。在北京"三无村"有两种情况：一种是撤销村委会建制，比如丰台区卢沟桥乡三路居村；另一种是仍然保留村委会建制，比如北程庄村。北程庄村虽然完全没有农业这个产业、没有村庄这个形态，也没有农民这个身份，但至今仍然保留着村委会这块牌子。因征地拆迁、农民上楼，北程庄村村民与其他拆迁村村民混住在郁花园三里社区和康泰园社区，这两个社区均成立了城市社区居委会。

2006 年，即北程庄村进行最后一轮大规模征地拆迁的前一年，该村面积七八百亩，72 户，农业户籍人口 259 人，农村劳动力 183 人。村集体经济组织总收入 149 万元，资产总额为 1767.4 万元，其中固定资产 1231.7 万元，流动资产为 535.7 万元。到 2017 年，该村集体经济组织总收入 659 万元，资产总额为 8805 万元，其中固定资产 3710.2 万元，流动资产 5094.8 万元，农民人均所得 14300 元。该村共有集体经济组织成员 265 人，其中劳动力 140 人。

二 土地征收与安置补偿

改革以来，北京的城市化发展开始加速，常住人口城镇化率从 1978 年的 55% 提高到 2017 年的 86.5%，常住人口从 1978 年的 871.5 万人增加到 2017 年的 2170.7 万人，农业户籍人口从 1978 年的 382.6 万人减少到 2017 年的 227.5 万人，乡镇政府个数从 1985 年的 365 个减少到 2017 年的 181 个，村委会个数从 1985 年的 4394 个减少到 2017 年的 3920 个，城市建成区面积从 2002 年的 1043.5 平方公里扩大到 2016 年的 1419.66 平方公里。北京城市空间"摊大饼"式的急剧扩张主要是通过政府征用和征收农村集体土地实现的。

自 20 世纪 80 年代以来，北京的征地补偿安置政策经过了三次较大的调整。

第一次是 1983 年 8 月 29 日北京市政府发布实行的《北京市建设征地农转工劳动工资暂行处理办法》。该办法根据 1982 年 5 月实行的《国家建设征用土地条例》第一条和第十二条制定。根据《国家建设征用土地条例》，征用耕地（包括菜地）的补偿标准为该耕地年产值的三至六倍；征用园地、鱼塘、藕塘、苇塘、宅基地、林地、牧场、草原等的补偿标准，由省、自治区、直辖市人民政府制定；征用无收益的土地，不予补偿；征用宅基地的，不付给安置补助费。《北京市建设征地农转工劳动工资暂行处理办法》规定，被征地单位符合条件的农转工人员，由用地单位负责安排工作。农转工人员不论安置到集体所有制或全民所有制单位工作，都应执行所在单位同类人员的工资标准、奖励、劳保、福利待遇等制度。

第二次是1993年10月6日北京市政府发布实行的《北京市建设征地农转工人员安置办法》。该办法进一步明确了在建设征地中安置农转工人员的相关办法，强化了征地单位的权利义务以及农转工人员的权利义务，对于自谋职业者，给予一次性安置补助费。

第三次是2004年4月29日北京市政府常务会议通过，自2004年7月1日起实施的《北京市建设征地补偿安置办法》（北京市人民政府令第148号，俗称148号令）。该办法有几个明显的特点。一是与前两个办法只规定征地农转工人员安置不同，148号令既规定了征地补偿，也规定了人员安置和社会保险。二是明确征地补偿费实行最低保护标准制度。三是实行逢征必转原则，规定征用农民集体所有土地的，相应的农村村民应当同时转为非农业户口，应当转为非农业户口的农村村民数量，按照被征用的土地数量除以征地前被征地农村集体经济组织或者该村人均土地数量计算。四是逢转必保，建立社会保险制度，将转非劳动力纳入城镇社会保险体系。五是明确农村村民转为非农业户口后，不丧失对农村集体经济组织积累应当享有的财产权利。

从20世纪90年代末期开始，北程庄村集体土地先后四次被征用或征收。2007年，该村土地已被全部征收。

发生在1999年前后和2004年的两次征地，分别是出于修建铁路和修建公路的需要，属于小规模征收耕地，且只征地不转居。该村土地大规模被征收发生在2007年。一次是因京沪铁路建设，征收该村320亩土地，根据《北京市建设征地补偿安置办法》，征地补偿标准统一打包，征地单位按照20万元/亩的标准支付村集体征地补偿款；另一次是大兴区新城北区5.75平方公里规划开发建设征地，这次征地共涉及7个村庄，北程庄村属于其中的1个，该村被征收剩余的所有土地460亩，征地单位按照16万元/亩的标准支付集体征地补偿款，同时给村集体2600平方米底商的所有权。

2007 年北程庄村两次征地补偿款 13700 万元。北程庄村四次征地基本情况
见表 1。

表 1 北程庄村四次征地基本情况

征地年份	征地事由	征地面积	征地价格	农户转居情况
1999 年前后	铁路征地	约 80 亩	7 万元/亩	没有转居
2004 年	兴旺路、金星西路（属于大兴区区域规划路）征地	近 100 亩	13 万元/亩	没有转居
2007 年	京沪铁路征地	320 亩	20 万元/亩	没有转居
2007 年	大兴区新城北区 5.75 平方公里开发征地，涉及 7 个村	460 亩	16 万元/亩 + 2600 平方米底商	一次性整建制转居

注：2007 年征地时，青苗补偿费标准为 2.5 万元/亩、大棚补偿费为 40 元/平方米。

北程庄村的前两次征地，没有改变村庄的基本格局。2007 年的两次征地拆迁，使北程庄村完全失去了传统村庄的基本形态和结构，实现了从传统乡村向现代城市社区的历史性转变。

2007 年北程庄村土地被征占，整体拆迁后，在回迁社区还没有建成之前，征地单位采取按照置换面积进行房租补贴的方式安置农民，农民自主租房，每月每平方米补贴租金 20 元。北程庄村拆迁补偿方案以每户为单位，按照每户宅基地面积的 75% 置换回迁房。此外，还有宅基地的地上物补偿和旧房装修补偿。其中，宅基地的地上物按照房屋重置成新价补偿。一般情况下，回迁的村民每户能置换 4 套房（每套房约 90 平方米）和 60 多万元的现金补偿。该村置换面积较多的几户，置换了 7 套房和 100 余万元的现金补偿。凡是按规定提前签字搬迁的，每户还能获得 2 万元奖励资金。

2009 年 6 月，北程庄村村民开始迁到两个已建成的回迁社区公寓。提前搬家的进入郁花园三里社区居住，搬家较晚的进入康太园社区居住。康泰园社区是在北程庄村原址上建成的城市社区；郁花园三里社区则是 7 个拆迁村的集中回迁社区，隶属新成立的高米店街道管辖，共有 16 栋回迁楼，1865 套公寓，居住了 5000 多人，其中本地户籍人口约 2500 人，外来人口约 2500 人。

《北京市建设征地补偿安置办法》对转非劳动力就业作了规定，强调转非劳动力就业坚持征地单位优先招用、劳动者自主择业、政府促进就业

的原则。转非劳动力自谋职业的，支付给本人一次性就业补助费。一次性
就业补助费不低于下列标准：转非劳动力年满 30 周岁、不满 40 周岁的，
为征地时本市月最低工资标准的 60 倍；转非劳动力男年满 55 周岁、女年
满 45 周岁的，为征地时本市月最低工资标准的 48 倍，年龄每增加 1 岁递
减 1/6，至达到国家规定的退休年龄时止；其他转非劳动力为征地时本市
月最低工资标准的 48 倍。该村转非劳动力基本上选择自谋职业，征地之日
男不满 40 周岁、女不满 30 周岁的 16 周岁以上的劳动力，只支付给本人一
次性就业补助费，人均约 5.6 万元。

三 整建制转居和社会保险

《北京市建设征地补偿安置办法》规定，征用农村集体所有土地的，
相应的农村村民应当同时转为非农业户口。2007 年北程庄村的土地被全部
征收，农业户籍人口全部转为非农业户籍，全村整建制转为城镇居民。该
村转非人数共 265 人。对于不满 16 周岁的未成年人及 16 周岁以上正在接
受义务教育和学历教育的学生，该办法规定只办理转为非农业户口的手
续，不享受本办法规定的转非劳动力安置补偿待遇。

《北京市建设征地补偿安置办法》规定，农村集体经济组织或者村民
委员会要为转非劳动力和超转人员办理社会保险手续，缴纳社会保险费，
自批准征地之月起，转非劳动力应当按照国家和本市规定参加各项社会保
险，并按规定缴纳社会保险费。

所谓转非劳动力是指征地转为非农业户口且在法定劳动年龄范围内具
有劳动能力的人员，不包括 16 周岁以上正在接受义务教育和学历教育的学
生。对于转非劳动力补缴社会保险费主要包括基本养老保险费、基本医疗
保险费、失业保险费三种。

在转非劳动力补缴基本养老保险费方面，规定男年满 41 周岁、女年满
31 周岁的补缴 1 年基本养老保险费；年龄每增加 1 岁增补 1 年基本养老保
险费，最多补缴 15 年。补缴基本养老保险费以依法批准征地时上一年本市
职工平均工资的 60% 为基数，按照 28% 的比例一次性补缴。补缴后，由社
会保险经办机构按照 11% 的比例一次性为其建立基本养老保险个人账户。
例如，该村张俊顺在征地时 43 周岁，村集体给他补缴了 3 年基本养老保

险。从 44 周岁起，张俊顺每年自费缴纳基本养老保险，到 60 周岁时可享受基本养老金待遇。

在转非劳动力补缴基本医疗保险费方面，规定转非劳动力男年满 31 周岁的补缴 1 年基本医疗保险费，至年满 51 周岁前每增加 1 岁增补 1 年，最多补缴 10 年；年满 51 周岁的补缴 11 年基本医疗保险费，至退休前每增加 1 岁增补 1 年，最多补缴 15 年。转非劳动力女年满 26 周岁的补缴 1 年基本医疗保险费，至年满 41 周岁前每增加 1 岁增补 1 年，最多补缴 5 年；年满 41 周岁补缴 6 年基本医疗保险费，至退休前每增加 1 岁增补 1 年，最多补缴 10 年。补缴基本医疗保险费以依法批准征地时上一年本市职工平均工资的 60% 为基数，按照 12% 的比例一次性补缴。补缴后，由社会保险经办机构将其中的 9% 划入统筹基金、1% 划入大额医疗互助资金、2% 划入个人账户。

在转非劳动力补缴失业保险费方面，转非劳动力年满 16 周岁的补缴 1 年失业保险费，至达到国家规定的退休年龄前，每增加 1 岁增补 1 年，最多补缴 20 年。补缴失业保险费以依法批准征地时上一年本市职工平均工资的 60% 为基数，按照 2% 的比例一次性补缴。

所谓超转人员是指征地转为非农业户口且男年满 60 周岁、女年满 50 周岁及其以上，年龄超过转工安置年限的人员和经认定完全丧失劳动能力的人员，包括无人赡养的孤寡老人以及法定劳动年龄范围内经有关部门鉴定完全丧失劳动能力且不能进入社会保险体系的病残人员。《北京市建设征地补偿安置办法》规定超转人员安置办法依照市人民政府有关规定执行。2004 年 6 月 27 日，北京市人民政府办公厅转发市民政局《关于征地超转人员生活和医疗补助若干问题意见的通知》（京政办发〔2004〕41 号），自 2004 年 7 月 1 日起执行。该意见对民政部门接收超转人员的生活和医疗补助标准以及相应的支付标准作了如下具体规定。

一是在超转人员生活补助费接收标准方面，规定一般超转人员（指有赡养人的超转人员）在当年本市城市最低生活保障至当年本市最低退休费标准的范围内确定标准接收，孤寡老人和病残人员在当年本市城市最低生活保障至当年本市最低基本养老金标准的范围内确定标准接收。转居前已在农村退休的超转人员，退休费高于接收标准的，按照其退休费标准接收。民政部门以当年确定的接收生活补助标准为基数，按照 5% 的比例环比递增向征地单位收取费用。

二是在超转人员医疗补助费接收标准方面，规定一般超转人员按照每人每月 120 元接收，孤寡老人和病残人员按照每人每月 500 元接收。同时，按照 5% 的比例环比递增向征地单位收取费用。

超转人员生活补助费用和医疗费用，由征地单位在征地时按照规定标准和年限（从转居时实际年龄计算至 82 周岁）核算金额，一次性交付接收管理部门。

对于民政部门接收的超转人员，其生活补助费支付标准是：一般超转人员、孤寡老人和病残人员均按照接收标准支付。对于超转人员的医疗补助费支付标准，规定一般超转人员按照每人每月 30 元支付医疗补助，年内符合本市基本医疗保险支付规定的医疗费用累计超过 360 元的部分报销 50%，全年累计报销最高限额 2 万元。病残人员医疗费用按照比例报销，即年内符合本市基本医疗保险支付规定的医疗费用 3000 元（含）以下部分报销 80%；超过 3000 元的部分报销 90%，全年累计报销最高限额 5 万元。孤寡老人医疗费用实报实销。

2007 年北程庄村征地时，转非人数共 265 人，其中转非劳动力 100 多人，超转人员 43 人。村集体从征地补偿款中支付转非劳动力和超转人员的社会保险费 2000 多万元，其中超转人员平均每人缴纳生活补助费用和医疗费用达 65 万元。该村没有经认定完全丧失劳动能力的病残人员，如认定有转非病残人员，缴纳的社会保险费用会更高。例如，大兴区黄村镇小营村一名患有严重肝腹水的转居人员张某，因为丧失劳动力，被认定为病残人员，村集体为其向当地民政部门缴纳了 200 多万元的生活补助费用和医疗补助费用。张某在征地转居（时年 46 周岁）的三年后（49 周岁）去世，三年中每年只获得 2 万元的生活补助费用和医疗补助费。

四　集体产权改革与收益分配

在城镇化进程中，实行农村集体经济产权制度改革，对乡村集体经济组织进行股份制或股份合作制改造，还权于民，发展股份合作经济，这是维护农民财产权利、发展集体经济的最现实、最有效的途径，北京市自 1992 年起就开展了农村集体经济产权改革试点工作。集体经济产权改革的基本原则是"撤村不撤社，转居不转工，资产变股权，农民当股东"，集体经济产权改革的基础是界定资产和界定成员，股权一般设为集体股和个人股，集体股占30%，个人股占70%。经过20多年的改革实践，北京已完成98%的村级集体经济产权改革任务。

北程庄村于2009年开始实行集体经济产权改革，2010年完成改革任务，开始实行按股分红。其基本做法如下。

一是确定改革基准日，开展清产核资工作。北程庄村将2009年4月30日确定为改革基准日，自2009年4月30日至2010年3月30日，开展清产核资工作。截止到2010年3月30日，北程庄村集体资产总额80734366.04元，其中村集体固定资产总额50083951.5元，货币资金30355989.54元，其他资产294425元。村集体负债总额2367797.48元，村集体净资产总额78366568.56元。

二是确定集体经济组织成员身份和股东人数。根据有关规定，北程庄村确定集体经济组织成员即村股份经济合作社股民共265人。其中1956年1月1日至1983年12月31日（1983年后实行家庭联产承包责任制不再有集体劳动）全村参加集体劳动的人员106人，劳龄总年数1458年。

三是兑现原集体经济组织成员劳龄款。1956年1月1日至1983年12月31日参加集体生产劳动但在改革基准日前户口已经迁出本村的原集体经济组织成员共81人，对这些人计算劳龄款，采取现金一次性兑现的办法。原集体经济组织成员劳龄总年数582年，按每年365元计算，共支付原集体经济组织成员劳龄款212430元。

四是明确股权设置和股权权能。该村集体净资产总额78366568.56元减去原集体经济组织成员劳龄款212430元后，剩余净资产额78154138.56元作为股权设置的份额。北程庄村基本上按照集体股占30%、个人股占70%的比例设置股权。具体情况是，在78154.14股中，集体股为22357.84股，占28.61%；个人股为55796.3股，占71.39%。集体股由村股份经济合作社股东共同拥有，其股份分红用于股份经济合作社事务管理和公益福利等支出。个人股是村股份经济合作社股民所持有的股份，包括基本股和历史劳动贡献股（简称劳龄股）。基本股是在本村征地转居安置前有正式农业户口的集体经济组织成员按人头享有的股份，占97.13%，折合54192.5股，享受基本股的人员共265人，平均每人204.5股；劳龄股是 1956 年 1 月 1 日至 1983 年 12 月 31 日年满 16 周岁并曾在村集体参加生产劳动的村民应享有的股份，所占的比例为 2.87%，折合 1603.8 股，享受老龄股的人员 106 人，总劳龄年限为 1458 年，平均每年 1.1 股。基本股和劳龄股同股同利。如某人 1950 年生，2010 年 3 月 30 日时年满 60 周岁，16 周岁（1966 年）开始参加集体劳动，截至 1983 年 12 月 31 日，参加集体劳动 18 年，按照 1 年 1 个劳龄股计算，该成员有 18 个劳龄股和 204.5 个基本股，共拥有个人股份 222.5 股。北程庄村股份经济合作社股民持有的集体资产股份，可以继承、内部赠与或内部有偿转让，股民去世后如无人继承，则由村集体收回其股份。

五是实行按股分红。北程庄村集体每年主要有四大块收入。第一块是 2009 年北程庄村集体购买的 4000 平方米底商，买入价为 1 万元/平方米，每年租金收入 300 万元。第二块是 2007 年征地拆迁时，大兴区新城建设征地 5.75 平方公里中规划有 3.2 万平方米底商，北程庄村分得 2600 平方米，每年租金收入 108 万元。第三块是村委会办公楼用于出租，每年租金收入 100 多万元。第四块是剩余征地补偿款的年利息收入，约 200 万元。2010年，北程庄村完成集体经济组织产权制度改革后，就实行了按股分红。2010～2014 年北程庄村集体经济组织成员每年的基本股分红金额分别是10204 元、12270 元、18405 元、20450 元、20859 元，2015～2017 年每年分红均为 22495 元。2010～2017 年北程庄村集体经济组织成员基本股分红情况见表 2。

表 2　2010～2017 年北程庄村集体经济组织成员基本股分红情况

年份	分红总额（万元）	基本股人均分红（元）	基本股数	备注
2010	288	10204		
2011	334	12270		
2012	502	18405		
2013	550	20450	204.5 股/人	产权制度已经固化，基本股股数不变
2014	569	20859		
2015	613	22495		
2016	613	22495		
2017	613	22495		

五 思考和建议

在城市化进程中，传统村庄向城市社区转型，是一个重大的社会结构变迁过程，涉及城乡两种体制的转轨和农民身份的转换，其核心是维护和发展村集体和农民的财产权利，主要有三个方面：一是征地补偿涉及的财产权利，二是建立社会保险涉及的财产权利，三是产权改革后集体经济组织收益分配权利。作为从传统村庄转型为城市社区的典型，北程庄村的乡－城转型过程，虽然有许多可取的经验，但值得深思的问题也不少，许多公共政策需要调整、制度建设需要加强、治理体系需要完善、治理能力需要提升。

（一）关于征地拆迁及补偿问题

征地拆迁及补偿是我国城市化进程中最为集中、最为突出的问题，也是涉及农村集体和农民财产权利保护的最为尖锐的问题。在推进城镇化中，地方政府普遍采取征地拆迁的办法，低价从农村集体和农民手中强制征收土地，再以高价拍卖给开发商，从中获取巨大的土地增值收益。目前这种高成本的征地拆迁城市化模式存在严重弊端，亟须革除。改革的总体要求是在建设法治中国的目标下，坚持和实现土地集体所有制与土地国有制这两种公有制的平等，维护和发展农村集体和农民的财产权利，实现社会的公平正义，推进治理体系和治理能力现代化。

为此，要从根本上改变现行的征地思维和征地制度。1982年《宪法》规定城市的土地属于国家所有，农村和城市郊区的土地除由法律规定属于国家所有的以外，属于集体所有，宅基地和自留地、自留山，也属于集体所有。就是说，在1982年这个时间节点上，城市土地属于国有、农村土地属于集体所有。有关部门应当对当时的城市土地以及农村的集体土地分别进行所有权的确权登记，并进行固化。《宪法》并没有规定在城市化这个动态过程中集体土地必须转为国有土地。城市化是一个动态的发展过程，在这个过程中，不一定非要对集体土地实行征收使其变为国有土地。我们提出以下建议。

一是加快土地方面的立法工作，保障两种土地公有制的平等地位。在城市化进程中，在符合规划的前提下，集体土地与国有土地一样可以开发建设，换言之，在集体土地上同样可以建设城市。同理，国有土地也可以从事农业生产经营，比如国有农场、国有林场、都市田园、城市农业等。土地管理要实现法治化、精细化、科学化，就要分别对国有土地和集体土地的所有权进行详细的确权登记，集体土地的所有权分别确权登记到相应的集体经济组织名下，国有土地的所有权应当实行各级政府的分级登记，明确由国务院行使以及由地方各级政府行使的所有权领域和范围。

二是区分因公共利益需要的一般公益征收与城市建设需要的开发建设征收。《宪法》规定，国家为了公共利益可以依照法律规定对土地实行征收或征用并给予补偿。就是说，国家为了公共利益不仅可以对集体土地实行征收或征用，也可以对国有土地实行征收或征用。这种征收就是一般公益征收，应当给予公正补偿。因城市开发建设需要征收农村集体土地的应当列入开发建设征收范围。开发建设征收可以借鉴台湾地区区段征收的经验做法，对纳入城市建设规划区的农村集体土地实行开发建设征收时，在对被征收集体土地进行重新规划整理后，将 40%～50% 的土地退回给集体土地所有权人（略类似于有的地方实行的留地安置），政府将取得的 50%～60% 的土地中的 2/3 用于城市公共设施建设，其余 1/3 用于公开拍卖出售或出租，收入用于土地开发和公共设施建设。

三是取消土地财政，建立健全土地税制。政府应当从经营土地的赢利角色回归公共利益的公正角色，通过从土地增值收益中依法收取税收从而获得法定收入。加快土地税制改革刻不容缓。

四是区分对承包地、宅基地、集体建设用地等所有权人的补偿和使用权人的补偿，并明确所有权人和使用权人之间的补偿分配比例。在征地中，既要保障土地所有权人获得公正的补偿，也应明确和保障对土地使用权人的公正补偿。现行重所有权人补偿、轻使用权人补偿的做法要切实改变。

五是加快国家层面土地法律体系的制度供给。要抓紧开展"土地法"的立法调研以及《土地管理法》的修改等法制建设工作；全面修订《北京市建设征地补偿安置办法》《北京市集体土地房屋拆迁管理办法》等地方法规。要切实改变立法利益部门化、部门利益法制化的状况，改变由国土部门主导土地立法的部门化倾向，发挥全国人大及其常委会以及地方各级人大及其常委会在立法中的主导作用，扭转立法滞后、立法失衡的局面，在法治中国的大背景下加强土地法律法规方面的制度建设。改革以来，北京市大致每10年修订一次有关征地补偿安置的法规。148号令至今已经实行了14年，不少条款已不合时宜，迫切需要修改。同时要加快土地征收安置补偿等法规的立法调研和修改工作。城市化中法律法规滞后是一个非常突出的治理问题。

（二）关于农民身份转换和社会保障问题

我国20世纪50年代建立的城乡二元体制，是以城乡二元户籍制度为核心的。在城乡二元户籍制度未改革的情况下，推进城市化进程，就存在城郊农村土地被征收时相应的农村居民转为城镇居民即非农业户籍人口转为城镇户籍人口的政策安排合理性问题。改革以来，北京市因城市化征地实行农转居政策，并将转居农民纳入城镇社会保险体系，其保险费由村集体和农民缴纳，主要从征地补偿费中扣除。同时，在城乡二元结构中，长期以来，国家只为城镇居民建立了社会保障制度，而没有为农民建立社会保障制度。随着改革的深入，传统城乡二元户籍制度不断得到突破，覆盖城乡的社会保障制度也不断建立。在户籍制度改革方面，2014年7月国务院发布《关于进一步推进户籍制度改革的意见》，明确规定取消农业户口和非农业户口划分，统一登记为居民户口。2016年9月，北京市政府发布《关于进一步推进户籍制度改革的实施意见》，同样规定取消农业户口和非农业户口划分，统一登记为居民户口。在社会保障制度建设方面，党的十六大以后，在统筹城乡发展的理念下，国家开始逐步建立覆盖农民的社会保障体系。2010年10月28日，第十一届全国人民代表大会常务委员会第十七次会议通过了我国首部《社会保险法》，自2011年7月1日起施行。该法将农民纳入社会保险范围之中，规定国家建立基本养老保险、基本医疗保险、工伤保险、失业保险、生育保险等社会保险制度，保障公民在年老、疾病、工伤、失业、生育等情况下依法从国家和社会获得物质帮助的权利。进入21世纪后，北京市陆续出台了针对农民的"新农保"、"新农合"、农村低保等社会保障政策，不断推进社会保障政策制度的城乡一体化。从2015年7月起，北京市城乡低保标准实现了并轨，城乡居民低保标准统一为每月710元；自2018年1月起，北京市城乡低保标准调整为家庭月人均1000元，城乡低收入家庭认定标准调整为家庭月人均2000元。北京市自 2009 年 1 月 1 日起实行《北京市城乡居民养老保险办法》，自 2018 年 1 月 1 日起实行《北京市城乡居民基本医疗保险办法》，城乡居民养老保险、城乡居民基本医疗保险实现了完全并轨。

为此，我们提出以下建议。

一是落实户籍制度改革成果，全面取消农转居政策。2016 年以后，北京市已经明确宣布取消农业户籍和非农业户籍的划分，统一登记为居民户口。而一些地方至今仍然在僵化地实行农转居政策。农转居政策的前提是存在农业户籍与非农业户籍的划分，但在取消农业户籍和非农业户籍划分后，农转居就完全失去了继续存在的政策前提。一些地方还在继续实行农转居政策，说明户籍制度改革的成果尚未真正落地，各部门之间的政策缺乏应有的衔接统一，存在各自为政的现象，也暴露了一些部门不能与时俱进调整政策的官僚主义懈怠作风。

二是尽快废止《北京市建设征地补偿安置办法》中有关征地农转居的政策规定。在城乡二元体制没有破除的情况下，"逢征必转"的政策发挥过积极作用，但随着城乡一体的户籍制度改革的突破，城乡二元体制下的"逢征必转"已经不合时宜。有关部门要加强立法修改的调查研究，克服不作为或慢作为的现象，与时俱进地加强法制建设，主动增强制度供给能力。北京市人大及其常委会要依法履职，增强地方立法的主动性、针对性、有效性和科学性，切实改变有关"三农"立法严重滞后的局面。

三是全面废止征地转非劳动力缴纳社会保险的政策规定。在国家和北京市没有为农民建立社会保障的情况下，实行"征地必保"政策具有积极的意义，但在已经普遍建立城乡统一的社会保障制度的新形势下，实行"征地必保"政策就失去了政策法律依据。尤其令人诧异的是，现行的征地社会保险政策，完全由村集体从征地补偿款中缴纳巨额的社会保险费用，而政府在为农民提供社会保险这个公共产品上没有体现应有的职责。这实质上是政府在履行公共产品供给职责上的缺位，是对村集体和农民财产权利的巨额攫取。这种社会保险政策具有极大的不合理性，农民群众意见较大。享有基本社会保险是《宪法》赋予每个公民的基本权利，是各级政府应当履行的基本职责，不管土地是否被征收，农民都应当平等享有基本的社会保障权利。凡是依法征地的，政府只需对被征地单位和个人进行公正的财产补偿，要将征地补偿与社会保险完全脱钩。

（三）关于集体所有制和集体经济组织问题

集体所有制是我国两种公有制之一。坚持集体所有制，是政治正确性的重要体现。但在政治原则和政治立场上强调坚持集体所有制，与在现实生活中特别是在城市化中能否真正坚持集体所有制并不是一回事。集体经济组织是集体所有制的权利行使主体，是广大农村最为普遍的组织。在社会主义市场经济条件下，如何坚持集体所有制、规范和发展集体经济组织、维护集体经济组织权益、落实集体经济组织的特别法人地位，是一个十分紧迫的现实课题。2016 年 4 月，习近平总书记在安徽小岗村召开的农村改革座谈会上强调，不管怎么改，都不能把农村土地集体所有制改垮了，不能把耕地改少了，不能把粮食生产能力改弱了，不能把农民利益损害了。现行的征地城市化模式，强制征收集体土地并将之变性为国有土地，这实质上是消灭了土地集体所有制，而集体经济组织也在城市化中面临生死裂变。

我们提出以下建议。

一是实行集体土地与国有土地同样的可以开发建设城市的政策制度。改变现行的征地城市化模式，不再实行以土地国有制吞并土地集体所有制的征地方式。1982 年《宪法》对城乡土地性质的规定，可以理解为一个静态的时间节点上的土地所有权形态。随着城市的不断发展，要允许城市中既有国有土地，也有集体土地。就是说，集体土地同样可以合规合法地开发建设城市。现在一些地方正在实行的农村集体建设用地入市试点，就为集体土地合法进入城市开发建设提供了先行探索。在新型城镇化中，要赋予集体经济组织依法合规自主利用集体土地进行开发建设的权利，集体土地使用权与国有土地使用权一样可以依法转让。这是在城市化进程中坚持土地集体所有制的体现。在城市化进程中要真正坚持土地的集体所有制，就必须改变传统的征地城市化模式。

二是深化集体经济组织产权制度改革。推进农村集体经济组织产权制度改革，是城市化中维护和发展农民财产权利的现实途径和有效方式。北京虽然已经完成了 98% 的村级集体经济组织产权制度改革的任务，但仍然存在不少需要继续深化改革的深层次问题。例如，在集体股上，凡是已经撤村建居或只剩有村委会牌子的"三无村",应当进行对集体股再次量化给股东的二次改革。在股权权能上,应当在现有个人股享有继承、内部转让的基础上,赋予其有偿退出、抵押、担保等权能。在产权格局上,要改变集体产权的封闭性,实现集体产权的开放性,以适应市场经济发展的需要。如果没有集体产权的开放,乡村振兴和集体经济发展都将面临不可克服的产权封闭性的重大制约。在内部经营管理上,要进一步健全新型集体经济组织的法人治理结构,保障股东的民主参与权和收益分配权。

三是创新农村合作经济经营管理方式。在快速城市化进程中,出现了"三无村"或只有村委会牌子的"空壳村",历史上以土地为纽带的集体经济组织转变为以资产为纽带的集体经济组织,以前由农民组成的集体经济组织也因农民转为城市居民而转变为由市民组成的集体经济组织,相应的农村集体经济组织就转变为城市集体经济组织,等等。这种新的重大变化对各级农村经管部门提出了全新的要求,迫切需要各级农村经管部门转变观念,增强市场化、精细化、民主化、法治化等管理观念和服务方式,更加注重对城乡集体资产的监督管理,更加注重对城乡股份合作经济组织的指导服务,更加注重对集体经济组织成员即股东民主权利和财产权利的维护保障,等等。

(四)关于撤村设居问题

自 20 世纪 50 年代建立集体所有制、形成集体资产以来,北京市针对农村集体资产的处置大体经历了三个阶段。一是 1956~1985 年实行"撤队交村、撤村交乡"的自行处理政策。这个阶段没有制定明确的集体资产处置政策,一般情况是将撤制村队的财产交上级集体经济组织统一使用。二是 1985~1999 年实行"主要资产上交、部分资产分配"的政策。1985年 9 月 30 日,北京市委农工委、市政府农办转发市农村合作经济经营管理站《关于征地撤队后集体资产的处置意见》(京农〔1985〕69 号),该意见规定土地全部被征用的地方,社员转为居民,大队、生产队建制相应撤销。征地撤队的集体资产处理政策主要内容是:①集体的固定资产(包括变价、折价款)和历年的公积金余额,以及占地补偿费,全部上缴给所属村或乡合作经济组织,作为公共基金,不准分给社员;②集体的生产费基金、公益金、生活基金和低值易耗品、库存物资和畜禽折款,以及国库券等，归原队社员合理分配；③青苗补偿费，本队种植的树木补偿费，以及不属于固定资产的土地附着物的补偿费，可以纳入社员分配范围；④属于社员自留地和承包地的青苗补偿费，自有树木补偿费，自有房屋折价补偿费，全部归所有者所得；⑤社员入社股金如数退还；⑥一个队部分土地被征用、部分社员转为居民的，可参照上述可分配资金的分配原则处理，一次了结。三是1999年至今实行股份合作制改造及相关处置等政策。1999年12月27日，北京市政府办公厅颁布《北京市撤制村队集体资产处置办法》（京政办〔1999〕92号），对撤制村队集体资产的处置分两种情况进行。一种情况是集体资产数额较大的撤制村队，要进行股份合作制改造，发展股份合作经济。在集体经济组织改制中，将集体净资产划分为集体股和个人股，集体股一般不低于30%，其他作为个人股量化到个人。另一种情况是集体资产数额较小，或者没有条件发展股份合作制经济的村队，其集体资产的处置办法主要是：①固定资产（包括变价、折价款）和历年的公积金（发展基金）余额，以及占地补偿费，全部交由所属村或乡镇合作经济组织管理，待村或乡镇合作经济组织撤制时再处置；②公益金、福利基金和低值易耗品、库存物资、畜禽的折款以及国库券等，兑现给集体经济组织成员；③青苗补偿费，村队种植的树木补偿费和不属于固定资产的土地等附着物的补偿费，可以兑现给集体经济组织成员；④撤制村队集体经济组织成员最初的入社股金，可按15倍左右的比例返还。

城市的发展使大量的农村地区转变为城市地区，相应的农村村委会建制被撤销，城市社区居委会迅速增加。1984年到2017年，北京市乡镇个数从365个减少到181个，减少了184个；村委会个数从4398个减少到3920个，减少了478个；城市社区居委会从2888个增加到3140个，增加了252个。撤村设居事关农村集体和农民的财产权利，事关城市化的公平正义，事关治理体系和治理能力现代化，我们提出以下建议。一是尽快修改《北京市撤制村队集体资产处置办法》，完善撤制乡村集体资产处置办法。要适应新的发展形势，进一步修改完善撤制村队集体资产处置办法，更好地维护和发展农民的财产权利；同时应当明确规定撤制乡镇的集体资产处置办法。二是要及时撤销"三无村"或"空壳村"的村委会建制。北程庄村完全符合撤销村委会建制的条件，但至今仍然保留着村委会的牌子，各级财政每年还需拨付这种有名无实的"空壳村"的日常管理经费。据北京市"三农普"调查，2016年全市保留村委会牌子的无农业、无农村、无农民的所谓"空壳村"尚有103个。有关部门应当与时俱进，担当起撤村设居的基本职责。三是各级政府应当全面承担起撤村后设立的新的城市社区居委会的公共管理和公共服务职责，将新设立的居委会管理服务经费全面纳入财政预算予以保障，切实减轻集体经济组织承担的社区居委会管理服务的负担。

参考文献

［1］周其仁：《产权与制度变迁：中国改革的经验研究》（增订版），北京大学出版社，2004。

［2］周其仁：《城乡中国》（上），中信出版社，2013。

［3］周其仁：《城乡中国》（下），中信出版社，2014。

［4］〔美〕R. 科斯、A. 阿尔钦、D. 诺斯等：《财产权利与制度变迁——产权学派与新制度学派译文集》，刘守英等译，上海三联书店、上海人民出版社，1994。

［5］国务院发展研究中心农村经济研究部：《集体所有制下的产权重构》，中国发展出版社，2015。

［6］黄中廷、陈涛主编《从共同共有到按份共有的变革》，中国农业出版社，2004。

［7］黄中廷：《农村集体经济产权制度改革研究》，新华出版社，2007。

［8］黄中廷：《新型农村集体经济组织设立与经营管理》，中国发展出版社，2018。

［9］陈水乡主编，黄中廷主笔《北京市农村集体经济产权制度改革历程（1992 - 2013）》，中国农业出版社，2015。

［10］宁文忠：《消失的村庄——北京60年的城乡变迁》，北京工业大学出版社，2009。

［11］张英洪等：《北京市城乡基本公共服务问题研究》，社会科学文献出版社，2014。

［12］张英洪等：《北京市法治城市化研究》，社会科学文献出版社，2017。

［13］韩俊、张云华、张要杰：《农民不需要"以土地换市民身份"——北京市朝阳区农村集体经济产权制度改革调查》，《中国发展观察》2008年第6期。

［14］刘守英：《集体土地资本化与农村城市化——北京市郑各庄村调查》，《北京大学学报》（哲学社会科学版）2008年第6期。

［15］魏书华：《城乡结合部城市化与农村集体资产处置》，《城市问题》2002年第4期。

［16］焦守田：《京郊农村集体经济产权制度改革历程》，《北京农村经济》2017年第11期。

［17］焦守田：《京郊农村集体经济产权制度改革的伟大成就》，《北京农村经济》2018年第2期。

［18］黄中廷：《还权于民的重大变革——北京市农村集体经济产权制度改革的回顾与

思考》，《北京农村经济》2018 年第 5 期。

［19］张英洪：《北京农村承包地流转：启示与建议》，《中国经济时报》2018 年 4 月
10 日。

调研组组长：张英洪

调研组成员：刘　雯　陈　珊　李婷婷

执笔人：张英洪　刘　雯

2018 年 6 月 19 日

撤村建居、农民财产权与新型集体经济

——北京市丰台区卢沟桥乡三路居村调查

一 引言

改革 40 年来，随着城市化的快速发展，城市以吞噬农村的方式不断扩张。北京"摊大饼"式的城市向外扩张模式，使城郊地区的大量农村快速消失。北京市常住人口城镇化率从 1978 年的 55% 提高到 2017 年的 86.5%，城市建成区面积从 1990 年的 339.4 平方公里扩大到 2016 年的 1419.7 平方公里。在城乡经济社会结构历史性转型变迁的背后，是农民财产权利和身份的巨大变化。在快速的城市化进程中，北京近郊出现了一批无农业、无农村、无农民的"三无村"。这种因城市化冲击导致的"三无村"主要有两种形态。一种是虽然没有农业、没有农村、没有农民，但仍然保留村委会牌子的"空壳村"，如北京市大兴区黄村镇北程庄村。另一种是已经整建制撤村转居的村。这样的村庄尚无全面统计，但我们可以从下面的统计数据中大致判断城乡基层建制的变化。1984 年到 2017 年，北京市乡镇个数从 365 个减少到 181 个，减少了 184 个；村委会个数从 4398 个减少到 3920 个，减少了 478 个；城市社区居委会从 2888 个增加到 3140 个，增加了 252 个。因城市化而消失的村庄，集体的土地是如何失去的？集体资产是如何处置的？农转居过程中村集体和农民支付了多高的身份转换成本？集体经济又是如何发展的？总之一句话，在城市化进程中农民的财产权利是如何维护和发展的？正是带着这些问题，我们对已于 2012 年撤村建居的北京市丰台区卢沟桥乡三路居村进行了详细调查。

三路居村位于北京市西南二环与西南三环之间的丽泽路中段,隶属于北京市丰台区卢沟桥乡,下辖三路居、孟家桥、骆驼湾、凤凰嘴四个自然村,村域面积约1611亩,其中国有划拨地约80亩,集体土地约1531亩,村域东至菜户营西街,南至万泉寺公园,西至金中都西路,北至三路居路。在撤村建居前的2011年10月31日,三路居村辖区内共有常住人口2762人,其中农业户籍人口1853人,非农业户籍人口909人;全村总户数1211户,其中农业户952户,非农业户259户。全村超转人员552人,其中农业人口547人,非农业人口5人;全村劳动力1155人,其中农业人口1077人,非农业人口78人;全村劳动力中在职人员654人,领取生活费人员181人,服役1人,待岗316人,服刑3人。2012年,三路居村完成撤村建居工作,村委会建制被撤销,建立了金鹏天润社区,仍隶属卢沟桥乡政府(卢沟桥地区办事处)管辖。

二 城市开发建设与集体土地国有化

我国《宪法》规定实行社会主义公有制,即全民所有制和劳动群众集体所有制;城市的土地属于国家所有,农村和城市郊区的土地属于集体所有;国家为了公共利益的需要,可以依照法律规定对土地实行征收或者征用并给予补偿。《土地管理法》规定:"任何单位和个人进行建设,需要使用土地的,必须依法申请使用国有土地。"由于立法建设的滞后,至今仍没有对公共利益进行法律界定。在实际运作中,不管是公共利益还是城市开发建设等需要使用集体土地,都实行国家征地政策,即政府征收集体土地后,将其变性为国有土地,然后进行开发建设。

改革以来,北京市先后三次制定了征地补偿安置政策。一是1983年8月29日北京市政府发布实行的《北京市建设征地农转工劳动工资暂行处理办法》。二是1993年10月6日北京市政府发布实行的《北京市建设征地农转工人员安置办法》。三是2004年4月29日北京市政府常务会议通过、自2004年7月1日起实行至今的《北京市建设征地补偿安置办法》(俗称148号令),148号令明确规定实行"逢征必转""逢转必保"的政策,即凡是征收农民土地的,就要根据规定将农民转为城镇居民,同时将农民纳入城镇社会保险体系之中。

三路居村成为"三无村"直接源于城市化建设征用和征收该村土地。从1998年丽泽路建设开始,三路居村土地就开始被征用,特别是2005年以后,随着丽泽金融商务区①的发展,三路居村土地全部纳入北京丽泽金融商务区规划范围。截至2016年底,该村集体土地已经基本被征收完毕,剩余近30亩集体土地仍然归集体经济组织所有,并按原用途使用管理,将来如需建设,仍要按程序办理集体土地征收手续。1998~2016年三路居村征地及人员安置情况见表1。

表1 三路居村征地及人员安置情况(1998~2016年)

年份	征地用途	面积(亩)	补偿情况	安置人员(人)
1998	丽泽路建设用地	132.68	678.32元/亩,共9万元	744
2002	建设三路居回迁楼、东管头电站、三路居控规企业建设和丽泽路南侧绿化等项目	90.6	0	200
2002	加油站项目	2.538	0	无
2003	菜户营西街117号住宅项目	11.1075	15755.12元/亩,共17.5万元	无
2005	丽泽商务中心项目	21.38	80万元/亩,共1710.4万元	27(超转16人)
2008	利群住宅合作社干警宿舍楼	0.41655	共100万元	无
2009	丽泽商务区B6~B7地块一级开发	413.91	160万元/亩,共66225.6万元	545(超转138人)
2010	丽泽商务区B4~B5地块一级开发	24.86	160万元/亩,共3977.6万元	35
2011	丽泽商务区B9~B11地块一级开发	221.3	160万元/亩,共35408万元	312(超转88人)

① 北京丽泽金融商务区地处北京西二、西三环路之间,以丽泽路为主线,东起菜户营桥,西至丽泽桥,南起丰草河,北至红莲南路。北京丽泽金融商务区是北京市和丰台区重点发展的新兴金融功能区。2008年,北京市委、市政府出台《关于促进首都金融业发展的意见》,将北京丽泽金融商务区纳入首都"一主一副三新四后台"的金融业总体布局。2011年,北京市"十二五"规划中将丽泽定位为首都"六高四新"产业发展格局中的"四新"之一。2013年,丽泽金融商务区成为首批国家智慧城市试点,同年列入北京市第一批绿色生态示范区。

年份	征地用途	面积（亩）	补偿情况	安置人员（人）
2011	丽泽商务区 B9~B11 征地	2.991	160 万元/亩，共 478.56 万元	无
2015	丽泽商务区北区 B 区地块一级开发	187.46	160 万元/亩，共 29993.6 万元	284（超转 79 人）
2016	丽泽商务区北区 A 地块（征收）	1.69	278 万元/亩（土地补偿费 130 万元/亩，安置补助 148 万元/亩），共 469.82 万元	
2016	丽泽商务区北区 B 地块（征收）	191.56	278 万元/亩（土地补偿费 130 万元/亩，安置补助 148 万元/亩），共 53253.68 万元	
2016	丽泽商务区北区 B1 地块（征收）	288.42	278 万元/亩（土地补偿费 130 万元/亩，安置补助 148 万元/亩），共 80180.76 万元	
2016	丽泽商务区北区 C 地块（拟征收，尚未具体签订征收协议）	28.49	278 万元/亩（土地补偿费 130 万元/亩，安置补助 148 万元/亩），共 7920.22 万元	49（超转 16 人）

在近 20 年的时间里，三路居村的土地 98.2% 被征收。土地征收原因基本上是城市开发建设需要。征地补偿标准，从 1998 年每亩 678.32元增加到 2016 年每亩 278 万元。政府对征收土地进行简单的一级开发后，通过实行招拍挂将已变性的国有土地使用权出让给开发商，以获取可观的土地出让收入。例如，2007 年，北京金鹏公司通过自挂、自拍、自筹、自建的方式开发建设金唐国际金融大厦 9405.56 平方米（14.1亩），缴纳土地出让金 1157.25 万元，平均每亩 82 万元，平均每平方米1230.39 元，其中丽泽商务中心项目包括三路居集体土地。2012 年，北京金鹏公司与丰台区其他集体经济组织合作，通过土地招拍挂取得丽泽商务区 C9 项目二级开发建设权，涉及土地面积 5397.65 平方米（8.1亩），土地出让金为 3.9 亿元，平均每亩 481.5 万元，平均每平方米土地出让价格为 7225.4 元。2015 年，北京金鹏公司通过土地招拍挂取得丽泽商务区 D10 项目二级开发建设权，涉及土地面积 199794.86 平方米（约 30 亩），土地出让金为 25.1 亿元，平均每亩 836.7 万元，平均每平

方米1.256万元。

2003年以前，三路居村被乡政府和开发商征用了236.9255亩集体土地，其中93.444亩没有给予任何补偿，1998年丽泽道路建设征用三路居村集体土地132.68亩，补偿标准仅为678.32元/亩。

三 拆迁上楼、整建制转居与农民市民化

传统的北京农民一般居住在比较松散或较紧凑的平房院落里。在城市化进程，被征地村庄农民的宅基地同时被征收，平房被拆除，村民被集中统一安置到楼房里。根据148号令，转为城镇居民的农民缴纳社会保险费后，享受城镇居民社会保险待遇；村委会建制撤销后建立城市社区居委会。在征地城市化进程中，农民的市民化主要是通过拆迁上楼实现居住方式大转变、农转居实现身份社保大转换、撤村建居实现社区治理大转型完成的。1998～2016年在三路居村土地被征用和征收的过程中，共安置农民2196人。

（一）拆迁上楼：居住方式大转变

2003年8月1日起施行的《北京市集体土地房屋拆迁管理办法》（北京市政府令第124号），规定因国家建设征用集体土地或者因农村建设占用集体土地拆迁房屋，需要对被拆迁人进行补偿、安置。对于宅基地上的房屋拆迁，可以实行货币补偿或者房屋安置，有条件的地区也可以另行审批宅基地。拆迁宅基地上房屋补偿款按照被拆除房屋的重置成新价和宅基地的区位补偿价确定。拆迁补偿中认定的宅基地面积应当经过合法批准，且不超过控制标准。北京市国土资源和房屋管理局发布的《北京市宅基地房屋拆迁补偿规则》（京国土房管征〔2003〕606号）明确房屋拆迁补偿价由宅基地区位补偿价、被拆迁房屋重置成新价构成，计算公式为：房屋拆迁补偿价＝宅基地区位补偿价×宅基地面积＋被拆迁房屋重置成新价。

随着城市化建设的推进，三路居村农民陆续搬迁上楼。总体来看，该村较大规模的农民上楼有6次。一是1998年丽泽路修建征用该村土地，涉及871户人口，安置农民上楼744人。二是2002年东管头电站、三路居控规企业建设、丽泽路南侧绿化等项目，安置农民上楼200人。三是2009年

丽泽商务区 B6～B7 地块一级开发，安置农民上楼 545 人，其中超转人员
138 人。四是 2011 年丽泽商务区 B9～B11 地块一级开发，安置农民上楼
312 人，其中超转人员 88 人。五是 2015 年丽泽商务区北区 B 区地块一级
开发，安置农民上楼 284 人，其中超转人员 79 人。六是 2016 年丽泽商务
区北区 C 地块一级开发，安置农民上楼 49 人。

三路居村各时期搬迁上楼的具体补偿安置政策有所不同。以 2013 年
丽泽金融商务区北区项目用地范围内宅基地房屋搬迁为例，根据《北京
丽泽金融商务区北区农民宅基地房屋搬迁补偿安置办法》，拆迁补偿安
置方式分为货币补偿和房屋购置两种。对被拆迁的房屋及设备、装修、
附属物进行货币补偿，以评估公司的评估结果为准，宅基地面积补偿参
照《北京市集体土地房屋拆迁管理办法》及《丰台区人民政府关于〈北
京市集体土地房屋拆迁管理办法〉的实施意见》的规定进行补偿，补偿
标准以搬迁起始日评估公司市场评估结果为准。宅基地面积补偿款 = 宅
基地面积补偿单价 × 认定宅基地面积，宅基地面积单价为每平方米
9000 元。

认购房屋安置面积的标准为人均建筑面积 46 平方米（超计划生育人
员人均 36 平方米），每一个被拆迁户内的被安置人口指标合并计算。由于
所购成套房屋户型不同，实际购房面积超过本被拆迁户购房指标的部分，
被拆迁人有两个选择。一是每一被拆迁农户购房面积不得超过 60 平方米上
限，超出指标建筑面积 30 平方米的部分，在优惠售房价格基础上上浮
20%。二是人均不得超过 17 平方米上限，超出指标建筑面积 30 平方米的
部分，在优惠房价的基础上上浮 20%。

购房安置补助费执行标准：补助针对经认定的被安置人口，补助标
准为 5526.8 元/平方米。具体计算方法为：认定的宅基地面积 × 折算价
所得补偿款 ÷ 优惠售房价。人均不足 46 平方米的被拆迁户，分别按以下
标准发放购房安置补助费。①折算后人均面积不足 30 平方米的被拆迁
户，对于家庭中的农业户口人员以及在本地农村集体经济组织中历次国
家征地农转居人员和享受专业技术人员专家政策的人员，按照每平方米
5200 元的标准补足 30 平方米后，再按每平方米 6500 元的标准，每个人
给予 16 平方米补助；家庭中其他人员直接按每平方米 6500 元的标准对
每人给予 16 平方米的补助。②折算后人均面积超过 30 平方米但不足 46

平方米的被拆迁户,按每平方米 6500 元的标准补足人均 46 平方米。③被拆迁户的人均认定宅基地面积大于 30 平方米的,对于超出部分,按照 720 元每平方米进行补助,但人均最多补助 16 平方米。④对无正式住房户的补助,以户为单位,按照每平方米 3300 元的标准获得 30 平方米的"困难户搬迁安置补助费",按照每平方米 6500 元的标准,给予每人 16 平方米的补助。

北京丽泽金融商务区北区搬迁安置房分为四个项目,优惠售房价分别为:菜户营西路的菜户营定向安置房项目 6500 元每平方米、规划 A02 地块的 A02 定向安置房项目 6500 元每平方米,位于程庄路的彩虹家园(期房)6100 元每平方米、郭庄子的春风雅筑项目(现房)6100 元每平方米。

在搬迁奖励方面,主要分为提前签约奖和提前搬家奖。搬迁启动后 20 日内签约并按照协议时间搬迁腾退宅基地及房屋的搬迁人,按照认定宅基地面积给予每平方米 2000 元的奖励;在搬迁启动后 21 ~ 30 日内(含),签订搬迁补偿协议并按协议规定时间搬迁及腾出宅基地和房屋的,按照认定宅基地面积给予每平方米 1000 元的奖励。提前搬家奖励为每户 5000 元。各项补助政策主要包括:①搬家补助费每平方米 40 元;②电话移机费每部 235 元;③空调移机费每台 300 元;④有线电视迁移费每个终端 300 元;⑤综合补助费,每人 12000 元;⑥一次性停产停业综合补助费按照实际营业面积给予每平方米 1500 元的补助;⑦残疾、低保、大病补助,对有残疾证明的人员每证给予 3 万元补助,对持有民政部门颁发的低保证明的,每证给予 3 万元补助,大病补助费针对符合中国保险行业协会制定的《重大疾病保险的疾病定义使用规范》中规定的 25 种大病人员,持北京市三级甲等医院出具的证明的,按人一次性补助 5 万元;⑧周转补助,一次性发放周转补助 5 个月,按照安置人口每人每月 1000 元的标准发放周转补助费,并按每人每月 500 元的标准发放交通补助费;⑨期房补助费,按一居室 5.5 万元、两居室 8 万元、三居室 10.5 万元的标准给予一次性期房补助。

(二)整建制农转居:身份社保大转换

20 世纪 50 年代,我国建立了城乡二元的户籍制度,将城乡居民划分为农业户籍人口与非农业户籍人口。在此制度框架中,国家实行"农转非"政策，给极少数符合条件的人员办理"农转非"手续。改革以来，随着城市化的发展，实行征地农转居即农民土地被征收后按政策转为城镇居民，这是特大城市征收城郊农村集体土地后安置失地农民的一项重要政策。2004 年 7 月 1 日施行的《北京市建设征地补偿安置办法》确立了"逢征必转""逢转必保"的原则，规定征用农村集体所有土地的，相应的农村村民应当同时转为非农业户口。同时，为有关农转居人员办理社会保险。

在 148 号令颁布前的 2002 年 12 月 1 日，北京市石景山区总共有 15535 名农业户籍人口一次性转为城镇居民，这是北京市一个行政区全部农业人口实行整建制农转居的典型案例。在 148 号令颁布后的 2010~2012 年，北京市对城乡结合部 50 个重点村进行大规模集中改造建设，并全部实行整建制转居。其间，北京市政府印发《关于城乡结合部地区 50 个重点村整建制农转居有关工作的意见》（京政发〔2011〕55 号），对农转居工作进行了部署安排。按照 148 号令，50 个村应转居 31999 人，转居缴纳社会保障费用约 96 亿元，人均约 30 万元。加上历史遗留已转居但未加入城镇职工社会保险人员 28313 人，转居缴纳社会保险总费用 307.3 亿元，人均约 23.89 万元。

在农转居人员参加社会保险方面。《北京市建设征地补偿安置办法》规定，自批准征地之月起，转非劳动力应当按照国家和本市规定参加各项社会保险，并按规定缴纳社会保险费。转非劳动力是指因征地转为非农业户口且在法定劳动年龄范围内具有劳动能力的人员，不包括 16 周岁以上正在接受义务教育和学历教育的学生。转非劳动力补缴的社会保险费，由征地单位从征地补偿费中直接拨付到其所在区、县的社会保险经办机构。北京市劳动和社会保障局印发《北京市整建制农转居人员参加社会保险试行办法》（京劳社养发〔2004〕122 号），对征地农转居劳动力参加城镇社会保险作了具体规定，基本要求是以本市上一年职工月平均工资的 40% 作为缴费基数，基本养老保险缴费累计要满 15 年，不满 15 年的需根据不同年龄、按不同比例一次性补缴基本养老保险费。参加基本医疗保险的农转居人员达到国家规定的退休年龄时，基本医疗保险累计缴费年限男不满 25 年、女不满 20 年的，同样需要根据不同年龄补缴基本医疗保险费。北京市整建制农转居人员参加城镇社会保险规定情况见表 2。

表 2 北京市整建制农转居人员参加城镇社会保险规定情况

项目	缴费基数及比例		缴费年限	补缴规定	
	个人	集体		补缴原因	补缴办法
基本养老保险	以上一年本人月平均工资为缴费基数，按照8%的比例缴纳	按全部农转居人员月缴费工资基数之和的20%缴纳	符合国家规定的退休年龄（男年满60周岁，女年满50周岁），缴纳基本养老保险费累计满15年	缴纳基本养老保险费累计不满15年的	男年满41周岁、女年满31周岁的，应当补缴1年基本养老保险费；此后，年龄每增加1岁增补1年基本养老保险费，但最多补缴15年。以农转居人员办理参加社会保险手续时上一年本市职工平均工资的60%为基数，按28%（集体经济组织20%，农转居人员8%）的比例一次性补缴
基本医疗保险和大额医疗互助资金	以上一年本人月平均工资为缴费基数，按照2%的比例缴纳基本医疗保险费，按每月3元标准缴纳大额医疗互助资金	按全部农转居人员月缴费工资基数之和的9%缴纳基本医疗保险费，按1%标准缴纳大额医疗互助资金	无	参加基本医疗保险的农转居人员达到国家规定的退休年龄时，基本医疗保险累计缴费年限男不满25年、女不满20年	1. 农转居人员男年满31周岁的补缴1年基本医疗保险，此后至年满51周岁前年龄每增加1岁增补1年，最多补缴10年；年满51周岁的补缴11年基本医疗保险费，至退休前每增加1岁增补1年，最多补缴15年。2. 农转居人员女年满26周岁的补缴1年基本医疗保险费，此后至年满41周岁前每增加1岁增补1年，最多补缴5年；年满41周岁的补缴6年基本医疗保险费，至退休前年龄每增加1岁增补1年，最多补缴10年。补缴基本医疗保险费，以其办理参加社会保险手续时上一年本市职工平均工资的60%为基数，按12%（集体经济组织10%，农转居人员2%，其中9%划入统筹基金，1%划入大额医疗互助资金，2%划入个人账户）的比例一次性补缴

项目	缴费基数及比例		缴费年限	补缴规定	
	个人	集体		补缴原因	补缴办法
失业保险	以上一年本人月平均工资为缴费基数，按照0.5%的比例缴纳	按全部农转居人员月缴费工资基数之和的1.5%缴纳	无	无	
工伤保险	农转居人员个人不缴纳工伤保险费	以全部农转居人员上一年本人月平均工资之和为基数，按照本市工伤保险差别费率的规定缴纳	无	无	

注：农转居人员无法确定本人上一年月平均工资的，以上一年本市职工月平均工资为基数缴纳基本养老保险费、基本医疗保险费、大额医疗互助资金和失业保险费、工伤保险费。

资料来源：根据《北京市整建制农转居人员参加社会保险试行办法》整理。

2012年，三路居村在撤村建居过程中，确认全村农业户籍人口960户1857人。全村超转人员547人；全村劳动力1155人，其中农业人口1077人，非农业人口78人。

根据丰公人管字〔2014〕59号文件，三路居村已转居人口共1850人，尚有7人未转居①。根据农转居人员参加城镇社会保险的有关规定，由村集体统一从征地补偿款中一次性趸缴社会保险费给丰台区社会保险部门。据测算，三路居村农转居劳动力1552人②共需缴纳社会保险费8049.3万元，人均51864元（见表3）。2012年4月13日，北京市政府对丰台区政府《关于卢沟桥乡三路居村整建制农转居安置有关事宜的请示》做出批示，同意三路居村1062名整建制农转居劳动力以2011年缴费基数补缴社会保险，相关工作按照《北京市整建制农转居人员参加社会保险试行办法》（京劳社养发〔2004〕122号）规定执行。以市政府批准之日（2012年4月13日）上一年市职工平均工资的60%为最低缴费基数。

---

① 截至2018年8月，该村仍有2户7位农民由于对拆迁补偿不满意没有上楼、转非。

② 此数为重复计算，故与上文劳动力人数不一致。

表3　三路居村转居劳动力一次性趸缴社会保险情况

	趸缴养老保险 男（41~59周岁） 女（31~49周岁）		趸缴养老保险 男（31~59周岁）， 女（26~49周岁）		合计金额（元）
	趸缴人数 （人）	趸缴金额 （元）	趸缴人数 （人）	趸缴金额 （元）	
男	292	22573555.20	425	15230073.60	37803628.80
女	390	33775660.80	445	8913585.60	42689246.40
合计	682	56349216.00	870	24143659.20	80492875.20

在超转人员生活补助费用和医疗费用方面，《北京市建设征地补偿安置办法》规定，对于因征地转为非农业户口且男年满60周岁、女年满50周岁及其以上的人员和经认定完全丧失劳动能力的超转人员的安置办法，依照市人民政府有关规定执行。2004年6月27日，北京市人民政府办公厅转发市民政局《关于征地超转人员生活和医疗补助若干问题意见的通知》（京政办发〔2004〕41号），规定超转人员生活补助费用和医疗费用，由征地单位在征地时按照规定标准和年限（从转居时实际年龄计算至82周岁）核算金额，一次性交付民政部门接收管理，资金纳入区县财政专户，实行收支两条线管理。超转人员需缴纳的生活补助标准、医疗补助标准以及相应享受的生活补助待遇标准、医疗补助待遇标准见表4。

表4　北京市征地超转人员生活和医疗补助情况

	生活补助费标准		医疗补助费标准	
	一般超转人员	孤寡老人和病残人员	一般超转人员	孤寡老人和病残人员
接收标准（超转人员缴费标准）	在当年本市城市最低生活保障至当年本市最低退养费标准的范围内确定标准接收。以当年确定的接收生活补助标准为基数，按照5%的比例环比递增向征地单位收取费用	在当年本市城市最低生活保障至当年本市最低基本养老金标准的范围内确定标准接收。以当年确定的接收生活补助标准为基数，按照5%的比例环比递增向征地单位收取费用	按照每人每月120元接收。同时，按照5%的比例环比递增向征地单位收取费用	按照每人每月500元接收。同时，按照5%的比例环比递增向征地单位收取费用

续表

	生活补助费标准		医疗补助费标准	
	一般超转人员	孤寡老人和病残人员	一般超转人员	孤寡老人和病残人员
支付标准（超转人员待遇标准）	按照接收标准支付。今后如需调整标准，一般超转人员按照本市最低退养费标准的调整比例调整	按照接收标准支付。今后如需调整标准，孤寡老人和病残人员按照本市最低基本养老金标准的调整比例调整	按照每人每月30元支付医疗补助，年内符合本市基本医疗保险支付规定的医疗费用累计超过360元的部分报销50%，全年累计报销最高限额2万元	病残人员医疗费用按照比例报销：年内符合本市基本医疗保险支付规定的医疗费用3000元（含）以下部分报销80%；超过3000元的部分报销90%，全年累计报销最高限额5万元。孤寡老人医疗费用实报实销

注：一般超转人员是指有赡养人的超转人员。

资料来源：根据《关于征地超转人员生活和医疗补助若干问题意见》（京政办发〔2004〕41号）整理。

在撤村建居过程中，三路居村认定的超转人员共有528人（其中82周岁以上19人），据测算，需一次性趸缴超转费用3.82亿元，人均72万余元。三路居村超转人员超转费用测算情况见表5。

表5　三路居村超转人员超转费用测算情况

单位：人，万元

性别	人数	超转费用
男	95	6841.9
女	433	31407.7
合计	528	38249.6

由于需一次性缴纳的超转人员费用巨大，根据区乡有关超转人员可以只转户口、不委托民政部门接收管理超转人员的精神，三路居村对超转人员实行自我管理服务，于2012年7月制定了《北京金鹏天润置业投资管理公司超转人员管理办法》，设立了专门机构负责超转人员养老、医疗及福利费用的管理工作。在三路居村集体经济组织中退休的超转人员，养老金的发放标准为：退休时三路居村民政科核准为正副职干部的，正职干部1600元/月，副职干部1500元/月，职工为1300元/月。养老金标准随北

京市最低级别养老金标准的调整而调整。医疗补助费及医疗费用报销比例为超转人员每人每月领取医疗补助 30 元，一般超转人员在一个报销年度内符合本市医疗报销支付规定的医疗费用累计超过 360 元的部分由金鹏天润公司报销 80%，每人全年医疗报销最高累计金额不超过 12 万元，其中门诊为 2 万元，住院费为 10 万元。涉及重大疾病的超转人员，按照在一个报销年度内符合本市级别医疗报销支付规定的医疗费用累计超过 360 元的部分由金鹏天润公司报销 80%，每人全年医疗报销最高累计金额不超过 20 万元，其中门诊为 10 万元，住院费为 10 万元。超转人员在一个报销年度内所发生的门诊和住院费用累计报销在 3000 元以内的，由金鹏天润公司给予本人 1000 元的医疗补贴。福利标准为劳动节 500 元/人，中秋节和国庆节 800 元/人，春节 1000 元/人。据金鹏天润公司介绍，该公司为超转人员缴纳全部保费，办理了"一老医保卡"，每年用于居民工资、退休金、福利、保险、医疗报销等方面的费用达 6000 余万元。

（三）撤村建居：社区治理大转型

撤村建居，就是撤销农村的村民委员会，建立城市的居民委员会。在我国城乡二元性的社区管理体制中，农村基层建立村民委员会，实行农村管理体制，城市基层建立居民委员会，实行城市社区管理体制。进入 21 世纪后，北京市丰台区农村城市化发展明显加快，城乡两种管理体制的矛盾比较突出。2004 年，丰台区委、区政府制定了《关于改革城乡二元管理体制推进城乡协调发展的意见》（京丰发〔2004〕35 号），着力推进城市化进程中的撤村建居工作，并选择卢沟桥乡精图村、南苑乡成寿寺村作为整建制撤村建居试点，2005 年 9 月和 11 月，这两个村的行政建制分别撤销，相应地建立了居委会。

在卢沟桥乡精图村、南苑乡成寿寺村整建制撤村建居试点的基础上，2010 年 3 月，丰台区委办、区政府办发布《丰台区整建制撤村建居工作方案》（京丰办发〔2010〕13 号），对整建制撤村建居工作作了进一步明确和规范。该方案规定了整建制撤村建居的主要条件：一是集体经济组织完成改制，资产处置全部完成；二是人均农用地少于 0.2 亩，或农用地总面积低于 50 亩，没有基本农田；三是村集体经济组织具有一定的经济实力；四是 80% 以上的农民搬迁上楼。因重点工程建设或其他情况需要整建制撤村建居的，经所在乡镇政府同意也可以提出申请。

整建制撤村建居审批程序有五个环节：一是符合整建制撤村建居的行政村（改制村），在征求村民代表同意的基础上，由所在乡镇政府向区整建制撤村建居工作领导小组提出启动整建制撤村建居工作的申请；二是区整建制撤村建居工作领导小组对整建制撤村建居申请进行审核；三是申请整建制撤村建居的行政村（改制村）召开村民大会或村民代表大会，对整建制撤村进行讨论，大会讨论情况由村委会向乡镇政府报告；四是乡镇政府正式向区政府提出撤销村委会的申请，区政府对撤村申请进行批复；五是撤村后，符合设立社区条件的由街道（地区）办事处提出设立社区的申请，报区政府批准成立新社区。

2011年3月16日，中共卢沟桥乡委员会印发《关于深化产权制度改革推动撤村建居工作的意见》（丰卢发〔2011〕11号），决定于2011年底前完成大井、六里桥2个村的撤村建居工作，同时启动西局、周庄子、小瓦窑、东管头、菜户营、马连道、三路居、万泉寺、大瓦窑、岳各庄10个村的撤村建居工作。

2010年9月8日，三路居村召开整建制撤村建居工作两委会议，同年12月14日召开了村民代表大会和股东代表大会，表决通过了启动三路居村整建制撤村建居工作的决议。三路居村经过2年多的撤村建居工作，于2012年12月31日正式选举产生了金鹏天润社区第一届社区居民委员会，标志着三路居村撤村建居工作的完成。撤村建居后的金鹏天润社区的党组织为中共丰台区卢沟桥地区金鹏天润社区委员会，行政组织为丰台区卢沟桥地区办事处金鹏天润社区居民委员会，集体经济组织为北京金鹏天润置业投资管理公司，其产权归全体股民所有，该公司的外部监管暂由区经管站负责。三路居村撤村建居的过程见表6。

表6 三路居村撤村建居的过程

时间	工作内容	相关文件
2010年9月8日	筹备工作：召开整建制撤村建居工作的两委会	丰台区委、区政府《关于改革城乡二元管理体制推进城乡协调发展的意见》，《丰台区整建制撤村建居工作方案》，中共卢沟桥乡委员会《关于深化产权制度改革推动撤村建居工作的意见》
2010年12月14日	筹备工作：召开村民代表大会和股东代表大会	

续表

时间	工作内容	相关文件
2010 年 12 月 14 日至 2011 年 8 月	1. 基础性工作：理清村内人口、土地、资产、社保。用时 6 个月，完成了全村所有农业户口和股东的登记造册、核实及确认工作，所有企业财务审计和资产评估工作，土地测量、核实工作，以及劳动力社保费测算工作	—
	2. 制定政策：研讨制定撤村建居工作方案及村民安置办法。6 次邀请区、乡有关职能部门工作人员；50 余次征求各个层面的代表的意见	撤村建居方案，村民安置办法，超转人员管理办法，待业管理人员管理办法
2011 年 8 月 26 日及 2011 年 11 月 16 日	根据民主程序，先后召开村民代表大会和股东代表大会	通过了三路居村整建制撤村建居人口统计时间节点及政策、三路居村村民认定、整建制撤村建居村民社会保险政策、北京金鹏天润置业投资管理公司自然人股东人数及其权益，设立北京金鹏天润资产管理公司、北京金鹏天润互助基金会，北京金鹏天润股份有限公司集企业重组等 13 项决议
2011 年 11 月 至 12 月 16 日	入户征求意见，947 户农民同意撤村并签字，同意率达到 98.54%	—
2011 年 12 月至 2012 年 10 月	撤村建居批复历程。2011 年 12 月 7 日报卢沟桥乡党委、乡政府；2011 年 12 月 12 日得到乡党委、乡政府的批复；2012 年 2 月 9 日取得区政府的批复；2012 年 4 月 18 日取得市政府的批复；2012 年 8 月 9 日取得区民政局的《关于卢沟桥地区办事处设立社区居委会》的批复；2012 年 10 月 11 日取得中共卢沟桥地区工委《关于同意成立金鹏天润社区党委》的批复	—
2012 年 5～7 月	根据北京市政府的批复要求，开始农转非户籍变更前的准备工作，逐渐完成户籍变更工作	—
2012 年 12 月 31 日	正式选举产生金鹏天润社区第一届社区居民委员会，设立了党组织、行政组织和经济组织	—

四　集体资产处置、产权改革与新型集体经济

处理集体资产、推进集体经济组织产权制度改革，发展以股份合作制为主要形式的新型集体经济，是城市化进程中发展农村集体经济、维护农民财产权利的重大举措。

（一）北京市农村集体资产处置与产权改革

我国农村集体所有制建立于 20 世纪 50 年代。在集体资产处置上，长期以来没有制定出台规范统一的政策制度。1956～1985 年北京市对农村集体资产实行"撤队交村、撤村交乡"的政策。1985 年 9 月 30 日，北京市委农工委、市政府农办转发市农村合作经济经营管理站《关于征地撤队后集体资产的处置意见》（京农〔1985〕69 号），对集体资产采取"主要资产上交、部分资产分配"的政策。

1999 年 12 月 27 日，北京市政府办公厅颁布《北京市撤制村队集体资产处置办法》（京政办〔1999〕92 号），对撤制村队集体资产的处置作了明确的规定，主要分为两种情况。一是集体资产数额较大的撤制村队，进行股份合作制改造，发展股份合作经济，将集体净资产划分为集体股和个人股，集体股一般不低于 30%，其他作为个人股量化到个人。二是集体资产数额较小，或者没有条件发展股份合作制经济的村队，其集体资产的处置办法主要是固定资产、历年的公积金（发展基金）余额以及占地补偿费全部交由所属村或乡镇合作经济组织管理，公益金、福利基金和低值易耗品、库存物资、畜禽的折款以及国库券、青苗补偿费等兑现给集体经济组织成员，最初的入社股金按 15 倍左右的比例返还。

在城市化进程中，简单地处置集体资产，造成了集体资产的严重流失和农民利益的重大损失。自 20 世纪 90 年代初，北京市在借鉴广州、上海等地农村集体经济组织产权改革做法的基础上，开始推行以"撤村不撤社，转居不转工，资产变股权，农民当股东"为基本方向的农村集体经济产权制度改革，发展股份合作经济。

20 世纪 90 年代后，北京市农村集体资产处置与集体经济产权制度改革是紧密结合在一起的。北京市农村集体经济产权制度改革经过了四个主要阶段。

一是 1993～2002 年的改革试点探索阶段。1992 年 11 月，北京市农工委、北京市政府农办发布了《关于进行农村股份合作制试点的意见》（京农发〔1992〕16 号）等文件，对开展农村股份合作制改革试点工作提出明确的意见。1993 年，丰台区南苑乡东罗园村在全市率先开展村级股份合作制改革试点工作，将少部分集体净资产量化给本村成年劳动力，股东对股份只享有收益权，没有所有权，不允许继承、转让。之后又在一些村开展试点工作，并借鉴了上海、广东和浙江等地开展农村集体经济产权制度改革的做法。经过试点探索，提出了"撤村不撤社，转居不转工，资产变股权，农民当股东"的改革思路，将集体净资产划分为集体股和个人股，集体股占 30% 以上，个人股占 70% 以内。经过 10 年的改革试点探索，到 2002 年底，北京市已完成 24 个村的集体经济产权制度改革。

二是 2003～2007 年的扩大改革试点范围阶段。经过 10 年的改革试点探索，北京市积累了农村集体经济产权制度改革的基本经验，自 2003 年起，扩大改革试点范围。在试点范围上，提出"近郊全面推开、远郊扩大试点"的方针。在股权设置上，将人员范围扩大到 16 周岁以下的未成年人，并进一步规范了改革试点相关工作。到 2007 年底，北京市完成 303 个乡村集体经济产权制度改革任务（其中村级 299 个，乡级 4 个），全市有 30 多万名农民成为新型集体经济组织的股东。

三是 2008～2013 年的全面推广阶段。从 2008 年起，北京市在前期十多年改革试点的基础上，结合集体林权改革，全面铺开了农村集体经济产权制度改革工作，使农村集体产权改革全面提速。到 2013 年底，全市累计完成集体经济产权制度改革的单位达到 3873 个（其中村级 3854 个，乡级 19 个）。村级完成改革的比例达 96.9%，324 万名农民当上了新型集体经济组织的股东。

四是 2014 年以来的深化改革阶段。2014 年以来，北京市主要在深化农村集体产权制度改革上做文章，具体体现为加大对尚未完成的少数情况比较复杂的村级集体经济产权制度改革力度，有序推进乡镇级集体产权制度改革，解决早期改革时集体股占比过高的问题，加强和规范新型集体经济组织的经营管理等。到 2017 年底，全市累计完成集体经济产权制度改革的单位 3920 个（其中村级 3899 个，乡镇级 21 个），村级完成比例达到 98%，331 万名农民当上了新型农村集体经济组织的股东。

（二）三路居村的两次集体产权制度改革

三路居村分别于 2005 年和 2010 年开展了集体产权制度改革，实现了传统集体经济向新型集体经济的跨越。

第一次集体产权制度改革之前，根据第三方评估，三路居村农工商联合公司总资产 9902.13 万元，负债 4619.9 万元，净资产即所有者权益为 5282.23 万元。2005 年 3 月 7 日，三路居村开始推进集体经济产权制度改革。在这次改制中，从净资产中提取原始股金 20 万元退还给原入社人员，760.38 万元用于亡故、转居转工、外嫁女等人员，预提不可预见费用 264.11 万元，三项合计 1044.49 万元，占改革前三路居村集体经济组织所有者权益的 20%。三路居村所有者权益剩余 4237.74 万元，作为新型集体经济组织北京金鹏天润公司，其集体股为 1271.32 万元，占 24%，个人股为 2966.42 万元，占 56%。在个人股中，基本股为 593.28 万元，普通股为 2373.14 万元，以劳龄为依据量化给集体经济组织成员。

2005 年 12 月 28 日，三路居村农工商联合公司改制为北京金鹏天润置业投资管理公司，在工商部门登记注册，公司性质为股份合作制企业，注册资金 4237.74 万元。股权结构为集体股 1271.32 万元，占 30%，持股人为三路居村集体资产管理委员会；个人股 2966.42 万元，占 70%，个人股东 1851 人。截至 2011 年 3 月 31 日，北京金鹏天润置业投资管理公司集体总资产 72605 万元，其中，货币资产 13782 万元，固定资产 3791 万元，长期投资 46253 万元，其他资产 8779 万元；总负债 32377 万元，净资产 40229 万元；下辖 18 个分公司，9 个子公司，1 个参股公司。

三路居村在整建制撤村转居过程中，集体土地已经基本被征收或被规划，预期土地资源将全部转变为货币资产，为了解决集体资产量化和重组问题，三路居村于 2010 年底开展了第二次集体产权制度改革，主要做法有五个方面。一是取消集体股，将之全部量化给股东个人。按照《中共卢沟桥乡委员会关于深化产权制度改革推动撤村建居工作的意见》（丰卢发〔2011〕11 号）中有关"三个增加、三个减少"（即增加个人股比例、减少集体股比例，增加基本股比例、减少劳动贡献股比例，增加按股分红的比例、减少传统分配的比例）的规定，三路居村将 30% 的集体股全部量化给个人，继续保留金鹏天润公司作为股东行使权利和分红的组织平台，注销了部分下属机构及企业。二是拉平股权比例的差距，让全体村民股东有机会享有相同比例股权，同股同权。以现有股权最高比例为标准，允许低于该标准的村民股东出资购买股权比例差额部分，按照 2005 年改革时审计确认后的净资产额计算每股价值，购买后全体股民股东基本持有相同比例的股份，村民股东出资额作为金鹏公司增加注册资本的来源，同时办理增资工商登记手续。三是将金鹏公司大部分优质资产重组，投资设立符合《公司法》和《证券法》规定的金唐天润股份有限公司。四是由金唐天润股份有限公司通过全资、控股和参股等形式，并购重组金鹏公司未注销的下属企业，成立以金唐天润股份有限公司为母公司的金鹏天润集团。五是设立金鹏天润集体资产管理公司，管理集体资产。在撤村建居过渡期内，资产管理公司对村委会账上的征地补偿款及剩余的土地等集体资产进行管理和使用，处理遗留债务和不良资产，使资产保值增值，用作村民福利保障资金，并为金鹏天润集团发展提供后备资金。同时也便于设置土地征用或集体资产变现后的自动转换机制。

（三）三路居村的新型集体经济

经过两次集体经济组织产权制度改革后，三路居村的集体经济已由传统的产权模糊的集体经济转型为产权清晰的新型集体经济。

第一，治理结构。第二次改制后的三路居村集体经济组织的组织架构为金鹏天润置业投资管理公司（简称金鹏公司）下辖金唐天润置业发展集团（简称金唐集团），金唐集团以金唐天润置业发展有限公司（简称金唐公司）为母公司，下辖 29 个子公司，包括地产科技、金融物业、文化教育和综合服务四个模块。金鹏公司作为集体资产所有权主体的代表，是全体股东行使权利、投资控股及分红的平台。金鹏公司的法人治理结构包括职工股东代表大会、董事会、监事会、经理层。其中，职工股东代表大会是公司最高权力机构，股东代表由股东推荐选举产生。金鹏公司机构设置包括党委会、集体资产管理委员会、重大投资风险防控委员会、超转退休人员管理委员会、办公室、绩效考核处、计财处、企业领导管理处、工会、法务处。金鹏公司的注册资本为 4237.74 万元，来源于股东自筹。金鹏公司为原三路居村农工商联合公司集体共同共有股，股东为尹志强等1844 名集体经济组织成员。金唐公司作为金唐集团的母公司，是实际的经营主体，全面参与市场经营与竞争，按照现代企业运行机制建立现代企业法人治理结构，实行完全的市场化管理。金唐公司的治理结构为股东、董事会、监事会和经理层。金鹏公司是金唐公司的唯一股东，出资额为1亿元。金唐公司不设股东会，股东做出决定时采取书面形式，股东签字后由金唐公司存档。金唐公司董事会成员5人，由股东任命。董事每届任期三年，任期届满后，可以连任。董事长为公司法人代表。目前，金鹏公司和金唐公司的法人均为原三路居村书记尹志强。三路居村第二次改制后的企业组织架构见图1。

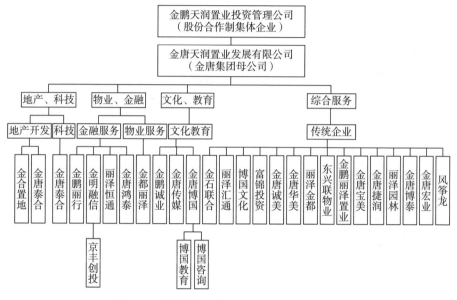

图1　三路居村第二次改制后的企业组织架构

第二，集体资产管理。三路居村集体资产内部管理分为两部分：一是金鹏公司设有集体资产管理委员会，二是金唐集团设立了资产管理中心。金鹏公司集体资产管理委员会属于领导机构，主要负责集体经济组织成员股权管理，包括股权转让与继承，完成遗留土地征地补偿任务、处理应付未付的部分补偿款，处理遗留债权等。金唐公司资产管理中心属于日常办公机构，主要负责金唐集团资产的运营、管理和监督。总体来看，金鹏公司及所辖的金唐集团对集体资产的管理具有五个特点。一是制度建设系统化。通过集体经济的股份合作制改革，创新了集体经济组织的所有权与经营权相分离的制度安排。加强了内控制度建设，逐步形成了内控制度体系。制定了人力资源管理规章制度。二是股权管理固态化。集体经济组织在股份合作制改革中规定普通股归股东个人所有，可以继承，在公司同意的情况下，可以按股份原值转让给公司，但不得退股。股权不增设，新生人口只能通过继承的方式获得股权。三是资产管理制度化。完善了各项管理制度，细化了流程和各种台账，加强了资产管理培训。对存量资产实行动态管理，使资产管理进一步规范化和常态化。将合同管理与资产管理结合起来，注重研究合同效益与资产的量化关系，以及效益的持续性。注重监管合同的履约情况，实行流程化、制度化、规范化和法治化管理。在对外投资管理方面，加强对投资项目信息的跟进，及时掌握投资项目的整体情况，注重对资金使用情况及风险隐患的监督。在证照管理方面，严格按照审批流程使用各种证照。四是内控管理信息化。2017 年金唐集团正式执行《北京金唐天润置业发展集团制度汇编》《北京金唐天润置业发展集团内控管理手册》，启动集团办公自动化系统，实现了集体内控管理信息化。五是审计监督常态化。在经营管理审计和内部审计范围内的合同签约前和结算审计中，对已审项目出现的问题提出相应的审计意见，并监督整改；对金鹏公司和金唐公司经营管理情况开展就地审计；对金鹏公司和金唐公司人力成本及办公费用等开展专项审计。通过审计达到风险防控、规范经营、合法合规、提高效益的目标。

第三，集体资产经营。三路居村新型集体经济组织抓住丽泽商务区发展的机遇，把握首都城市化进程和农村改革发展的脉搏，深入推进农村集体经济产权制度改革，成为参与丽泽商务区建设的市场主体，推动集体资产经营从传统的瓦片经济即房屋出租向地产开发、物业服务、金融、教育、科技等更加符合北京城市发展和首都功能定位的产业转型发展。同时，三路居村新型集体经济组织在发展过程中，建立了人才激励机制。在改制过程中，三路居村要求金唐公司全体高管自费购买股份公司的少量股份，优化了股权结构，同时也打破了集体经济的封闭性，激励高管参与经营管理，实行责权利高度一致的原则，激活了创新发展的内在动力。目前，金唐集团形成了以房地产为主，以现代商业、服务业、金融业为辅的多元经济产业格局。集团下辖全资、控股、参股的分公司和子公司共 29 家，涵盖地产、科技、教育、金融、物业、环卫、园林绿化、建材等多个行业。房地产为金唐集团的支柱产业，2005 年以来完成项目开发面积 69 万平方米，包括自主开发建设的"金唐国际金融大厦"项目，丰台区政府授权的 14 万平方米保障房项目，乡级统筹联营联建的 C9 公建项目，与其他民企、国企、央企合作开发的丽泽商务区 D10、D7~8 重点地产项目，对外投资购置潘家园、世界公园及酒店物业项目等，获得自持物业 30 万平方米，实现年收益 3 亿元。配套产业收益约为 5000 万元。2005~2012 年三路居村总收入由 4697 万元，增加到 9905 万元，年平均增长 11.2%；总资产由 9902 万元，增加到 128745 万元，年平均增长 44.3%。截至 2017 年 12 月底，金鹏集团的资产总收入为 2.9 亿元，资产总额已由 2005 年的 1 亿元增加到 160 亿元，增长了近 160 倍；村民人均收入由 8286 元增加到 15476 元，年均增长 9.3%。劳均年收入由 2005 年的 1.4 万元增加到 2017 年的 6.8 万元，增长了近 4 倍，福利待遇增加了 3 倍。

第四，社区公共服务。目前金鹏天润社区的公共服务仍由集体经济组织承担，2017 年金唐集团承担的金鹏社区水、电、环境整治、公共卫生及相关人员费用达 297 万元，其中还有一部分费用因与集团其他相关业务费用联系紧密未计算到集体经济组织中。

第五，股东分红。金鹏公司章程规定"每年第一季度向股东分配上一年度的股红"。但在实际操作中，金鹏公司主要是为原三路居村集体经济组织成员分配福利，尚未进行过股份分红。福利主要是在五一、十一、中秋和春节四个节日各发放 3000 元的现金。

五　思考与建议

三路居村的城市化转型案例向我们揭示的核心问题是在城市化进程中如何维护农民的财产权利，发展农村集体经济组织。发源于 20 世纪 80 年代的以股份合作制为主要方式的农村集体经济产权制度改革，是处于城市化发展前沿地区的广大农村基层干部和农民群众应对城市化冲击的伟大创造，在很大程度上维护了农民的财产权利，发展了农村集体经济经织。但值得我们深思的是，来自农村基层和农民群众的伟大创造，仍然受到长期形成的思想观念和政策制度的制约，农村集体和农民财产权利的维护和发展面临许多问题，需要我们从推进国家治理体系和治理能力现代化的高度转变观念、深化改革，着力加强体现城乡一体、公平正义的制度建设。

（一）关于农村土地：关键是要坚持和实现集体所有制与国有制的平等地位

我国现行《宪法》规定，城市的土地属于国家所有，农村和城市郊区的土地属于集体所有。国家为了公共利益的需要，可以依照法律规定对土地实行征收或者征用并给予补偿。由于国家对公共利益缺乏明确界定，实际生活中，不管是公共利益还是城市开发建设需要集体土地，都一律实行土地征收。现行的征地模式，就是征收集体土地，将之变为国有土地，从而使集体土地不断减少、国有土地不断扩张。2016年4月，习近平总书记强调，不管怎么改，都不能把农村土地集体所有制改垮了。但现行的征地模式，不仅将土地集体所有制改垮了，而且将土地的集体所有制改没了。如果要真正坚持土地的集体所有制，就必须从根本上改变现行的征地观念、改革现行的征地制度。我们不能仅仅从政治上和意识形态上高调地宣称集体所有制的重要性，还必须从制度安排上体现集体所有制和国有制这两种公有制的平等地位。

一是修改《宪法》，取消土地征收的规定。征收是国家利用垄断性强制权力对私有财产所有权的变更行为。我国实行土地公有制，并不存在土地私有制。在现实生活中，土地所有权的改变又只存在一种情况，那就是土地的集体所有制改变为土地的国有制，而根本不存在土地国有制改变为集体所有制的问题，也不存在改变为其他土地所有制的问题。土地征收涉及土地所有权的改变，土地征用只涉及土地使用权的改变。现行的土地征收制度，实质上就是消灭土地的集体所有制，扩大土地的国有制，这不符合坚持两种公有制的平等宪法地位，不符合坚持土地集体所有制的政治原则，也不利于维护农村集体和农民的土地财产权利。2004年宪法修正案将宪法第十条第三款中对土地实行"征用"修改为对土地实行"征收或者征用"，这个修改其实存在重大法理偏差，应当立足于我国土地公有制的基本国情，对宪法进行重新修改，取消对土地实行征收的规定。

二是明确国家为了公共利益的需要，可以对国有土地或集体土地实行征用并给予公正补偿。国家应立法明确界定公共利益的范围。因公共利益的需要可以对国有土地或者集体土地的使用权进行征用，但不改变两种土地的所有制性质并给予公正补偿。对于全民所有的国有土地，应当明确建立从中央政府到地方各级政府的分级所有权制度，推动国有土地所有权的分级确权登记。涉及全国范围的河流、草原、森林等土地，由中央政府行使所有权；其他有关土地根据实际情况可分别由各级地方政府行使所有权。国家因公共利益需要，不仅可以征用集体土地，也可以征用国有土地。征用国有土地，就是收回国有土地的使用权，应当对国有土地的使用权人进行使用权征用后的合理补偿；征用集体土地，必须明确只是征用了一段时间的集体土地使用权，而土地的集体所有制性质并没有改变，同时必须对被征用的集体土地的所有权人以及使用权人给予公正补偿。需要强调的是，集体土地的所有权人不能借口土地是集体的而独享土地征用补偿费，应当区分和明确农村集体土地所有权和使用权的补偿及其比例。

三是因城市开发建设和其他非公共利益需要使用集体土地的，一律根据市场原则实行土地租赁或土地出租，建立健全农村集体建设用地平等入市制度。第一，凡是农村集体经济组织以外的组织和个人因建设需要开发使用集体土地的，应按照市场契约原则，实行土地出租和土地租赁制度，由农村集体经济组织将土地出租给使用方使用；第二，凡是农村集体经济组织自身需要建设使用集体土地的，则实行集体建设用地与国有建设用地平等入市的制度，依法依规进行土地自主开发建设。尽快废止《土地管理法》第43条"任何单位和个人进行建设，需要使用土地的，必须依法申请使用国有土地"的规定。这是对土地集体所有制的消灭性规定，不符合坚持集体所有制的基本政治要求。现在正在开展集体经营性建设用地入市试点，需要进一步解放思想、理清思路，加大改革力度，尽快实现两种公有土地权利的完全平等。应当从国家层面制定"土地法"，全面修改《土地管理法》，加强集体土地出租以及集体建设用地入市等法规的制定工作。

四是废除土地财政，健全土地税制。地方政府依靠先征收集体土地，再出让国有土地使用权来创造财政收入的模式，严重破坏了土地集体所有制的稳定性，极大地扭曲了政府的公共定位和行为，使地方政府成为从农村集体和农民手中低价征收集体土地并将征收来的集体土地高价拍卖出去从而牟取暴利的投机商角色。这是地方政府不能践行执政党为人民服务宗旨、不能坚持依法行政、不能维护社会公平正义、不能保护农村集体和农民财产权利而习惯于以强征强拆手段侵犯农村集体和农民财产权利，导致社会严重失序的重要财税体制根源。2017年，全国国有土地使用权出让收入达52059亿元，同比增长40.7%，其中北京市土地出让收入2796亿元，同比增长228%，居全国第一位。必须从现代国家构建的高度，摆正地方政府的公共职责定位，明确规定政府只能从合法税收中获取收入，坚决废除持续 20 多年的土地财政，同时加快土地税制改革，建立健全地价税、土地增值税、土地交易税、物业税、房产税等土地税制，全面建立起现代文明国家通行的财税制度，这是实现国家治理体系和治理能力现代化的必然要求。

（二）关于农转居和社会保障：核心是要保障和实现城乡居民的同等待遇

在城市化进程中，农民的城市化转型涉及城乡户籍制度和城乡社会保障制度两个基本的政策体系转换问题。在户籍制度改革上，因征地拆迁等而实行的农业户籍人口转为非农业户籍人口即征地农转居政策，在 20 世纪 50 年代建立起来的城乡二元户籍制度框架中曾有一定的现实意义，但随着户籍制度改革的深入，特别是 2014 年 7 月国务院发布《关于进一步推进户籍制度改革的意见》以及 2016 年 9 月北京市政府发布《关于进一步推进户籍制度改革的实施意见》明确规定取消农业户口和非农业户口划分、统一登记为居民户口后，农转居就失去了最基本的法理依据和现实条件。但北京市一些地方仍然按照《北京市建设征地补偿安置办法》中有关"逢征必转"的规定，继续推行征地农转居政策，这就显得极不合时宜，呈现出户籍制度改革与征地制度改革相互脱节的"两张皮"现象，也使公安部门负责的户籍制度改革与农口部门负责的农转居政策相互矛盾。在社会保障制度上，地方政府将转居农民纳入城镇社会保障体系时，规定农村集体和农民缴纳巨额社会保障费用且政府并未承担社会保障成本，这种政策制度安排具有极大的不合理性。

一是必须立即停止实行征地农转居政策。必须全面修改《北京市建设征地补偿安置办法》，废除其中有关"逢征必转"的规定，确保国务院和北京市有关户籍制度改革的政策落到实处，切实改变户籍政策实施中的部门脱节和政策打架现象。不管是否征地，原来的农业户籍人口一律统一登记为居民户口。城乡户籍制度并轨后，农民户口登记的改变，并不改变其集体经济组织成员的身份及其所享有的集体经济组织的各项权益。此外，由于国务院和北京市政府发布的户籍制度改革的意见属于政府规范性文件，其效力等级不及法规，建议全国人大常委会根据改革发展的新形势，尽快从立法程序上废止 1958 年 1 月 9 日全国人民代表大会常务委员会第 91 次会议通过的《中华人民共和国户口登记条例》，制定旨在保障城乡居民户籍身份平等和迁徙自由权的"户口登记法"，彻底废除持续 60 多年的城乡二元户籍制度，全面建立城乡一体的户口登记制度。

二是彻底改变转居农民加入城镇社会保障体系需一次性趸缴社会保险等巨额费用的规定。在传统城乡二元结构中制定的《北京市建设征地补偿安置办法》《北京市整建制农转居人员参加社会保险试行办法》《关于征地超转人员生活和医疗补助若干问题意见》等政策文件，带有很强的城乡二元思维，在政策上进一步强化了城乡二元社会保障制度，推卸了政府为农民提供社会保障的重大责任，同时以将农民加入城镇社会保险体系之名，变相攫取了农村集体和农民的巨额征地补偿费，农村干部和农民群众对此意见很大，必须从根本上改革。三路居村根据丰台区政府和卢沟桥乡政府有关规定，没有将农转居人员中的超转人员移交给民政部门接收管理，而实行本集体经济组织自我保障服务的模式。这种做法从政策执行上来看，下级政府未按上级政策文件执行搞变通，具有明显的不合规性，却具有相当大的合理性。享有平等的社会保障权利，是宪法规定的公民的基本权利，也是政府应尽的职责。应当尽快取消《北京市建设征地补偿安置办法》中有关社会保险的规定，废止《北京市整建制农转居人员参加社会保险试行办法》和《关于征地超转人员生活和医疗补助若干问题意见》。要将征地补偿与社会保障脱钩，征地只需对被征地人进行公正合理的财产补偿。社会保障是每个公民都应当享有的基本权利。农民作为公民，不管其地是否被征，都应当享有平等的社会保障权利。应当加快实现城乡基本公共服务均等化，取消和废止各种类型的差别化、碎片式的社会保障政策体系，全面构建城乡居民统一而平等的免费医疗、免费教育等制度，大幅度提高农村居民养老保障水平，建立普惠型的现代城乡居民社会福利制度。

三是政府要承担起补齐农民社会保障费用的基本职责。长期以来，农民被排除在国家社会保障体系之外，这是政府对农民的历史欠债。进入 21 世纪后，国家逐步建立起农村的社会保障制度，但城乡之间社会保障待遇水平的差距还比较大。在城市化进程中，获取巨额土地出让收入的地方政府，其正确的做法应当是加大对农村社会保障的财政投入，取消城乡社会保障待遇水平的差距，这既是政府对历史欠债的应有补偿，也是政府真正支持"三农"工作的重要体现，更是政府强化服务职能的内在要求。现在执行的让农村集体经济组织和农民全部承担补缴城乡社会保障制度待遇差距费用的政策，严重推卸了政府责任，加重了农村集体经济组织和农民的负担，应当予以彻底纠正。要着眼于城乡居民大致享有均等的基本公共服务的目标，优化财政支出结构，降低行政成本，提高民生支出比例，重点是政府要全面补齐农村居民社会保障费用。

（三）关于撤村建居和公共服务：重点是强化和落实政府的公共职责

在城市化进程中，城郊地区部分农村城市化是不可避免的经济社会发展规律。据北京市"三农普"数据，2016 年在北京市 3925 个村委会中，无农民的村 169 个，无农业的村 461 个，无耕地的村 924 个，无农业、无农村、无农民仅保留村委会牌子的"空壳村"103 个，常住人口不足户籍人口的 50% 或闲置农宅超过 30% 的空心村 338 个，外来人口多于本村户籍人口的倒挂村 498 个，其他传统村落 1432 个。由此可见，城市化已经使不少村庄发生了明显的变化，与此相适应的公共政策应当及时跟上。撤村建居是城市化的必然产物，也是适应农村城市化转型的重要选择。撤村建居事关农村集体经济组织和农民的财产权利，事关农民参与社区公共事务民主管理的权利，也事关政府公共产品和公共服务的供给与保障。但至今从国家到地方都没有制定撤村建居有关的法律法规，各地在撤村建居工作中随意性较大。有的已经完全具备撤村建居条件的村没有开展任何撤村建居工作；有的村撤村建居后，政府没有为新建立的居委会提供统一规范的基本公共产品和公共服务，仍然由原来的村委会或农村集体经济组织承担公共治理成本等，这种状况实质上是政府的严重缺位，必须尽快纠正。

一是加快制定撤村建居专门法规，对撤村建居工作进行统一规范。在快速城市化进程中，对撤村建居进行统一的指导与规范十分必要。2012 年 3 月 29 日，北京市民政局、北京市委农村工作委员等 6 部门印发《关于推进城乡社区自治组织全覆盖的指导意见》（京民基发〔2012〕108 号），其中提到撤销村民委员会建制的条件：①村民全部转为居民；②村集体土地已经被征占；③村集体资产处置完毕，或者已经完成村集体经济产权制度改革，成立新的集体经济组织；④转制村民全部纳入城镇社会保障体系。该意见规定撤村建居基本程序是由街道办事处、乡镇政府（地区办事处）提出，经村民会议讨论同意，报区县政府批准。该文件虽然明确了撤村建居的基本条件，但全市不少符合撤村建居条件的村却没有开展撤村建居工作。例如，北京市"三农普"统计的 103 个"空壳村"就完全具备撤村建居条件，但没有开展撤村建居工作。全市撤村建居工作缺乏顶层制度设计，严重滞后于城市化发展的现实需要。上述意见作为部门文件效力较低。国家有关部门以及省区市级层面都应当制定专门的撤村建居法规，进一步明确和规范撤村建居的条件、程序以及相关管理服务等问题，强化政府提供公共产品和服务的基本职责，有序推进撤村建居工作。

二是切实保障农村集体经济组织和农民的财产权益。撤村建居的核心问题是公平合理地处置集体资产，维护和发展农村集体经济组织和农民的财产权益。各级党委和政府应当将保障和实现农民的财产权利作为重大责任，加强产权制度建设和产权保障工作。1999 年 12 月实施的《北京市撤制村队集体资产处置办法》（京政办〔1999〕92 号）对撤制村队集体资产作了规定，在一定程度上维护了农村集体经济组织和农民的财产权益，但也存在不少缺陷，亟须修改。例如，应将撤制村队名称更改为撤制村组；取消集体股不低于 30% 的规定，降低集体股所占比例或取消集体股；赋予集体经济组织成员对集体资产股份占有、收益、有偿退出、抵押、担保、继承等更分充分的权能；对征收或征用土地的补偿费，应区分对土地所有权的补偿和土地使用权人的补偿，明确各自的补偿比例，一般来说，对承包土地的补偿费，所有权人和使用权人的分配比例为 15∶85，对宅基地的补偿费，所有权人和使用权人的分配比例为 10∶90；明确和保障农民在撤制村队集体资产处置中的知情权、表达权、参与权、决策权、监督权。

三是强化政府在提供城乡社区公共产品和公共服务上的基本职责。在城市化进程中，一些完全符合整建制撤村建居条件的村之所以继续保留村委会建制而没有相应建立城市社区居委会，一个重要原因在于政府仍然习惯于在城乡二元结构中开展工作，在公共产品和公共服务上重城市、轻农村的施政惯性没有得到根本扭转，缺乏承担新建立的城市社区公共产品和公共服务供给的动力与意愿。在已经撤销村委会建制、建立城市社区居民委员会后，政府不能与时俱进地承担起社区公共产品和公共服务供给保障责任。政府在公共产品和公共服务供给上的严重滞后和缺位，造成撤村后新建立的城市社区的公共产品和公共服务仍然由集体经济组织承担的普遍现象。政府未能积极履行公共服务供给职责的状况一定要纠正。各级党委和政府应当将撤村建居所增加的公共产品和公共服务支出纳入年度工作计划，列入财政预算予以制度化保障，切实减轻集体经济组织承担的社区公共产品和公共服务供给的负担。

（四）关于集体经济组织和集体经济：目标是加快构建市场化法治化的发展环境和现代治理体系

农村集体经济组织和集体经济是我国农村特有的组织形式和经济形态。农村集体经济组织属于经济组织，但又不是一般的经济组织。2017 年 10 月 1 日施行的《民法总则》将农村集体经济组织规定为特别法人，区别于营利法人和非营利法人。农村集体经济组织可以划分为农村集体产权改革之前的传统集体经济组织和农村集体产权改革以后的新型集体经济组织，二者之间的最大区别在于传统集体经济组织强调劳动者的劳动联合，否定劳动者的资本联合，劳动者的个人产权不清晰，而新型集体经济组织既承认劳动者的劳动联合，也承认劳动者的资本联合，并通过集体产权制度改革明晰了个人产权，实现按股分红。农村集体经济也可以划分为农村集体产权改革之前的传统集体经济和农村集体产权改革以后的新型集体经济，二者之间的最大区别在于传统集体经济是在计划经济体制下的封闭性经济，只强调集体利益而否认个人产权，而新型集体经济是在市场条件下的开放式经济，既强调集体公共利益，也重视个人产权利益。对于农村集体经济组织和集体经济，既不能唱高调迷信，也不能一概否定，而应当通过不断深化改革、加强制度建设，营造农村集体经济组织和集体经济发展的市场化法治化环境和现代治理体系，维护和发展农民的财产权利和民主治理权利。

一是要充分认识和保障农民的公民权、成员权和自治权。第一，农民作为中华人民共和国公民，享有《宪法》规定和保障的公民权，各级党委和政府应当充分保障《宪法》赋予公民的基本权利和自由。公民权具有开放性特征，农民无论身居农村，还是迁入城镇，都应当平等享有基本公民权利。第二，农民作为集体经济组织成员，享有成员权，主要包括财产权利和民主权利两大类。财产权利是指农民享有集体经济组织的财产所有权、股权、集体收益分配权等权利；民主权利是指农民享有对集体经济组织的知情权、参与权、表达权、监督权、决策权等权利。成员权具有封闭性特征，只有具有农村集体经济组织成员身份的人才拥有成员权。第三，农民作为社区成员，享有自治权，即享有对社区公共事务管理的权利，包括知情权、参与权、表达权、监督权、决策权。自治权具有从封闭性向开放性转变的特性。在村庄人口流动不明显的地方，自治权具有封闭性特征，即自治权只面向当地户籍村民，而当村庄在城市化冲击下出现明显的人口流动时，自治权应当赋予包括外来流动人口在内的所有社区常住人口，这样自治权就具有开放的特性。随着城市化的发展，当传统村庄转型为现代城市社区后，农村村民的自治权相应地转变为城市居民的自治权。尊重和保障农民的公民权、成员权和自治权，是推进乡村治理体系和治理能力现代化的根本要求。

二是要及时转变农业农村工作的方式和重点。快速的城市化，对传统农村社会结构产生了重要的冲击，各级党委和政府的农业农村工作方式和工作重点也应当与时俱进地实现转变。像三路居村这种无农业、无农村、无农民而已实现城市化转型的"村"，已经从以土地为纽带的集体所有制转变为以资产为纽带的集体所有制。加强集体资产的监督管理，维护好股东的正当权益，应当成为农业农村工作的重中之重。而更为深层次的问题是，已经实现城市化的撤村建居"村"，农村集体经济组织事实上已转变为城镇集体经济组织。这类由农村集体经济组织转变为城镇集体经济组织的，到底是继续由农业农村工作部门管理相关事务，还是转交给城镇有关部门管理和服务更为合理？如果仍由农业农村工作部门进行管理和服务，就需要相应地创新管理服务的基本方式。三路居村自改制以来，集体资产增长迅速，2017年三路居村集体资产总额高达160亿元，相当于北京市平谷区和怀柔区两个区集体资产的总和，是密云区农村集体资产的2.6倍。三路居村除了每年给股东发放约3000元的福利外，至今未按章程规定实行年度分红。面对如此庞大的集体资产，如何加强监管？如何防止集体资产被内部少数人控制和利用？如何加强新型集体经济组织内部的规范化经营管理？如何有效维护股东的收益分配权和民主管理权？这些都是各级党委和政府相关部门应当高度重视并切实加以解决的重大现实问题。

三是实现集体经济组织和集体经济封闭性与开放性的统一。传统的集体经济组织和集体经济都具有明显的封闭性特征，但在计划经济体制下，人口相对静止，集体经济组织和集体经济发展的时间还不长，集体经济组织和集体经济封闭性后果并没有充分体现出来。在市场经济条件下，随着城市化的发展，以及60多年的发展演变，集体经济组织和集体经济的封闭性问题已经比较明显地表现出来了。既要维护农村集体经济组织及其成员的正当权益，又要实现集体经济的市场化转型升级发展，这是两个必须予以考量的重大问题。侧重于维护农村集体经济组织及其成员权益的人士倾向于保持农村集体经济组织和集体经济的封闭性，而侧重于发展市场经济的人士却倾向于推进农村集体经济组织和集体经济的开放性。其实这两种诉求都具有合理性，关键是要找到二者相结合的有效途径和方式。三路居村似乎提供了使二者实现结合的一条有效路径，那就是通过集体产权制度改革建立新型集体经济组织即股份合作制集体企业——金鹏天润置业投资管理公司，保持集体经济组织成员的封闭性，同时在金鹏天润置业投资管理公司这个封闭性集体经济组织下面设立完全面向市场的开放性的金唐天润置业股份有限公司（金唐集团母公司）。这种组织架构创新，实现了集体经济组织和集体经济封闭性与开放性的统一，具有一定的创新意义。但是，面对进入市场、实行现代企业经营管理的下属公司，集体经济组织如何有效进行管理监督并有效维护股东权益，是一个重大的现实问题。同时，随着时间的推移，集体经济组织成员将逐步自然消亡，如果股东只有继承权和内部转让权，将出现集体经济组织成员的不断萎缩和成员分布的空间广阔性，实现股权的开放性仍将是必须予以考量的长期选项。应当按照特别法人的定位，从国家和地方层面，加快城乡集体经济组织的立法工作，从法律上明确界定和规范集体经济组织的治理结构和权利义务关系，规范和保障集体经济组织的市场主体地位，维护和促进集体经济组织成员参与集体经济组织管理、发展集体经济的民主权利，建立健全有利于集体经济组织规范化运作、集体经济发展壮大的政策制度框架，形成有效维护农民参与集体经济组织管理的现代民主治理体系，为乡村治理体系和治理能力现代化提供有力支撑。

参考文献

[1]〔美〕R. 科斯、A. 阿尔钦、D. 诺斯等：《财产权利与制度变迁——产权学派与新制度学派译文集》，刘守英等译，上海三联书店、上海人民出版社，1994。

［2］国务院发展研究中心农村经济研究部：《集体所有制下的产权重构》，中国发展出版社，2015。

［3］叶兴庆：《农村集体产权权利分割问题研究》，中国金融出版社，2016。

［4］黄中廷、陈涛主编《从共同共有到按份共有的变革》，中国农业出版社，2004。

［5］黄中廷：《农村集体经济产权制度改革研究》，新华出版社，2007。

［6］黄中廷：《新型农村集体经济组织设立与经营管理》，中国发展出版社，2018。

［7］陈水乡主编，黄中廷主笔《北京市农村集体经济产权制度改革历程（1992－2013）》，中国农业出版社，2015。

［8］宁文忠：《消失的村庄——北京60年的城乡变迁》，北京工业大学出版社，2009。

［9］张英洪等：《北京市法治城市化研究》，社会科学文献出版社，2017。

［10］张英洪等：《北京市城乡基本公共服务问题研究》，社会科学文献出版社，2014。

［11］张英洪：《北京农村承包地流转：启示与建议》，《中国经济时报》2018年4月10日。

［12］韩俊、张云华、张要杰：《农民不需要"以土地换市民身份"——北京市朝阳区农村集体经济产权制度改革调查》，《中国发展观察》2008年第6期。

［13］刘守英：《集体土地资本化与农村城市化——北京市郑各庄村调查》，《北京大学学报》（哲学社会科学版）2008年第6期。

［14］魏书华：《城乡结合部城市化与农村集体资产处置》，《城市问题》2002年第4期。

［15］焦守田：《京郊农村集体经济产权制度改革历程》，《北京农村经济》2017年第11期。

［16］焦守田：《京郊农村集体经济产权制度改革的伟大成就》，《北京农村经济》2018年第2期。

［17］黄中廷：《还权于民的重大变革——北京市农村集体经济产权制度改革的回顾与思考》，《北京农村经济》2018年第5期。

［18］方志权：《揭秘上海农村集体产权制度改革顺畅之路》，《北京农村经济》2018年第6期。

［19］方志权：《农村集体经济组织特别法人：理论研究和实践探索》（上、下），《农村经营管理》2018年第6、7期。

［20］魏后凯、陈雪原：《中国特大城市农转居成本测算及推进策略——以北京为例》，《区域经济评论》2014年第4期。

［21］张汝立：《从农转工到农转居——征地安置方式的变化与成效》，《城市发展研究》2004年第4期。

［22］张汝立：《"农转居"安置政策的问题与成因》，《新视野》2008年第3期。

［23］郑风田、赵淑芳：《"农转居"过程中农村集体资产处置：问题与对策》，《甘肃社会科学》2005年第6期。

［24］肖文燕：《丰台区走出整建制撤村建居城市化新路》，《北京农村经济》2011年第7期。

［25］中共北京市丰台区委农村工作委员会、丰台区农业委员会：《推进城乡二元管理体制改革 加快农村城市化步伐》，http://www.zgxxb.com.cn/jjsn/201002251060.shtml。

[26] 赵强社：《"乡村振兴战略"需要振兴新集体经济——陕西袁家村以新集体经济助力乡村振兴的启示》，中国农业新闻网，http://www.farmer.com.cn/xwpd.../snwp/201711/t20171122_1338627.htm。

[27] 杜雪君、吴次芳、黄忠华：《台湾土地税制及其对大陆的借鉴》，《台湾研究》2008年第5期。

[28] 陈锡文：《从农村改革40年看乡村振兴战略的提出》，《中国党政干部论坛》2018年第4期。

[29] 刘福志：《关于农村集体经济产权制度改革情况的报告——2013年5月30日在北京市第十四届人民代表大会常务委员会第四次会议上》，北京市人大常委会，http://www.bjrd.gov.cn/zdgz/zyfb/bg/201306/t20130604_117112.html。

执笔： 张英洪　　王丽红

2018 年 8 月 14 日

上海市利用农村集体建设用地建设租赁房试点考察报告

在城市化和城乡一体化进程中，经济发达地区特别是外来流动人口较多的大中城市，开发利用农村集体建设用地，发展农村集体经济，促进农民增收，同时为外来流动人口提供住房，创新农村土地使用制度，是一个重大而紧迫的现实课题。2011 年，中央批准北京和上海开展利用农村集体建设用地建设租赁房试点工作。我们对上海市利用农村集体建设用地建设租赁房的情况进行了考察学习。

一　基本情况

上海早在 2003 年就开始在一些农村开展利用集体建设用地建设住房的试点，住房对象主要针对工业园区的来沪务工人员，效果很好。2009 年上海出台《关于单位租赁房建设和使用管理的试行意见》，提出"农村集体经济组织利用农村集体建设用地建设主要定向提供给产业园区、产业集聚区内员工租住的市场化租赁宿舍"。2010 年 9 月，上海市政府批转《本市发展公共租赁住房的实施意见》（沪府发〔2010〕32 号），提出"综合利用农村集体建设用地，适当集中新建"。2011 年 7 月，上海市政府办转发《关于积极推进来沪务工人员宿舍建设的若干意见》（沪府办发〔2011〕39 号），规定："对利用农村集体建设用地建设的，鼓励充分利用闲置的存量建设用地，在符合规划的前提下，以使用集体土地方式办理有关手续，不改变原建设用地用途，不改变集体土地性质。"

由于上海在利用集体建设用地建设租赁住房上已有政策措施和实践探

索，因此，当 2011 年中央批准上海与北京开展利用集体建设用地建设租赁住房试点工作后，上海能够迅速在 8 个区 22 个村推进。上海的试点项目主要有两大类：一是产业园区类，二是零散地块类。目前，各试点实施方案正在申报之中，已有 1 个区完成方案申报工作。上海利用集体建设用地建设租赁住房试点工作正在推行之中，有关情况我们会继续关注。

目前，上海利用集体建设用地建设租赁住房最有代表性的项目，是闵行区七宝镇联明村的租赁房试点项目联明雅苑。

二　主要做法和特点

以闵行区七宝镇联明村的租赁房试点项目联明雅苑为例，该项目的主要做法和特点有以下几个方面。

一是建设主体为村集体。联明村成立上海联明实业总公司承担项目建设任务。项目于 2008 年 9 月开工，2010 年 6 月竣工，总投资 9300 万元，村民出资 8000 万元，占 86.02%。联明雅苑小区建筑面积为 25665 平方米，可供出租的房屋 404 套。

二是出租对象为外来务工人员。主要为七宝镇辖区内各企事业单位员工。以企业租借为主，其中纳税 100 万元以上的单位可优先租用，目前不接受来沪人员个人承租。

三是出租形式多样化。主要有家庭户和集体户两种居住形式，一室户限 3~4 人居住，二室户限 6~8 人居住，承租合同实行年签制。

四是配套生活设施与公共服务齐全。租赁住房均为精装修，小区设有便民服务窗口，集中办理入住手续，建有图书室、篮球场等，安装电子安保监控系统，实行智能化安全管理，聘用具有资质的物业公司负责物业管理；小区管理方和租户共同制定居住公约，实行租客自治制。

五是租金收益村民共享。租金收益主要按两部分进行分配：一是联明村每年以稍高于银行的利率向出资村民支付 7% 的年息，二是将年租金扣除物业管理成本后集中分配给村民。

三　初步成效

上海利用集体建设用地建设租赁住房，是城市化和城乡一体化进程中农村土地制度的重要创新，已取得初步成效。在中央正式批准试点以前，上海就已经从政策和实践两方面自行开展了利用集体建设用地建设租赁住房的试点工作，在中央正式批准试点后，迅速在 8 个区 22 个村较大范围铺开，目前上海已有部分试点项目完成申报等手续，正在加紧推进试点工作。

联明雅苑项目是上海市利用集体建设用地建设租赁住房的典型，为利用集体建设用地建设租赁房积累了初步经验。位于闵行区七宝镇联明村的联明雅苑租赁房试点项目，于 2010 年 9 月 1 日投入使用，2011 年 4 月底已全部出租，出租率为 100%。以目前租赁价格计算，年租金收入约 850 万元，支付村民出资年息 560 万元，物业管理等成本 180 万元。

上海试点项目具有积极的现实意义。一是有利于发展壮大农村集体经济，培育新的经济增长点；二是有利于增加农民收入特别是财产性收入；三是有利于缓解外来务工人员的住房压力，改善居住环境，提高对外来人口的服务与管理水平；四是有利于完善农村土地制度，促进城乡资源融合与统筹发展。

四 对北京的启示

上海市开展利用集体建设用地建设租赁住房试点工作对北京市的主要启示如下。

一是要勇于实践创新和政策创新。上海在中央批准试点前就已经先行先试，这为较大范围推行试点工作积累了相应的政策与实践经验。北京正处在建设世界城市和推进城乡一体化的新时期，迫切需要探索新的发展思路。

二是要创新维护农民权益的体制机制。上海在试点工作中充分尊重农民的自主性，不搞行政命令强制推行，主要在破除城乡二元体制，形成城乡一体化发展新格局上加强体制机制建设，为新时期农村集体经济发展拓展了新的空间与政策体制环境。对北京来说，不仅需要继续突出强调维护农民权益，更需要进一步建立有利于维护农民合理分享公共租赁房收益权利的体制机制，确保农民权益有稳定的制度保障。

三是要切实解决外来务工人员的实际问题，改善公共服务。上海明确将外来务工人员作为租赁住房建设的对象，打破了长期以来的户籍限制，体现了城乡一体化发展的内在要求。北京与上海一样，有数百万的外来务工人员，他们的居住权益值得进一步关注和切实保障。

四是要深入研究和解决一些深层次问题。利用集体建设用地建设租赁住房，是在现行制度框架内的重大创新，需要相关政策制度的综合改革。如税收问题、"小产权房"问题、租金收入合理分配问题、村集体内部民主管理问题、农民与租户合作共管和谐相处问题等，这些都需要认真对待，深入研究，妥善解决。

执笔人：张英洪

2012 年 7 月 18 日

图书在版编目（CIP）数据

北京市城市化中农民财产权利研究／张英洪等著
. -- 北京：社会科学文献出版社，2019.1
（农民财产权利研究丛书）
ISBN 978 - 7 - 5201 - 4157 - 4

Ⅰ.①北⋯　Ⅱ.①张⋯　Ⅲ.①农民 - 土地所有权 - 研
究 - 北京　Ⅳ.①F321.1

中国版本图书馆 CIP 数据核字（2019）第 017409 号

农民财产权利研究丛书
北京市城市化中农民财产权利研究

著　　者／张英洪 等

出 版 人／谢寿光
项目统筹／周　琼
责任编辑／周　琼　刘　翠

出　　版／社会科学文献出版社·社会政法分社（010）59367156
　　　　　　地址：北京市北三环中路甲 29 号院华龙大厦　邮编：100029
　　　　　　网址：www. ssap. com. cn
发　　行／市场营销中心（010）59367081　59367083
印　　装／三河市尚艺印装有限公司

规　　格／开　本：787mm × 1092mm　1/16
　　　　　　印　张：16.5　字　数：271 千字
版　　次／2019 年 1 月第 1 版　2019 年 1 月第 1 次印刷
书　　号／ISBN 978 - 7 - 5201 - 4157 - 4
定　　价／79.00 元